# 核心企业主导的
# 开放式创新生态系统
# 构建机理研究

韩少杰　苏敬勤　著

中国财经出版传媒集团

经济科学出版社
Economic Science Press

图书在版编目（CIP）数据

核心企业主导的开放式创新生态系统构建机理研究/
韩少杰，苏敬勤著 . －－北京：经济科学出版社，2022. 12
ISBN 978 - 7 - 5218 - 4408 - 5

Ⅰ. ①核…　Ⅱ. ①韩…②苏…　Ⅲ. ①企业创新 - 研究　Ⅳ.
①F273. 1

中国版本图书馆 CIP 数据核字（2022）第 241511 号

责任编辑：刘　莎
责任校对：孙　晨
责任印制：邱　天

核心企业主导的开放式创新生态系统构建机理研究
HEXIN QIYE ZHUDAO DE KAIFANGSHI CHUANGXIN
SHENGTAI XITONG GOUJIAN JILI YANJIU

韩少杰　苏敬勤　著
经济科学出版社出版、发行　新华书店经销
社址：北京市海淀区阜成路甲 28 号　邮编：100142
总编部电话：010 - 88191217　发行部电话：010 - 88191522
网址：www. esp. com. cn
电子邮箱：esp@ esp. com. cn
天猫网店：经济科学出版社旗舰店
网址：http：//jjkxcbs. tmall. com
固安华明印业有限公司印装
710 × 1000　16 开　16. 25 印张　260000 字
2022 年 12 月第 1 版　2022 年 12 月第 1 次印刷
ISBN 978 - 7 - 5218 - 4408 - 5　定价：72. 00 元
（图书出现印装问题，本社负责调换。电话：010 - 88191510）
（版权所有　侵权必究　打击盗版　举报热线：010 - 88191661
QQ：2242791300　营销中心电话：010 - 88191537
电子邮箱：dbts@ esp. com. cn）

# 前　　言

　　在开放式创新时代下，企业的创新不再是单个组织的任务，而是横跨多个组织构成的创新生态系统的任务。这是由于企业在创新过程中不仅需要企业内部的资源和能力，更需要企业外部整个创新生态系统所提供的互补性资源和能力。因此，基于强调同时利用企业外部和内部资源能力的开放式创新，大型领先企业纷纷通过开放式创新战略的实施构建了以自身为核心的开放式创新生态系统，借此形成或维持企业的竞争优势。在此背景下，核心企业主导的开放式创新生态系统引起了学者们的关注。但是，当前学者们对于开放式创新生态系统的研究多集中在概念探讨和特征归纳的"是什么"初步阶段，缺少对其进一步的"为什么"和"如何"构建的关注。鉴于此现实背景和理论进展，本书针对核心企业主导的开放式创新生态系统构建机理进行研究。

　　本书的研究问题属于"Why"和"How"的问题，涉及了特征归纳、类型提炼、动态演化等的分析，并不适合使用传统的定量研究方法，因此采用案例研究法、内容分析法、认知地图法、典型事件分析法、文献分析法组成的混合研究方法开展研究。在装备制造业中，大型领先企业凭借其独特的资源能力逐渐以自身为核心形成了创新生态圈，这为本书探讨核心企业主导的开放式创新生态系统构建机理提供了合适的研究对象。最终，本书遵循

"构建动因（情境）→构建逻辑（认知）→构建过程（行为）"的基本研究思路，形成了三个子研究内容，具体如下。

第一，关于核心企业主导的开放式创新生态系统构建动因。本部分采用探索性多案例研究法、内容分析法等组成的混合研究方法，选取光洋科技的高端数控机床创新生态圈、大机车的机车创新生态圈、瓦轴集团的轴承创新生态圈、三一重工的工程机械创新生态圈为案例对象，归纳和提炼核心企业主导的开放式创新生态系统构建动因的来源层面、显现特征和传导路径。研究发现：①核心企业主导的开放式创新生态系统构建动因来源于企业外部技术情境、市场情境、制度情境，以及企业内部的企业家注意力、企业家认知、企业家精神六个层面。②识别出对应于以上六个层面上的技术复杂性、技术动态性、技术后发性、市场需求多样性、市场竞争体系化、正式制度机会引导性、非正式制度压力驱动性、企业家内部注意力配置、企业家外部注意力配置、经济性认知、非经济性认知、挑战意识、创新意识和风险承担意识十四个构建动因显现特征。③发现构建动因呈现"技术、市场和制度外部情境层面→企业家注意力层面→企业家认知层面→企业家精神层面"的传导路径。最终，本书构建了包含来源层面、显现特征与传导路径的核心企业主导的开放式创新生态系统构建动因显现架构。

第二，关于核心企业主导的开放式创新生态系统构建逻辑。本部分采用探索性多案例研究法、认知地图分析法等组成的混合研究方法，以大机车、瓦轴集团、三一重工的创新生态圈为案例对象，探讨核心企业主导的开放式创新生态系统不同类型构建逻辑的形成机理。研究发现：①核心企业主导的开放式创新生态系统构建逻辑包括机会构建逻辑、杠杆构建逻辑和定位构建逻辑，其"组织目标→核心发展路径→战略行动方式"的过程机理如下：机会构建逻辑存在"机会识别→快速行动→以实现目标为导向的即兴行为"的过程机理；杠杆构建逻辑存在"确定并利用优势资源→构建优势资源和互补资源的组合→收集并补充互补资源"的过程机理；定位构建逻辑存在"明确企业定位→满足用户需求为宗旨→拼凑可行资源协同响应"的过程机理。②三类构建逻辑存在共性特征，组织目标本质上具有与竞争对手的差异性，核心发展路径本质上具有重视外部资源的外向性，战略行动方式本质上具有实现自身和外部资源同时利用的联合性。③三类构建逻辑的形成受到来自外部和内部情境六个层面上十四种不同构建动因组合的影响。

第三，关于核心企业主导的开放式创新生态系统构建过程。本部分主要采用纵贯式单案例研究法、内容分析法等组成的混合研究方法，选择光洋科技的高端数控机床创新生态圈为案例对象，从构建逻辑、构建行为和构建结果三个维度来探讨核心企业主导的开放式创新生态系统构建过程。研究发现：①核心企业主导的开放式创新生态系统的构建经历了核心企业成长、基本框架搭建、系统整合形成三个阶段。②核心企业通过机会逻辑、杠杆逻辑和定位逻辑依次主导系统不同阶段的构建。③创新生产者、创新消费者、创新分解者角色功能在核心企业及其他创新主体的泛化是系统构建主体的重要特征。④平台要素和合法性要素是系统的核心要素和重要标志，而构建要素从定向单向流动到非定向双向流动是系统构建要素的显著特征。⑤有形机制为主、无形机制为辅，协同为系统的构建提供保障。⑥地理边界、组织边界、知识边界的不断拓展是系统构建过程的显现特征，而高度模糊和渗透的地理组织知识边界是系统构建完成的独特现象。

本书最终形成了包括核心企业主导的开放式创新生态系统"构建动因—构建逻辑—构建过程"的构建机理全景图。其中,构建动因回答了其"为什么"构建,而构建逻辑和构建过程厘清了其"如何"构建,从而使得开放式创新生态系统的研究从概念探讨和特征归纳的初级"是什么"阶段向"为什么"和"如何"构建阶段拓展,同时将开放式创新研究引向系统层面,并且深化创新生态系统的研究。在当前开放式创新和创新生态系统愈加流行的背景下,本书对核心企业主导的开放式创新生态系统构建机理的探讨,对于指导核心企业管理者构建开放式创新生态系统,以及政府部门在此过程中发挥促进作用具有一定的启发。

感谢国家自然科学基金青年项目(72102028),国家自然科学基金重点项目(71632004),中国科学技术协会高端科技创新智库青年项目(2021ZZZLFZ B1207030),中央高校基本科研业务费项目(DUT22RC(3)057)对本书出版的资助。

# 目　录

# 第 1 章

# 绪　　论

本章为本书的绪论部分。首先，本章引入研究的现实背景和理论背景，在此基础上提出本书的研究问题，然后界定本书的关键概念核心企业主导的开放式创新生态系统，阐释本书所具有的理论意义和实践意义；其次，对本书的研究内容、结构安排、研究方法和技术路线进行说明；最后，阐述本书的主要创新点。

## 1.1　研究背景

### 1.1.1　现实背景

（1）企业开放式创新范式普遍化、常态化。

开放式创新强调对内外部创意的利用，尤其强调了对外部创意的利用。众多企业实施了开放式创新战略，并取得了超常规的绩效。例如，宝洁的开放式创新战略"联合与发展"（connect & develop）、IBM 的开放式创新模式"技术社区"（technology community）、华为的开放创新、东软的开放式创新研发体系等，引起了产业界的广泛关注。这是由于传统的凭借企业自身的封闭式研发模式，在技术快速变化、信息高速流通、产品生命周期缩短和新型商业模式层出不穷的环境下，日益受到挑战，企业进行独立研发的风险越来越大，正如诺基亚固守塞班系统将其他创新主体视为敌人的封闭式创新使得其走下神坛，而以合作为基础的开放式创新成为企业新的选择，正如安卓系统通过整合价值链的上下游，且作为价值链的领导者形成了创新网络和创新联盟。因此，企业从单纯依靠自身资源的封闭创新发展方式，逐渐转变为能够实现内外部各种创新要素互动、整合、协同的开放式创新发展方式。华为的创始人任正非也呼吁："今天，人类社会正处于新理论、新技术再一次爆发的前夜。发展潜力巨大，虽然很多问题依然存在，但开放创新是最好的解决之道。"而且当前开放式创新不仅仅存在于高新技术产业，在传统装备制造业、石油行业、食品行业等也普遍存在。

（2）企业的创新已经由单个组织层面扩展到其所在的创新生态系统层面，大型领先企业纷纷通过开放式创新战略的实施形成开放式创新生态系统。

创新是企业竞争力的核心体现，当前企业创新的实现依赖于包含多个组织的创新生态系统，早已经不是单个企业能够完成的。2013 年，哈佛商业评论《拥抱创新 3.0》提出：企业创新范式从最初线性创新的 1.0 阶段、创新系统的 2.0 阶段，开始进入创新生态系统的 3.0 阶段时代。近年来，随着信息技术的飞速发展和全球经济一体化发展的不断深化，产品和技术的复杂度不断提升，知识技术离散化、多元化和专有性不断加剧，不同产业的大型企业纷纷构建全球性的创新合作网络或创新生态系统以保持和强化其产品、服务和技术的竞争优势。如苹果的 iPhone 生态系统、英特尔的微处理器生态系统、辉瑞的生物医药生态系统、腾讯的社交生态圈、大连机车车辆有限公司的机车创新生态圈等。因此，企业的创新已经从企业个体组织层面向其所在的创新生态系统层面跨越。

随着企业开放式创新日益普遍，导致创新生态系统向开放式创新生态系统演进。企业开放式创新的实施进一步强化了对外部资源和创意的依赖，促使更多的主体加入创新生态系统中，同时促进系统内的主体之间的资源流动更加频繁，企业边界更加模糊。与此同时，也会诱发创新生态系统内的其他组织进一步打开边界，从而促使系统内的主体更多地实施开放式创新。而随着系统内的开放式创新行为的增多，原来的创新生态系统内外部边界也会更加模糊。一方面，随着技术的复杂程度、市场的动态程度的提升，促使创新生态系统内相关参与主体的互动更加频繁，主体之间的网络更加紧密，这也导致各个参与主体的边界更加模糊，以及开放程度不断增强；另一方面，创新生态系统在 IT 技术的推动下，已经打破了原来的行业产业、地理空间的限制，全球化、跨产业的创新生态系统逐渐形成。欧盟在《新研究与创新框架计划：展望 2020》指出，开放式创新生态系统是在开放式创新范式下创新资源流动更加频繁、涵盖创新主体范围更广、创新链条运行更加生态化的创新生态系统。

（3）开放式创新生态系统可以有效提升核心企业及相关主体的创新效率，然而作为系统构建主导者的核心企业却在系统构建中困难重重。

开放式创新生态系统有利于改善我国企业创新效率低下的现状。一方面，我国企业的研发投入与发达国家相比差距较大。《2017 全球创新 1000强》报告中提到，将近 400 家美国大企业的平均研发强度为 6.55%，德国企业的平均研发强度也达到了 4.32%，日本企业则为 3.99%，然而中国企业的这一数值仅为 2.34%，差距明显。而在研发投入后的创新产出上，中国的五百强企业相比国际领先企业的差距也较大。而在开放式创新生态系统中，企业通过同时利用企业内外部的研发技术，以及内外部的市场化渠道，能够有效弥补研发投入不足及创新产出质量不高的缺陷。另一方面，中国的技术创新成果难以产业化。据统计，西方发达国家的技术成果转化率平均为 40%，而中国的仅为 10% 左右，这导致了中国技术创新成果的极大浪费。而在开放式创新生态系统中，企业通过外部技术的引进和内部冗余技术的外部市场化，借助风险投资、创新中介和外部商业渠道，来提高系统内各主体的技术创新成果转化率。因此，开放式创新生态系统有助于促进核心企业及相关主体取得超常规的绩效。如宝洁的开放式创新战略"联合与发展",即两万人并非进行产品研发,而是负责对企业外部的新技术和新产品进行搜索识别,购买有前景的技术和产品,从而提升了宝洁开发新产品的效率,促使其有近50%的新产品是由外部技术转化而成的。其中,明星产品——电动牙刷在推出的第一年就为宝洁创造了2亿美元的销量。

其中,核心企业在开放式创新生态系统构建中作为领导者,需要发挥组织协调、平台搭建、标准制定、伙伴选择、关键资源供给等一系列作用,其重要性无须多言,这一点已经得到了理论界和产业界的认同。尽管意识到核心企业在此过程中的重要性,但是由于开放式创新生态系统的构建是一项系统工程,需要核心企业通盘考虑相关的参与主体、要素、机制,系统内各主体的分工与协同、业务边界的模糊性等问题,导致核心企业在开放式创新生态系统的构建中困难重重。

### 1.1.2 理论背景

(1) 开放式创新的研究需要从企业/二元层面向系统层面演进。

与重视企业内部创新资源和商业化渠道的封闭式创新不同,开放式创新强调企业同时利用企业内外部的创新资源和商业化渠道[1-3]。由于开放式创新发源于企业层面,因此对于开放式创新的研究也迅速在企业层面进行扩展,众多学者对企业层面的开放式创新内涵[4-6]、企业内外部的影响因素[7-10]、类型划分[11,12]、测度[13-15]、绩效影响[16-18]等开展了大量研究,而且也有部分学者针对与供应商、用户等二元互动层面的开放式创新开展了探讨,并且取得了丰硕的成果。然而,随着大型领先企业纷纷在不同创新领域和创意、研发、市场化等创新全过程开放式创新的实施,导致从集中在企业某一领域/过程的开放式创新研究,以及企业与某一组织的二元开放式创新研究局限性逐渐凸显,学者们呼吁对于开放式创新的研究应该从企业/二元层面向开放式创新生态系统(open innovation ecosystem)、开放式创新平台(open innovation platform)、开放式创新社区(open innovation community）等宏观系统层面扩展[5,7,19]。

（2）核心企业主导的开放式创新生态系统是创新生态系统微观细化研究的方向之一。

创新生态系统是在创新系统的概念上提出并逐步发展形成的，美国总统科技顾问委员会指出创新生态系统包括来自产业界、金融机构、学术界、科学和经济组织、各级政府等一系列行动者，系统内各主体间存在着广泛的非线性关系，覆盖从基础研究到创新成果商业化的整个过程。现有对于创新生态系统的研究已经成为热点，而且众多学者对创新生态系统的概念内涵[20-22]、基本特征[23-26]、系统构建[27,28]、核心企业[29-31]等进行了研究。但是现有关于创新生态系统的研究大多集中在国家和区域/产业等宏观和中观层面，而对于微观企业层面的创新生态系统的研究却鲜有涉及。然而，当前大型核心企业纷纷构建创新合作网络或创新生态系统以保持和强化其产品、服务和技术的竞争优势，宏观和中观层面的创新生态系统研究却难以进一步细化为其提供针对性的指导。而核心企业是系统构建的关键主体，发挥着领导者、组织者、协调者等多种角色[29-30]。因此有必要从核心企业视角进一步研究企业层面的创新生态系统。

伴随着核心企业开放式创新战略的实施，促使创新生态系统内外的开放式创新特征愈加明显，导致创新生态系统向开放式创新生态系统演进。欧盟开放式创新战略与政策组（OISPG）提出的开放式创新 2.0 范式[32]和切萨布鲁夫（Chesbrough）等提出的开放式创新生态系统[33]，都从更为广阔的视角阐释了创新生态系统的开放式发展。而冈萨洛（Gonzalo）认为，开放式创新生态系统是创新生态系统的子概念，是其成员实施大量开放式创新活动的创新生态系统，并不排除封闭式创新等其他创新模式在系统内的存在[34]。在开放式创新范式下，创新生态系统内的创意、资源和信息的流动更加频繁，成员间的合作更加广泛，系统创新效率明显提升[35,36]。吕一博等指出同一般意义的创新生态系统相比，开放式创新生态系统更加强调内部成员间实施注重利用外部创意的开放式创新模式[37]。欧盟在《新研究与创新框架计划：展望 2020》中指出，开放式创新生态系统是在开放式创新范式下创新资源流动更加频繁、涵盖创新主体范围更广、创新链条运行更加生态化的创新生态系统。综上所述，核心企业主导的开放式创新生态系统是创新生态系统细化研究方向之一。

（3）开放式创新生态系统的研究急需在概念内涵和基本特征的"是什么"之外延伸。

企业开放式创新范式与创新生态系统的融合推动了核心企业主导的开放式创新生态系统成为理论研究和产业发展的新趋势[7,33]，因此核心企业主导的开放式创新生态系统的研究已经吸引了学者们的注意。目前，对于开放式创新生态系统的研究多集中在概念探讨和特征归纳两个方面。一方面，学者们对概念内涵进行了探讨。例如，罗尔贝克（Rohrbeck）等将开放式创新生态系统定义为：以共同提升能力、支持新产品、满足顾客需求和吸收新的创新思想为目的，主体企业通过与其他组织的竞争和合作来建立的创新生态系统[38]。吕一博等指出开放式创新生态系统是创新生态系统子概念的基本定位[37]。另一方面，学者们对开放式创新生态系统的基本特征进行了归纳。特里希勒（Traitler）等以雀巢为研究对象进行分析发现，开放式创新生态系统的重要特征就是资源的整合共赢[39]。李（Li）通过案例研究发现创新平台构建是开放式创新生态系统运行和价值创造的关键[40]。吕一博等通过对三大操作系统创新生态圈的分析发现开放式创新生态系统的外在表征是商业生态圈和研发生态圈的融合[41]。这些文献均集中探讨开放式创新生态系统"是什么"，即概念内涵和基本特征，而缺少对其"为什么"和"如何"构建的关注。然而，"为什么"和"如何"构建是促进开放式创新生态系统研究在"是什么"的初级阶段向更深层次拓展，实现系统具象化探讨的关键，也是后续开放式创新生态系统运行、演化、评价等研究的基础。综上所述，本书聚焦到"核心企业主导的开放式创新生态系统构建机理"这一问题进行探讨。这也为核心企业当前构建开放式创新生态系统困难重重的困境的缓解，以及政府部门在此过程中发挥针对性的促进作用提供了一定的指导。

## 1.2 研究问题

基于以上现实和理论背景，本书聚焦于"核心企业主导的开放式创新生态系统构建机理"进行研究。具体拆解为三个子研究问题，通过分别回答每个子研究问题，提供一个核心企业主导的开放式创新生态系统构建机理的全景图。

第一，核心企业主导的开放式创新生态系统为什么构建？核心企业主导的开放式创新生态系统的研究已经吸引了学者们的注意。现有文献对于核心企业主导的开放式创新生态系统的概念内涵和创新资源的整合共赢、创新平台集聚等基本特征的"是什么"进行了研究，而缺少对其"为什么"构建的关注。因此，子研究一针对上述文献缺口，借鉴创新生态系统构建和开放式创新实施不同视角的碎片化研究，对核心企业主导的开放式创新生态系统构建动因进行系统化的探讨，剖析核心企业主导的开放式创新生态系统构建动因的来源层面、显现特征和传导路径。

第二，核心企业主导的开放式创新生态系统构建逻辑是什么？学者们认可了创新生态系统的构建及开放式创新的实施受到多元化因素的影响，然而进一步有研究指出核心企业的主导逻辑对于创新生态系统的构建和演化具有重要影响[42-44]。但是现有研究大多仅仅停留在碎片化探讨内外部影响因素对于创新生态系统构建的影响上，而缺乏进一步深入探讨核心企业经过对内外部影响因素评估后所形成的构建主导逻辑这一本质层面的研究。因此，子研究二针对上述文献缺口，探讨核心企业主导的开放式创新生态系统的本质性影响因素构建逻辑的类型、构成和特征。

第三，核心企业主导的开放式创新生态系统如何构建？尽管现有文献对开放式创新生态系统的概念内涵和基本特征等"是什么"进行了研究，但是由于缺乏对其"如何"构建的具象化探讨，导致开放式创新生态系统的研究难以有实质性发展，因此有必要对开放式创新生态系统如何构建进行研究，从而为后续研究作铺垫。同时，现有研究对于开放式创新生态系统"是什么"的探讨多从静态视角开展[38,40]，缺乏动态视角的深入解剖。因此，子研究三在已有研究基础之上，基于动态构建的阶段性视角，遵循"构建逻辑—构建行为—构建结果"的思路来探讨核心企业主导的开放式创新生态系统构建过程。

通过上述三个子研究问题，本书完成核心企业主导的开放式创新生态系统"构建动因—构建逻辑—构建过程"的探讨，从而能够厘清"核心企业主导的开放式创新生态系统构建机理"。

## 1.3 核心企业主导的开放式创新生态系统概念界定

企业开放式创新范式与创新生态系统的融合发展推动了开放式创新生态系统的形成与发展[7,33,37,41]。与重视企业内部的创新资源和商业化渠道的封闭式创新不同，开放式创新强调企业同时利用企业内外部的创新资源和商业化渠道[1-3]。而创新生态系统包括来自产业界、科学和经济组织、金融机构、各级政府、学术界等一系列行动者，系统内各主体间存在着广泛的非线性关系，覆盖从基础研究到创新成果商业化的整个过程[37]。在此基础上，学者们又提出了开放式创新生态系统的概念。切萨布鲁夫和阿普尔亚德（Appleyard）认为，由于企业大量实施的开放式创新行为诱导创新生态系统演进形成更为高级的开放式创新生态系统[45]。冈萨洛也认可了开放式创新生态系统是创新生态系统的子概念，其成员实施大量开放式创新活动，但并不排除封闭式创新等其他创新模式[34]。在开放式创新范式下，创新生态系统内的创意、资源和信息的流动更加频繁，成员间的合作更加广泛，系统创新效率明显提升。吕一博等也认可了开放式创新生态系统是创新生态系统子概念的基本定位[37,41]。罗尔贝克等将开放式创新生态系统定义为：以共同提升能力、支持新产品、满足顾客需求和吸收新的创新思想为目的，主体企业通过与其他组织的竞争和合作来建立创新生态系统。部分学者对开放式创新生态系统的基本特征进行了归纳[38]。特里希勒等以雀巢为研究对象进行分析发现，开放式创新生态系统的重要特征就是资源的整合共赢[39]。利通过案例研究发现创新平台构建是开放式创新生态系统运行和价值创造的关键[40]。吕一博等通过对三大操作系统创新生态圈的分析发现开放式创新生态系统的外在表征是商业生态圈和研发生态圈的融合[41]。

综合以上关于开放式创新生态系统的概念内涵和基本特征，本书认为开放式创新生态系统是指在开放式创新环境下，以吸收外部创新思想、提升整体创新能力、满足顾客需求为主要目的，以创意、人才、技术、资金等创新资源在企业、高校、政府、竞争对手等不同主体间通过技术合作、技术联盟、联合实验室等多种形式的跨边界流动为主要特征，各创新主体间基于创意产生、研发到市场化的创新全过程交互竞合形成的创新生态系统。此外，基于上述概念内涵和基本特征梳理，开放式创新生态系统构建完成的主要特征表现在：从参与主体来看，系统内创新生产者、创新消费者、创新分解者均已产生，且参与主体的数量已经由构建过程中的急剧增加过渡到动态稳定阶段。从参与要素来看，整合性平台和分布式产品平台集聚促使资金、技术等要素实现了非定向的双向流动，要素利用率显著提升。从边界特征来看，系统内部的各主体之间的边界及系统的边界呈现出高度模糊和渗透的特征。从创新行为来看，开放式创新成为系统内的主要行为，且贯穿创意产生、研发、市场化的创新全过程。

进一步地，创新生态系统中通常存在核心企业，其与其他相关的主体开展全方位的合作，促进系统的形成和运行[46]。当前，对于核心企业的界定从系统、知识、技术、规模等不同视角开展，但是并没有形成统一的、准确的、科学的概念界定[46]。本书参考创新生态系统核心企业的界定[46-48]、开放式创新的实施企业等的研究[33,38]，认为开放式创新生态系统的核心企业位于系统的中心位置，具备其他主体不具备的资源能力，从而能够围绕自己形成创新网络，并主导网络的运行，实现系统内的知识共享，激发整个系统的创造力。进一步，通过对相关核心企业研究的共性特征提炼，发现对核心企业的相关判定可以从核心企业的位置和资源能力两个维度开展。一方面，核心企业位于创新生态系统的中心位置[29]，其是系统的中心节点，通常对相关配套组织有一定的控制权[49]。另一方面，核心企业拥有其他企业不具有或难以模仿的资源或能力[50]，基于上述关键资源和核心能力，核心企业可以为创新生态系统制定相关的运行标准，从而吸引其他组织或机构加入其主导的创新生态系统。因此，核心企业能够作为创新的整合者和领导者利用管理创新杠杆性、一致性和专属性等协调过程，通过开放式创新的实施来主导创建一个开放式创新生态系统[51]。

## 1.4 研究意义

### 1.4.1 理论意义

（1）系统化探讨了核心企业主导的开放式创新生态系统"为什么"构建，从而基于构建动因的显现架构视角厘清了核心企业主导的开放式创新生态系统构建的前置影响因素，进行了开放式创新生态系统的情境化尝试。

首先，当前创新生态系统形成及开放式创新实施的影响因素研究，处于碎片化的研究状态，尚未形成系统化的理论框架。而本书通过提出包括核心企业主导的开放式创新生态系统构建动因显现架构，弥补了当前碎片化研究状态的不足，系统化地说明了核心企业主导的开放式创新生态系统"为什么"构建。其次，构建动因显现架构中各个来源层面的不同显现特征的识别实现了比较全面的开放式创新生态系统的影响因素的归纳梳理，这为后续基于大样本实证研究探讨影响因素对其的作用机理奠定了基础。最后，由于针对开放式创新生态系统的研究本身还难以厘清，导致当前难以开展其全面的、系统的情境化的研究[52]。而本书在内外部情境中不仅识别了构建动因的六个情境来源层面，还进一步分析其不同来源层面上的十四种显现特征以及传导路径，构成了来源层面、显现特征和传导路径依次递进的"为什么"构建即构建动因的架构维度，实现了开放式创新生态系统的情境化尝试。同时打破当前对于情境化的研究更多的基于不同类别，如技术情境、市场情境、制度情境的研究方式，本书在此基础上构造的不同类别来源层面、显现特征和传导路径的情境化分析维度对于未来的不同领域的情境化研究也具有一定的启发。这种情境化的尝试，也响应了徐淑英等学者对于管理研究情境化的倡议[53]。

（2）从构建逻辑和构建过程厘清了核心企业主导的开放式创新生态系统"如何"构建，从而基于主导逻辑视角揭示开放式创新生态系统构建的本质影响因素，同时基于动态过程视角来实现开放式创新生态系统具象化的探讨。

一方面，学者们针对创新生态系统的构建受到多元化因素的影响这一点已经达成了共识[70,71]，但是缺乏进一步深入探讨核心企业经过对内外部影响因素评估后所形成的构建主导逻辑这一更加本质层面的研究，而本书通过对三家企业创新生态圈的案例研究在构建动因基础之上进一步提炼出了机会构建逻辑、杠杆构建逻辑和定位构建逻辑三类核心企业主导的开放式创新生态系统构建逻辑，并且从"组织目标（我是谁，向哪去）→核心发展路径（如何去）→战略行动方式（怎么做）"三个维度剖析了其内涵特征和形成机理，从而实现了将开放式创新生态系统的前置影响因素研究向认知层面的主导逻辑这一更加本质的层面推进，这为从纷繁复杂的影响因素中抓住本质规律提供指导，达到事半功倍的效果。进一步地，本书的构建逻辑是建立在前文情境化的构建动因基础之上的，同时也是后续构建过程的指导原则，因此拓展系统构建动因研究的同时为后续核心企业主导的开放式创新生态系统构建过程的探讨提供参考，最终搭建了开放式创新生态系统构建动因与构建过程有机连接的"桥梁"。从更广泛意义上看，本书将主导逻辑引入开放式创新生态系统构建的研究中，拓展了主导逻辑的应用边界。

另一方面，现有研究对于开放式创新生态系统的探讨多从静态视角开展[38,40]，缺乏动态视角的深入解剖。本书进一步发现核心企业主导的开放式创新生态系统的构建具体需要经历核心企业成长、基本框架搭建和系统整合形成三个阶段，而且基于这三个阶段从"构建逻辑—构建行为—构建结果"三个维度详细对比分析了阶段性的差异转变，从而形成了核心企业主导的开放式创新生态系统的动态构建过程模型。基于三个维度的横向解剖和三个阶段的纵向梳理形成的构建过程模型实现了开放式创新生态系统具象化的探讨，这有效地弥补了由于缺乏具象化的探讨导致开放式创新生态系统运行、演化、评价等后续研究无法实质性开展的缺陷。

（3）拓展了开放式创新生态系统的研究，同时将开放式创新研究引向系统层面，并且深化创新生态系统的研究。

首先，开放式创新生态系统提出后，学者们对其概念内涵和基本特征进行了探讨和归纳，但是由于开放式创新生态系统所具有的模糊性、系统性等特征导致开放式创新生态系统的构建机理研究一直难以开展。针对这一现状，在开放式创新生态系统的概念内涵和基本特征的"是什么"研究基础之上，本书遵循"情境→认知→行为"的基本思路，系统性地从构建动因、构建逻辑、构建过程三个方面对核心企业主导的开放式创新生态系统的构建机理进行探讨，这一尝试拓展了开放式创新生态系统的研究，促使开放式创新生态系统研究从"是什么"的初级阶段向更深层次的"为什么"和"如何"构建的构建机理推进，从而弥补上述缺陷。

其次，开放式创新的研究发源于企业层面，因此开放式创新的研究也迅速在企业层面扩展，众多学者对企业层面的开放式创新的内涵、企业内外部的影响因素、类型划分、作用效果等开展了较多的研究，而且也有部分学者针对与供应商、用户等二元互动层面的开放式创新开展了探讨。然而，伴随着大型领先企业纷纷在不同创新领域和创意、研发、市场化等创新全过程开放式创新的实施，导致从集中在企业某一领域/过程的开放式创新研究，以及企业与某一组织的二元开放式创新研究局限性逐渐凸显。本书开放式创新生态系统的研究就是对这一现象的反思，从开放式创新生态系统的层面对开放式创新从更加宏观的视角开展探讨，因此推动开放式创新的研究从企业层面和二元层面向系统层面拓展，响应了博格斯（Bogers）等对于开放式创新在系统层面开展研究的号召[7]。

最后，创新生态系统的研究从宏观国家层面逐渐向中观区域/产业创新生态系统演进，但是却对微观企业层面的创新生态系统缺乏足够的关注。然而，当前企业纷纷构建创新合作网络或创新生态系统以保持和强化其产品、服务和技术的竞争优势，宏观和中观层面的创新生态系统研究却难以进一步细化对其提供针对性的指导，因此本书从核心企业视角来探讨企业层面的开放式创新生态系统构建机理，实现了创新生态系统的研究从宏观和中观层面向微观层面的深化，支持了切萨布鲁夫等深化研究创新生态系统的呼吁[33]。

### 1.4.2　实践意义

当前，在更加复杂的技术情境、更加多变的市场情境、更加动态的制度情境下，单个企业的创新日益受到挑战，导致越来越多的企业意识到创新不再是单个组织的任务，而是横跨多个组织构成的创新生态系统的任务。因此，大型企业纷纷通过开放式创新战略的实施形成以自身为核心的开放式创新生态系统。在开放式创新生态系统内强调对组织内部和外部的资源及市场化渠道的同时利用，这将企业间零和博弈转变为将整个系统的"蛋糕"做大，从而促进系统内的主体研发投入产出效率、技术成果转化成功率等提升，各个创新主体共同受益。尤其是以往的开放式创新生态系统概念及其特征的相关研究多是基于国外企业或数据开展的，中国企业的相关研究相对匮乏。而中国独特的制度情境、企业内部管理模式的差异导致开放式创新生态系统的相关研究急需开展中国情境化的尝试，因此大力开展以本土企业为对象的开放式创新生态系统研究迫在眉睫。基于此前提出发，本书通过对中国本土企业的研究得出的包括构建动因、构建逻辑和构建过程的核心企业主导的开放式创新生态系统构建机理的相关结论，对于系统构建最为关键的两大主体核心企业和政府部门具有一定的启示。

一方面，核心企业在开放式创新生态系统构建中作为领导者，需要发挥组织协调、平台搭建、标准制定、伙伴选择、关键资源供给等一系列作用，其重要性无须多言，这一点已经得到了理论界和产业界的认同。尽管意识到核心企业在此过程中的重要性，但是由于开放式创新生态系统的构建是一项系统工程，需要核心企业通盘考虑相关的参与主体、要素、机制等，同时系统内各主体的分工与协同、业务边界的模糊性等使得开放式创新生态系统的构建困难重重。而本书形成的核心企业主导的开放式创新生态系统包括构建动因、构建逻辑和构建过程的构建机理的研究结论，能够从"构建的判断依据、构建的总体战略、构建具体过程"三个方面依次为核心企业管理者提供一定的指导，促使核心企业循序渐进地形成以自身为核心的开放式创新生态系统。具体来看：

第一，系统构建动因显现架构为核心企业管理者提供判断依据。核心企业主导的开放式创新生态系统构建动因的来源层面为核心企业高层管理者进行开放式创新生态系统的构建提供了相应的企业内外部的观察方向，构建动因显现特征为其提供了系统必要性的判断标准，构建动因的传导路径为其提供了决策路径。第二，核心企业主导的开放式创新生态系统构建逻辑的厘清为装备制造核心企业高层管理者进行开放式创新生态系统构建战略的制定提供了总体战略。装备制造企业通常具有的技术复杂程度高、装备产品定制化等特征，使得装备制造企业难以"独善其身"，与上下游企业、竞争对手、高校科研院所等开展多种形式的合作成为必要，而本书提炼的机会逻辑、杠杆逻辑和定位逻辑对装备制造企业构建以自身为核心的创新生态圈具有指导意义。第三，基于核心企业主导的开放式创新生态系统"构建逻辑—构建行为—构建结果"的构建过程，核心企业管理者可以根据系统构建的阶段性需求特征和自身的特色，以及不同阶段的构建逻辑、构建行为和构建结果的表现特征，实现角色定位和职责范围的转变，推动开放式创新生态系统的构建。在上述过程中，开放式创新生态系统的构建对核心企业的管理者要求做到两项关键转变：①眼界转变，即超越核心企业自身从所在系统的宏大层面上审视核心企业的发展；②认知转变，即核心企业跳出所有资源能力的全部"为我所有"的认知范畴，更加注重所有资源能力的"为我所用"。

另一方面，开放式创新生态系统的构建是一项系统工程，涉及企业、高校科研院所、政府部门、金融机构等一系列参与者，这就决定了政府部门在此过程中的基础性作用。这是由于尽管核心企业发挥关键作用，但是由于涉及的主体种类较多，政府部门不仅仅作为一类参与主体，还作为其他类型主体的上层管理者对各类主体具有影响。尤其在中国的强政府背景下，政府及其政策是影响核心企业和开放式创新生态系统构建的关键因素。本书的研究结论对于政府部门在核心企业主导的开放式创新生态系统构建过程中营造合适的政策环境、引导形成适应性的构建总体战略、提供针对性的构建资源支持具有一定的启示。具体来看：

第一，政府部门应该根据系统构建动因中制度情境的显现特征，为企业营造针对性的制度环境来提供支持，以及对企业家这一特定群体进行针对性的培训，从而促使核心企业主导的开放式创新生态系统的构建。第二，政府部门需要注意不同的内外部情境上构建动因的不同组合会导致不同的构建逻辑和战略行为，因此政府部门可以通过调节不同的政策对内外部情境施加影响，进而促进不同行业和产业遵循不同的逻辑构建开放式创新生态系统。第三，了解系统构建过程的阶段性和过程机理，从而为核心企业管理者提供针对性的支持。在核心企业成长阶段，政府部门通过各种政策扶持核心企业的快速成长是关键，这成为后续核心企业主导的开放式创新生态系统得以构建的基础。在基本框架搭建阶段，政府部门通过为核心企业持续性地输入资源、荣誉等赋予其政府认可的"合法性"，这成为核心企业撬动外部资源实现基本框架搭建的关键。在系统整合形成阶段，政府部门应逐渐弱化自身的角色，减少对于核心企业及其创新生态圈的干预，促使其在具有充分自主权的情况下实现系统的整合形成。

## 1.5 研究内容与结构安排

### 1.5.1 研究内容

基于对现实现象的观察和提炼，结合相关理论研究的前沿情况，本书对核心企业主导的开放式创新生态系统构建机理进行研究。首先，根据研究问题及相关的理论基础，提出本书的研究框架和研究方案，为后续各部分子研究的开展奠定基础。其次，从对核心企业主导的开放式创新生态系统构建动因的分析入手，提炼和归纳核心企业主导的开放式创新生态系统构建动因的来源层面、显现特征和传导路径。再次，在内外部情境构建动因厘清的基础之上，基于"组织目标→核心发展路径→战略行动方式"的思路探讨核心企业主导的开放式创新生态系统构建逻辑。最后，基于构建的阶段性从构建逻辑、构建行为和构建结果三个维度来探讨核心企业主导的开放式创新生态系统构建过程。具体内容安排如下。

第1章：绪论。

本章主要介绍研究的现实背景和理论背景，提出本书研究问题，然后论证其所具有的理论意义和实践意义。在此基础上，对本书的研究内容、结构安排、研究方法、技术路线和主要创新点进行说明。

第2章：文献综述。

本章从开放式创新相关研究、创新生态系统相关研究、开放式创新生态系统相关研究对文献进行梳理和回顾。其中开放式创新主要梳理其概念内涵、类型划分、影响因素、作用效果和研究层次；而创新生态系统主要梳理其概念内涵、基本特征、构建研究、核心企业和研究层次；开放式创新生态系统主要梳理其概念内涵和基本特征。在对文献梳理后，对相关研究进行评述，形成研究基础、发现研究缺口和厘清研究思路。

第 3 章：研究框架与研究方案。

本章主要在文献梳理的基础上提出本书的研究框架和研究方案，总领后续章节。首先，本书遵循"情境→认知→行为"的基本研究思路提出本书核心企业主导的开放式创新生态系统构建机理的研究框架。其次，根据本书的研究问题和子研究内容，确定本书的研究方法；最后，根据研究问题和研究方法，确定本书的研究对象。

第 4 章：核心企业主导的开放式创新生态系统构建动因研究。

本章主要通过探索性多案例研究方法为主的混合研究方法，以大连光洋科技集团有限公司主导的高端数控机床创新生态圈、大连机车车辆有限公司主导的机车创新生态圈、瓦房店轴承集团有限公司主导的轴承创新生态圈、三一重工股份有限公司主导的工程机械创新生态圈为案例研究对象，探讨核心企业主导的开放式创新生态系统构建动因的来源层面、显现特征和传导路径。具体而言：首先，基于文献综述中的开放式创新生态系统、创新生态系统构建动因、开放式创新实施动因等相关研究，深入理解概念内涵奠定研究基础；其次，综合采用内容分析和典型事件分析，提炼核心企业主导的开放式创新生态系统构建动因的来源层面、显现特征和传导路径；最后，遵循"情境→扫描解释→逻辑"的基本思路形成核心企业主导的开放式创新生态系统构建动因的显现架构。

第 5 章：核心企业主导的开放式创新生态系统构建逻辑研究。

本章主要通过以探索性多案例研究方法为主的混合研究方法，以核心企业主导的开放式创新生态系统的典型代表大连机车车辆有限公司主导的机车创新生态圈、瓦房店轴承集团有限公司主导的轴承创新生态圈、三一重工股份有限公司主导的工程机械创新生态圈为案例研究对象，探讨核心企业主导的开放式创新生态系统构建逻辑。具体而言：首先，基于文献综述中开放式创新生态系统、创新生态系统的构建逻辑等研究的回顾，提出核心企业主导的开放式创新生态系统构建逻辑的分析框架；其次，对三家企业主导的创新生态圈的构建逻辑进行探索性研究，综合运用认知地图分析和典型事件分析，识别核心企业主导的开放式创新生态系统构建逻辑类型和构成。最后，通过对三家企业主导的创新生态圈的构建逻辑的归纳和解剖，探讨核心企业主导的开放式创新生态系统构建逻辑的形成机理。

第6章：核心企业主导的开放式创新生态系统构建过程研究。

本章主要通过纵贯式单案例研究方法为主的混合研究方法，以大连光洋科技集团有限公司主导的高端数控机床创新生态圈为案例研究对象，针对核心企业主导的开放式创新生态系统构建过程进行探讨。首先，基于文献综述中开放式创新生态系统、创新生态系统构建逻辑、创新生态系统的构建行为、创新生态系统的构建结果等相关研究的回顾，提出核心企业主导的开放式创新生态系统构建过程的分析框架；其次，综合运用内容分析和典型事件分析，识别核心企业主导的开放式创新生态系统构建的阶段性特征，分析不同阶段的构建逻辑，构建主体、构建要素、构建机制的构建行为，以及边界拓展构建结果；最后，基于构建全过程识别分析核心企业主导的开放式创新生态系统的构建路径与演化特征。

第7章：结论与展望。

本章总结归纳本书所进行的整个研究，系统阐释本书的研究结论，说明本书的理论贡献和管理启示，指出本研究的不足和今后的研究方向。

## 1.5.2 结构安排

遵循"情境（构建动因）→认知（构建逻辑）→行为（构建过程）"的基本研究思路，本书的结构安排如图1-1所示。

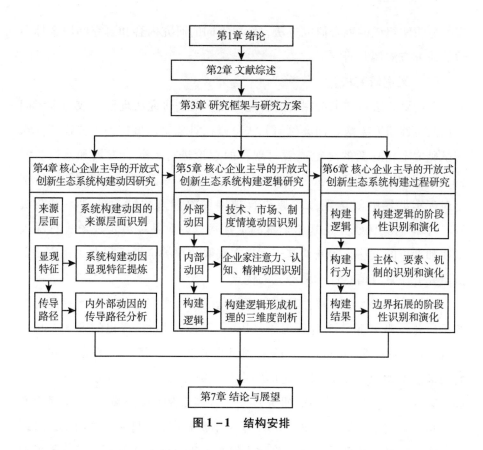

图 1－1　结构安排

## 1.6　研究方法与技术路线

### 1.6.1　研究方法

本书依据：问题适用性——从所研究问题的边界和性质出发；研究现状针对性——根据研究问题的研究现状和进展；结论可靠性——旨在提高研究结论的信度和效度，三项原则选择和应用研究方法。根据上述原则，本书采用案例研究法、内容分析法、认知地图分析法、典型事件分析法和文献分析法组成的混合研究方法，针对不同的研究内容和研究问题选择合适的研究方法展开研究。

（1）案例研究法。

案例研究法是本书最主要的研究方法。案例研究法现已经成为学者们常用的定性研究方法，而案例研究法可以在对现象、事物进行描述和探索的基础之上建立新的理论或者对现存的理论进行检验、发展和修改。尹（Yin）提出，案例研究法更为适合回答"Why"以及"How"问题，特别是对现实世界中复杂现象本原进行规律探察和现象背后的动态复杂机制[54]。同时案例研究是基于丰富的定性数据，对某一特定现象进行深入描述和剖析的方法，同其他基于大样本获取数据的定量研究方法相比，案例研究方法具有信息详细和深入的优点。

案例研究方法通常遵循其特定的研究范式和研究路径。依照尹提出的案例研究经典思路[54]，并参考潘（Pan）和谭（Tan）提出的SPS（structural, pragmatic & situational）的案例研究方法[55]，遵循"理论回顾、预研与概念模型设计—案例研究草案设计—数据收集—数据分析与模型发展—案例研究报告撰写"的研究步骤，开展案例研究。第一，在理论回顾、预研与概念模型设计阶段，明确不同部分研究问题及相关构念，对现有研究进行系统梳理，收集相关行业创新实践的相关资料进行预研。根据典型性、标准和最大变动等原则选取案例研究样本[54]，进行企业接洽，综合考量研究问题和现有研究结论，初步构建概念模型指导实地调研。第二，在案例研究草案设计阶段，围绕概念模型选择访谈对象，并根据不同访谈对象的特征设计相应的访谈问题。第三，在数据收集阶段，通过访谈、企业内部档案和文件等渠道收集所需一手数据和二手数据。第四，在数据分析与模型发展阶段，对收集到的一手数据和二手数据进行三角验证，对高信度的数据进行分析；在数据分析过程中，在概念模型的指导下，参考潘和谭提出的阶段式、流程式、转型式、路径依赖式、分类式、布局式、对比式和多级式等建模思路[55]，对核心企业主导的开放式创新生态系统构建动因、构建逻辑和构建过程进行案例分析。第五，在案例研究报告撰写阶段，分别撰写个案并整理相关的数据分析，形成案例研究报告。结合不同案例研究方法所具有的优势，本书综合运用了多案例研究与单案例研究相结合的方法。

一方面，探索性多案例研究法能够形成类似于准实验逻辑的研究设计，提供一般性且更具有说服力的结论，其构建的理论也更加"健壮可靠"[56]。而通过案例之间的对比能进一步深层次观察在多个情境下发生的进程和结果，提高相关发现在其他情境中的适用性。本书子研究一核心企业主导的开放式创新生态系统构建动因和子研究二核心企业主导的开放式创新生态系统构建逻辑采取这一方法。

另一方面，纵贯式单案例研究方法有助于理解某一特定现象背后的动态复杂机制，尤其适合探讨基于过程的演化规律。同时有助于更加全面地了解案例历史信息，保证案例信息的完整性及案例研究的深度，同时可以确认关键事件发生的次序，有利于识别因果关系，提高内部效度[57]。本书子研究三核心企业主导的开放式创新生态系统构建过程研究采取这一方法。

（2）内容分析法。

内容分析法是一种以质性资料为基础的定量描述分析法，主要是对不同来源收集的质性资料或数据逐级进行标签化、概念化和范畴化的多级编码，将非定量的文本资料转换成定量数据资料。本书借助内容分析法对大量的质性资料进行多级编码，从而为后续研究提供了基础的分析数据。首先，对各种来源渠道收集的大量质性案例信息进行归类整理和对比，掌握了基本案例信息之后，寻找与研究主题相关的里程碑事件和关键事件。其次，本书借鉴许庆瑞等[58]、吕一博等[59]的多级编码思路，研究小组内成员在对前期背景资料和理论基础进行回顾的基础之上，对案例数据依据来源、关联性等进行处理和概念化标签。最后，采用编码员间信度检验（inter-coder reliability）保证编码结果的信度和效度。而本书子研究一核心企业主导的开放式创新生态系统构建动因研究和子研究三核心企业主导的开放式创新生态系统构建过程研究均采用内容分析法进行数据处理。

为在最大限度上保证质性数据处理过程的系统化和规范化，本书使用质性研究软件 Atlas. ti 辅助完成案例数据的存储、编码、查询和研究备忘撰写等工作。在构念分析中，使用 Atlas. ti 质性数据分析软件辅助数据的初始、聚焦、范畴化编码工作，使用其中的主要文本（primary document，PD）、备忘录（memo）、编码（coding）等功能进行文本的选取和编码，以及建立编码之间的关系。

（3）认知地图分析法。

认知地图（cognitive map）源自心理学和社会学领域，用于描绘和呈现主体理解环境的内部心理表征的构念与构念之间关系[60]。在管理认知领域，认知地图分析已经成为一种分析个人或组织问题的因果逻辑的常用工具[61-63]。认知地图是一种图形表征，在关注整体逻辑的同时也对细节进行归纳式分析，厘清分析对象与外部环境之间的关系，从而实现认知主体思想元素的可视化[64]，清楚展现个人表达的概念及概念之间因果依赖的定向连接因果关系网络[65]。认知地图通过节点（变量）和箭头（代表因果关系或前后传承关系）的组合方式将主体的思想表现出来。一般情况下认知地图的操作包括以下步骤：第一，通过一手和二手资料获得用于认知地图分析的素材；第二，将原始材料通过提炼处理形成用于认知地图绘制的相关变量并分析变量间的关系；第三，通过节点和箭头两种图示清晰地在地图上展现变量和变量的关系；第四，通过族群分析、回路分析、核心变量分析、形状分析、节点分析等进一步挖掘认知地图所反映的变量、关系等[66]。本书子研究二核心企业主导的开放式创新生态系统构建逻辑属于探讨管理认知的范畴，需要探讨企业管理者的认知决策特征，因此适合采用认知地图辅助分析。

（4）典型事件分析法。

典型事件分析在社会学中应用较为广泛。社会学中通过典型事件中人物特征、社会关系矛盾等的分析来体现人物特性、伦理关系等，在新闻学[67]、法学[68]中应用广泛。后来部分学者将典型事件分析引入管理学中，如龙静等利用典型事件分析来研究技术创新驱动要素协同与能力构建[69]。吕一博等利用典型事件分析探讨企业组织惯性的双面效应及组织学习的作用机理[59]。在典型事件分析中，在厘清事件发生的起因、时间、地点、人物及所处的环境因素的基础上，对事件的促进和阻碍因素及其作用效果进行分析，提炼企业发展的规律。本书在整个研究过程中应用典型事件分析法来辅助进行核心企业主导的开放式创新生态系统构建机理的探讨。

（5）文献分析法。

除了案例研究法、内容分析法、认知地图分析法、典型事件分析法外，本书还在整个研究过程中应用了文献分析法，目的在于总结归纳已有研究成果。具体来看，通过文献的略读与精读不断进行开放式创新生态系统、创新生态系统、开放式创新等相关文献的更新与补充，对国内外经典和前沿研究领域的结论与研究方法进行梳理，从而为本书研究奠定研究基础、发现研究缺口和形成研究思路。此外，为了尽可能地了解研究主题的最新研究动向，本书还对 Google Scholar、Springer、EBSCO、CNKI 等数据库进行了长期的跟踪检索。

## 1.6.2　技术路线

本书对核心企业主导的开放式创新生态系统构建机理进行研究。遵循"构建动因（情境）→构建逻辑（认知）→构建过程（行为）"的基本研究框架，开展核心企业主导的开放式创新生态系统构建动因、核心企业主导的开放式创新生态系统构建逻辑、核心企业主导的开放式创新生态系统构建过程三个子研究，本书形成的技术路线如图 1-2 所示。

本书子研究一主要探讨核心企业主导的开放式创新生态系统构建动因。鉴于本研究所要解决的问题属于回答"Why"问题的范畴，同时现有文献缺乏对核心企业主导的开放式创新生态系统构建动因的探讨，而多案例研究有助于提升结论的效度，因此该部分采用探索性多案例研究法、内容分析法、典型事件分析法和文献分析法组成的混合研究方法，选取大连光洋科技集团有限公司主导的高端数控机床创新生态圈、大连机车车辆有限公司主导的机车创新生态圈、瓦房店轴承集团有限公司主导的轴承创新生态圈、三一重工股份有限公司主导的工程机械创新生态圈为案例研究对象，来归纳和提炼核心企业主导的开放式创新生态系统构建动因的来源层面、显现特征和传导路径。

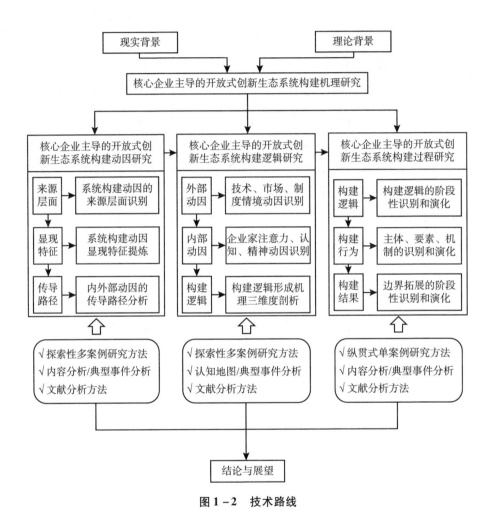

图 1 - 2　技术路线

　　本书子研究二主要探讨核心企业主导的开放式创新生态系统构建逻辑。鉴于本研究所要解决的问题属于回答"How"问题的范畴，而同时现有研究缺乏对于该内容的探讨，多案例研究有助于不同类型构建逻辑的提炼。因此该部分采用探索性多案例研究方法、内容分析法、典型事件分析法和文献分析法组成的混合研究方法，以大连机车车辆有限公司主导的机车创新生态圈、瓦房店轴承集团有限公司主导的轴承创新生态圈、三一重工股份有限公司主导的工程机械创新生态圈为案例研究对象，探讨核心企业主导的开放式创新生态系统不同类型构建逻辑的形成机理。

本书子研究三主要探讨核心企业主导的开放式创新生态系统构建过程。鉴于本研究所要解决的问题属于回答"How"问题的范畴，同时需要基于动态视角对系统构建全过程进行分析，因此该部分采用纵贯式单案例研究方法、内容分析法、典型事件分析法和文献分析法组成的混合研究方法，选择大连光洋科技集团有限公司主导的高端数控机床创新生态圈为案例研究对象，从构建逻辑、构建行为和构建结果三个维度来探讨核心企业主导的开放式创新生态系统构建过程。

## 1.7　主要创新点

本书围绕"核心企业主导的开放式创新生态系统构建机理"这一核心研究问题，采用案例研究方法、内容分析法、认知地图分析法、典型事件分析法、文献分析法组成的混合研究方法，形成了包括核心企业主导的开放式创新生态系统"构建动因—构建逻辑—构建过程"的构建机理全景图。本书具有以下三个创新点。

第一，基于来源层面、显现特征和传导路径三个维度提出了核心企业主导的开放式创新生态系统构建动因的显现架构。

尽管现有研究认可了创新生态系统的构建和开放式创新的实施受到多元化因素的影响，但是现有研究多通过文献归纳或实证研究只关注了单个或者少数几个影响因素，尚未形成系统化的理论框架。本书通过案例研究方法和内容分析法从大量质性资料中识别了来自技术情境、市场情景和制度情境的外部情境层面，以及企业家注意力、企业家认知和企业家精神的内部情境层面的六个层面上的十四种构建动因，并且进一步厘清了构建动因存在的"技术、市场和制度情境层面→企业家注意力层面→企业家认知层面→企业家精神层面"的传导路径。最终，基于来源层面、显现特征和传导路径提出了核心企业主导的开放式创新生态系统构建动因的显现架构，这弥补了当前开放式创新生态系统影响因素缺乏系统化的不足，以及忽视开放式创新生态系统的情境化探讨的缺陷。

第二，基于主导逻辑视角从本质层面揭示了核心企业主导的开放式创新生态系统影响因素，从而发现了核心企业主导的开放式创新生态系统的三类构建逻辑。

学者们针对创新生态系统的构建受到多元化因素的影响这一点已经达成了共识[70,71]，但是缺乏进一步深入探讨核心企业经过对内外部影响因素评估后所形成的构建主导逻辑这一本质层面的研究，而本书的尝试实现了将开放式创新生态系统的前置影响因素研究向认知层面的主导逻辑推进。本书通过对三家企业创新生态圈的案例研究在构建动因基础之上进一步提炼出了机会构建逻辑、杠杆构建逻辑和定位构建逻辑三类核心企业主导的开放式创新生态系统构建逻辑，这为系统构建提供了核心原则和总体战略。进一步地，本书从"组织目标（我是谁，向哪去）→核心发展路径（如何去）→战略行动方式（怎么做）"三个维度剖析了核心企业主导的开放式创新生态系统构建逻辑的内涵特征和形成机理，这响应了主导逻辑的提出者普拉哈拉德（Prahalad）开展主导逻辑具象化和操作化研究的倡导。

第三，通过三维度的横向解剖和三阶段的纵向分析，形成了核心企业主导的开放式创新生态系统构建过程模型。

对于创新生态系统构建的探讨由于研究视角不同，关注重点各异，整体上处于碎片化的状态，本书沿着"逻辑—行为—结果"的思路提炼出构建逻辑，包括构建主体、构建要素、构建机制的构建行为，边界拓展的构建结果三个横向构建过程解剖维度。同时，已有研究对开放式创新生态系统的概念内涵和基本特征的探讨多从静态视角开展[38,40]，本书明晰了核心企业成长、基本框架搭建和系统整合形成的三个纵向构建过程分析维度。综合构建逻辑、构建行为、构建结果三个方面的横向解剖维度和三个阶段的纵向分析维度，本书形成了核心企业主导的开放式创新生态系统构建过程模型，实现了开放式创新生态系统具象化的探讨。

# 第 2 章

# 文 献 综 述

本章将从开放式创新的相关研究、创新生态系统的相关研究及开放式创新生态系统的相关研究三个方面对现有研究现状进行梳理。首先，企业开放式创新是开放式创新生态系统内的主要行为[41,45]，因此对开放式创新的概念内涵、类型划分、影响因素、作用效果、研究层次进行梳理；其次，开放式创新生态系统是创新生态系统的子概念[34]，因此对创新生态系统的概念内涵、基本特征、构建研究、核心企业、研究层次进行梳理；再次，开放式创新生态系统的研究处于起步阶段，因此针对开放式创新生态系统的概念内涵、基本特征进行梳理；最后，针对上述研究进行评述，为本书的开展奠定基础、发现研究缺口并形成研究思路。

## 2.1 开放式创新相关研究

### 2.1.1 开放式创新概念内涵

（1）开放式创新的产生与概念内涵演进。

"开放式创新"（open innovation）是由哈佛大学商学院教授切萨布鲁

夫于 2003 年首次提出[1]。相较于"封闭式创新"（closed innovation）所强调的通过内部资源投入带动企业技术，开放式创新强调创新外部化，即有价值的创新和创意不仅产生于公司内部，也可以来自公司外部，而这些创新和创意商业化的过程则可以通过公司内外部渠道同时进行[72]。开放式创新提供了一种价值创造和价值获取的新策略。一方面，开放式创新强调外部知识可以作为企业内部知识的重要补充；另一方面，开放式创新要求企业转变传统的知识技术对外封锁策略，认为企业应通过合作与转让等方式转移出一部分知识，以实现创新价值回报最大化[73]。

开放式创新是在愈加复杂、动态的情境下对封闭式创新的反思提出来的。在 20 世纪 80 年代以前，美国重大的技术研究大多在名牌大学的实验室里进行，导致技术的商业化用途难以快速开发使企业受益。针对此现状，企业逐渐将越来越多的资源投入自身的研发部门，如招聘优秀的员工、配置先进的设备补充到企业的研发项目等。与此同时，企业也自己承担所有创新成果产生的费用和收益。由此，造就了美国著名的帕洛阿尔托实验室、沃森实验室、萨尔诺夫实验室等。对此现象进一步思考，发现这些实验室创新成果产生的过程实则是通过高度集权、封闭式的模式实现的，也就是封闭式创新模式[1]。这种模式使得这些企业的营收水平和实力大幅增长，比如施乐公司通过这种模式在帕洛阿尔托实验室完成了静电复印技术的发明，因此也使得施乐公司快速成为复印机行业的领头羊。

进入 20 世纪 80 年代后，技术的复杂性提升，顾客需求多样化增加，这也导致曾经盛行的封闭式创新模式难以为继。企业逐渐打开其创新边界，开始形成包括用户、科研机构、相关企业、中介等主体的创新网络[74]。如 IBM 不仅形成了完善的专利外部许可/转让流程，并且与合作伙伴、供应商和顾客进行合作在公司核心业务之外进行创新[75]。宝洁公司设立了全球创新委员会，联合其供应商实施"关键供应商伙伴计划"，与此同时，宝洁公司还与高校科研院所等实施"联合技术开发"项目。朗讯公司将与公司主营业务偏离的贝尔实验室研发成果对外出售给相关企业，从而促使这些创新成果快速商业化。

　　进入 20 世纪末，开源软件运动逐渐在信息技术，尤其是软件工程行业兴盛起来。而这一运动主要是为了在软件工程师和软件用户之间实现源代码的开放、共享和自由使用。开源运动促使有需求的人员可以将其程序或者需求发布在网上，而全世界对此感兴趣的软件工程师可以参与对程序的修改，从而满足发布者的需求，在此过程中逐渐形成了一个技术开发社区。InnoCentive 创新平台就是在此背景下应运而生的，其实现了将企业内部有待解决的现实问题随时发布到这个平台上，集合平台上众多有兴趣的工程师对这个问题进行研究解决。

　　基于对上述现象的观察，新型的创新模式与以前的封闭式创新模式具有本质性的差别，切萨布鲁夫将这种创新模式称之为"开放式创新"[1]。封闭式创新模式重视企业内部的创新资源和商业化渠道，而开放式创新强调企业同时利用企业内外部的创新资源和商业化渠道[1-3]。二者的创新来源和商业化路径均有不同的组织原则[3]，封闭式创新和开放式创新的对比如表 2-1 所示。

表 2-1　　　　　　　　　　　开放式创新和封闭式创新的对比

| 项目 | 封闭式创新 | 开放式创新 |
|---|---|---|
| 创新来源 | 本行业里最聪明的员工都为我们工作 | 并不是所有的聪明人都为我们工作，企业需要和内部、外部的所有聪明的人通力合作 |
| | 为了从研发中获利，企业必须自己进行发明创造，开发产品并推向市场 | 外部研发工作创造巨大的价值，内部研发工作需要或有权利分享其中的部分价值 |
| 创新的商化运用 | 如果企业自己进行研究就能首先把新产品推向市场 | 企业并非必须自己进行研究才能获利 |
| | 最先把新技术转化为产品的企业必将胜利 | 建立一个更好的企业模式要比把产品争先推向市场更为重要 |
| | 如果企业的创意是行业内最多的，企业一定能在竞争中获胜 | 如果企业能充分利用内部和外部所有好的创意，那么就一定能成功 |

续表

| 项目 | 封闭式创新 | 开放式创新 |
|---|---|---|
| 创新的商化运用 | 企业应当牢牢控制自身的知识产权，从而使竞争对手无法从其发明中获利 | 企业应当从别人对其知识产权的使用中获利，同时只要是能提升或改进企业绩效的模式，同样应该购买别人的知识产权 |

资料来源：高良谋和马文甲[3]；切萨布鲁夫[1]。

切萨布鲁夫在 2003 创造性地提出了开放式创新概念，而这也引起众多学者对开放式创新的概念内涵从不同角度进行界定和阐释。切萨布鲁夫通过对英特尔、IBM 及朗讯公司创新模式的分析，指出开放式创新企业能够同时利用其内部创新和外部创新，以及内部商业渠道和外部商业化渠道来达到促进企业技术创新的目的[1]。哈斯特巴卡（Hastbacka）认为，开放式创新实现了对企业外部和内部的新思想和技术的共同开发利用，而这一过程贯穿最初的设计、制造、生产、销售、反馈等创新全程，因此开放式创新的核心要义在于在研发和市场化阶段均实现企业内外部资源的同时利用[76]。为了进一步完善和规范开放式创新的概念，切萨布鲁夫又指出，开放式创新的本质在于在实现企业内部创新过程中同时利用由外而内的知识流入和由内而外的知识流出，同时在实现产品市场化过程中实现外部创新的直接利用[72]。韦斯特和加拉赫（West & Gallagher）认为，开放式创新通过在企业内外部大范围地收集和补充所需资源，有意将外部收集的资源和内部已有的资源能力联合开发利用，并且还通过多种方式实现市场机会的开发[4]。利希滕特勒（Lichtenthaler）指出开放式创新在知识开发（knowledge exploration）、知识保持（knowledge retention）和知识利用（knowledge exploitation）的过程中实现了系统地利用内外部的知识[6]。尽管学者们通过不同角度对开放式创新的内涵进行了探讨，但是认可了开放式创新的本质是贯穿创新全过程的知识/资源的跨边界流动的过程。

与此同时，随着开放式创新范式的愈加流行，越来越多的学者对开放式创新的概念内涵进一步深入反思。如劳尔森和索尔特（Laursen & Salter)[13]、达尔德和甘恩（Dahlander & Gann）[77]、洛夫（Love）等[78]、约翰（John）等[79]、博格斯等[80]开始重新审视"封闭—开放"二分概念模型。他们指出，开放式创新和封闭式创新二者之间没有绝对的界限，因为现实中的企业技术创新模式和技术创新过程既不是完全封闭的，也不是完全开放的，而是介于二者之间。

（2）开放式创新关联概念的明晰。

学者们从不同的视角对开放式创新的内涵进行了探讨，而需要重点关注的是开放式创新并非全新的理论[81]，其背后的概念并非是全新的[2]，开放式创新的重点在于是一个广泛的，涵盖了合作创新、用户创新等几个已有研究领域的整合性概念[82]。从本质上看，开放式创新对以前的相关创新理论实现了整合，用户创新、合作创新等都是开放式创新的具体表现形式，因此开放式创新是新环境、新现象下的原有创新理论的演进与发展[3]。尽管如此，为了进一步明晰开放式创新的意义所在，本书参考高良谋和马文甲[3]等人的研究，从发生阶段、开放对象、核心基础和交易逻辑四个维度对与开放式创新较易混淆的合作创新、用户创新两个概念的异同进行了比较，如表2-2所示。

表2-2　　　　　　　　　　开放式创新、用户创新、合作创新比较

| 创新模式 | 发生阶段 | 开放对象 | 核心基础 | 交易逻辑 |
|---|---|---|---|---|
| 用户创新 | 创意产生、研究开发、试验 | 用户 | 内部创新资源和能力主导 | 非经济 |
| 合作创新 | 创意产生、研究开发、试验 | 其他企业、科研机构、高校等研发主体 | 内部创新资源和能力主导 | 经济 |
| 开放式创新 | 创意产生、研究开发、试验、生产、市场化 | 参与创新、生产或商业化的所有主体 | 内部和外部创新资源和能力并重 | 经济和非经济并存 |

资料来源：参考高良谋和马文甲[3]、斯坦科（Stanko）等[82]和韦斯特等[5]整理。

从发生阶段来看，用户创新和合作创新均主要集中在创意产生、研究
开发和试验阶段[3,83]。然而，开放式创新强调贯穿创意产生、研究开发、
试验、生产、市场化的全过程同时使用企业内部和企业外部的资源。因
此，开放式创新贯穿于创新的前端阶段，中期的开发阶段及后期的商业化
阶段全过程。从开放对象来看，用户创新核心开放对象即用户，合作创新
一般情况下是与研发技术提供的主体合作，如高校、科研机构、其他企
业、供应商等[84]。而开放式创新由于贯穿创新全过程，因此导致实施开
放式创新的企业的合作对象较多。从核心基础来看，无论是用户创新还是
合作创新均建立在以自身内部创新资源和能力的最大效果的开发利用，而
将外部的资源和能力作为补充要素，发挥辅助作用[85]。然而，开放式创
新将外部的资源和能力置于与企业内部的资源和能力相同重要的位置[86]。
从交易逻辑来看，对于用户而言，需求不被满足或为了获取创新的乐趣成
为用户参与创新的驱动力[87]，因此用户创新并非为了获得经济回报的经
济逻辑而是非经济逻辑[5]。对于合作创新，合作双方会充分衡量在合作过
程中所投入的成本和获得的收益，因为双方在正式契约关系中均投入了一
定的资源并想获得回报，最终当合作双方考虑到期收益大于其所投入的资
源时，合作创新才会发生，因而合作创新的交易逻辑是经济的[3]。对于开
放式创新而言，由于可以通过正式关系的契约合作创新模式开展，也可以
通过非正式的社群创新模式来开展，因此开放式创新的交易逻辑是经济与
非经济并存的。

### 2.1.2　开放式创新类型划分

目前对于开放式创新类型的划分，学者们基于不同标准形成了不同的
开放式创新类型。

首先，最具有代表性的是根据切萨布鲁夫关于开放式创新概念的描
述[72,88]，学者们大多从创新资源/知识在组织内外部的流动方向的角度，
将开放式创新划分为外向型开放式创新（outbound/onside-out）和内向型

开放式创新（inbound/outside-in）两种基本类型，以及同时兼具外向型和内向型的耦合型（coupled）开放式创新[89,90]。其中，外向型开放式创新则是知识和创新资源"从内到外"的技术创新过程，是指企业作为"创新提供者"，将内部的创新成果和知识产出对外输出，由外部组织实现创新商业化[89,90]。专利授权、技术转让、技术服务知识等都是典型的外向型开放式创新行为[93,94]。对应地，内向型开放式创新是知识和创新资源"由外到内"的技术创新过程，是指企业作为"创新接收者"通过利用外部渠道，吸收外部有价值的知识、创意和创新资源等，从而实现更高效率的技术创新和创新商业化[89,90]。技术并购、技术外包/众包、外部知识/技术搜索等都是典型的内向型开放式创新行为[91,92]。

其次，仅仅通过知识流动的方向划分开放式创新具有局限性，内向型、外向型和耦合型开放式创新难以体现开放式创新的开放程度，因此部分学者进一步以开放度为标准来区分开放式创新的类型。克努曾和莫特森（Knudsen & Mortensen）基于开放式创新的开放程度维度提出四种开放式创新类型：开放式创新、完全外部创新、完全内部创新和完全封闭[95]。在此基础上，柯普和加斯曼（Keupp & Gassmann）将开放度细化分为开放式创新广度和开放式创新深度，根据不同企业在这两个维度上的组合差异，通过实证分析重点界定了四种开放式创新类型：开放广度和深度均高为职业化创新者、开放深度中且广度中高为探索者、开放深度低而广度中高为搜寻者、开放广度和深度都低为孤立者[11]。

最后，学者们以上述的流程和开放度为基础，进一步衍生出了多种开放式创新的类型。拉扎罗蒂和曼齐尼（Lazzarotti & Manzini）基于开放广度和创新过程两个维度划分为四种类型：整合性协作者（Integrated collaborators）是指虽然企业与数量不多的合作者实现了合作创新，但是这些合作却贯穿了创新全过程；专门化协作者（specialized collaborators）是指企业虽然通过多元化的渠道与多位合作者实现了合作，但是这些合作仅仅发生在单一创新环节；而开放式创新者（open innovators）是指企业向多元化的创新参与者开放整个创新过程；封闭式创新者（closed innovators）是指企业并未实现创新全过程的对外获取资源，而仅仅在某个环节从某个参与者的单一渠道实现了外部资源获取[12]。达尔德和甘恩根据开放流程和是否获利两个维度，将开放式创新划分为采购（sourcing）、收购（acquiring）、披露（revealing）、出售（selling）四种类型[77]。赫伊津（Huizingh）按照创新过程和结果是否开放，将开放式创新划分为开源创新（open source innovation）、公共创新（public innovation）、自私开放式创新（private open innovation）、封闭式创新（closed innovation）四类[96]。费林和曾格则依据创新激励、跨组织沟通渠道和知识产权归属，将开放式创新分为基于用户或社群的开放式创新、基于竞赛的开放式创新、基于伙伴的开放式创新、基于市场的开放式创新等不同类型，并提出了不同的治理措施来管理不同类型的开放式创新[97]。于开乐和王铁民按照外部创意转化为持续创新能力的可能性和外部创意转化为创新的程度两个维度来进行区分，提出并购开放式创新、合资—战略联盟开放式创新、逆向工程开放式创新、完全复制开放式创新四种典型开放式创新模式，并且这个研究通过质性案例研究提出在一定条件下企业的自主创新受益于企业的并购式开放式创新[98]。何郁冰综合考虑了资源整合、知识来源、组织间关系三个维度，提出了创新链横向资源整合、价值链纵向资源整合、产业链多元资源整合三种开放式创新类型[99]。表 2 - 3 对不同维度的开放式创新类型划分进行了总结。

表 2 - 3　　　　　　　　　　　　开放式创新类型

| 来源 | 划分依据 | 类型 |
| --- | --- | --- |
| 卡西曼和瓦伦蒂尼（Cassiman & Valentini）[89]、切萨布鲁夫和克劳瑟（Crowther）[90] | 创新资源/知识在组织内外部的流动方向 | 内向型（inbound/outside-in）开放式创新、外向型（outbound/Inside-out）开放式创新、耦合型（coupled）开放式创新 |
| 克努曾和莫特森[95] | 开放度 | 开放式创新、完全外部创新、完全内部创新、完全封闭 |

续表

| 来源 | 划分依据 | 类型 |
|---|---|---|
| 柯普和加斯曼[11] | 开放式创新广度和开放式创新深度 | 开放广度和深度均高为职业化创新者、开放深度中且广度中高为探索者、开放深度低而广度中高为搜寻者、开放广度和深度都低为孤立者 |
| 拉扎罗蒂和曼齐尼[12] | 开放广度和创新过程 | 整合性协作者（integrated collaborators）、专门化协作者（specialized collaborators）、开放式创新者（open innovators）、封闭式创新者（closed innovators） |
| 赫伊津[96] | 创新过程和结果是否开放 | 开源创新（open source innovation）、公共创新（public innovation）、自私开放式创新（private open innovation）、封闭式创新（closed innovation） |
| 费林和曾格（Felin & Zenger）[97] | 创新激励、跨组织沟通渠道、知识产权归属 | 基于社群的开放式创新、基于用户的开放式创新、基于竞赛的开放式创新、基于伙伴的开放式创新、基于市场的开放式创新等多种类型 |
| 于开乐和王铁民[98] | 外部创意转化为持续创新能力的可能性和外部创意转化为创新的程度两个维度 | 完全复制、逆向工程、合资—战略联盟以及并购 |
| 何郁冰[99] | 综合考虑了资源整合、知识来源、组织间关系等 | 创新链横向资源整合、价值链纵向资源整合、产业链多元资源整合 |

鉴于开放式创新是包含多个研究领域的宽泛伞状概念（umbrella concept）[82]，因此学者们按照知识流向、开放度、开放广度和创新过程、开放流程和是否获利、创新过程和结果等不同标准，将开放式创新划分为不同类型，这能够促进开放式创新实现更加具象化的研究。

### 2.1.3 开放式创新影响因素

关于开放式创新影响因素的探讨，学者们的研究集中在企业内部和外部两个方面[8]。

从企业外部情境来看，学者们认为行业属性[100-105]、技术因素[86,106]、市场因素[11,103]、正式与非正式关系[107]等均对开放式创新产生影响。第一，从行业属性来看，一些学者指出不同行业的技术程度的高低会对开放式创新的类型选择产生影响。加斯曼等指出，技术程度高的行业的技术动态性较强，导致企业更倾向于选择输出型开放式创新，而技术程度低的行业更愿意从技术程度高的行业吸收技术和知识，从而低技术程度的行业更愿意采用输入型开放式创新[108]。也有部分学者认为行业属性会影响企业开放式创新的开放程度。恩克尔（Enkel）和加斯曼指出，在技术高度动态变化的 IT、电气、电子等高科技行业中，企业普遍愿意采取合作创新的模式，而在技术相对变化缓慢的印刷、木材、皮革等低技术行业中，企业更愿意采取独自研发和生产的模式，因此技术处于高速或中等变化程度的企业倾向于选择较高的开放度[76]。第二，技术情境因素会影响开放式创新的选择。在技术复杂化逐渐提升的背景下，为了规避自主独立研发所带来的风险，大部分企业纷纷通过与其他企业进行合作的开放式创新方式来开发产品[109]。第三，市场环境因素也会影响企业开放式创新的选择。加斯曼等研究发现为了快速获得新产品发布的市场先机，大型领先企业也通常会实施开放式创新来提升产品研制速度，赢得竞争优势[108]。祖波（Zuppo）等认为，对外开放创新的积极效应受到竞争强度的影响。第四，正式与非正式的关系会对开放式创新的实施产生影响[110]。朱（Zhu）等研究了非正式关系（企业、政府和大学）与开放创新之间的关系，认为三种非正式关系都对内向开放式创新的实施有积极的影响，而正式的商业关系对外向开放式创新有积极影响[107]。

从企业内部情境来看，主要关注企业本身的特征和企业的资源能力两个方面。一方面，从企业本身特征来看，学者们探讨了企业规模[111,112]、企业年龄[11,101,105]、企业互补资产状况[113,114]等对于开放式创新实施或绩效的影响。利希滕特勒和恩斯特（Ernst）指出，企业规模与开放式创新密切相关[115]。李（Lee）等认为，由于中小企业面临的资源匮乏状况更加明显，因此相比大企业而言，更愿意实施开放式创新[10]。亨克尔（Henkel）基于软件公司开源代码的分析发现规模越小的企业反而将更多的源代码开放[116]。而加姆巴德拉（Gambardella）等研究发现大企业不倾向于实施开放式创新的原因是它们自身积累了丰富的资金、人力和技术资源[117]。在企业规模之外，也有学者注意到了企业年龄对于开放式创新的影响。托尔凯利（Torkkeli）等指出随着企业年龄的增加，其越来越愿意开发和利用外部资源[114]。同时，还有学者关注了互补资产这一企业特征。克努曾研究发现具有较多的互补资产可以帮助企业快速实现创新成果的市场化，因此这类企业通常为了快速市场化会对外开放式地获取互补资产[113]。即使是企业已经积累了较多互补性资产，其也倾向于进一步增加开放式创新程度从而实现更多创新[114]。

另一方面，学者们着重关注了企业的资源禀赋、吸收能力等企业内部的资源能力对开放式创新的实施或绩效的影响。例如，利希滕特勒基于企业专利授权样本发现，对于积累了较多技术资源的企业，其在专利授权或者出售时能够拥有更多的选择权，从而帮助其实现较高的收入[15]。劳尔森和索尔特研究发现当企业具备较高的吸收能力时，其能够高效地处理外部的知识和信息，从而促使企业更好地实施开放式创新[13]。黄（Huang）等通过分析中国企业在采用开放式创新时面临的主要障碍，发现低吸收能力是最为关键的影响因素[118]。因此吸收能力是开放创新实施最大的限制因素[119,120]。进一步地，利希滕特勒认为开放式创新的实施需要多元化的能力，包括发明能力（inventive capacity）、变革能力（transformative capacity）、创新能力（innovative capacity）、解吸能力（desorptive capacity）等[6]。此外，管理者的认知也对开放式创新的实施产生影响。已有文献指出开放式创新的实施会受到绩效提升[1,121]、分散风险和创新不确定性[11]、进入外部知识网络或联盟[5]、快速获取收益[122]等的诱发。

基于以上的梳理，发现开放式创新的实施及绩效受到内外部多元因素的影响[123]，但是现有研究基于不同视角处于碎片化的研究状态，缺乏基于内外部因素的系统性探讨。

### 2.1.4 开放式创新作用效果

针对开放式创新的作用效果，学者们主要关注企业基于开放式创新战略如何获益和开放式创新具体如何影响企业的创新能力两个方面[13,16,124]，因此导致大量学者对创新开放度和绩效之间的关系开展研究，然而关于开放式创新对于创新绩效的影响却难以达成一致，一直存在矛盾的观点。

一方面，部分学者认为开放式创新会对企业绩效具有积极的作用。劳尔森和索尔特通过实证研究验证了企业开放度对企业创新绩效的正向促进作用[13]。陈（Chen）等则将企业划分为科技驱动型企业（STI）和经验驱动型企业（DUI），实证结果也表明企业开放度对这两种企业创新绩效均具有积极影响[125]。雷波内和赫尔法特（Leiponen & Helfat）指出企业创新的实现依赖于两个关键要素：一个是企业需要保持开放的信息获取战略，另一个是企业需要保持开放的思维创新路径[126]。柯普和加斯曼发现具有高开放深度和高开放广度的企业能够创造性地改善产品，并且促使新产品产生更高的利润率[11]。卡福罗斯和福尔桑（Kafouros & Forsans）指出大范围地搜集和补充企业外部的国外知识不仅能够提升企业的创新潜力，还能够促使企业实现较高的绩效产出[127]。现有研究基本上认可对于商业企业和工业企业[128]、传统企业和高新技术企业[1,129,130]、中小企业和大型企业[17,131]，都可以在开放式创新战略的实施中获益[132]。

另一方面，部分学者却认为开放式创新会对企业的绩效具有消极作用。费姆斯（Faems）等通过对比利时制造企业的大样本实证研究发现，尽管开放式创新参与主体会积极作用于企业的创新绩效，但是同样会导致企业的协调成本增加进而不利于企业的财务绩效，而且在短期内财务绩效的消极影响大于对创新绩效的积极影响[104]。萨皮扎恩（Sapienza）等认为，尽管开放式创新会为企业带来新技术，但是与此同时也会导致企业对外部的资源产生依赖性，而且过多的外部技术会导致企业难以聚焦反而不利于企业对外部技术的吸收[133]。亨克尔则认为，开放式创新在使自己获益的同时也有可能使竞争对手获利，这有可能导致企业难以在竞争中获胜[116]。实则，开放式创新具有局限性，其最大的局限性在于导致成本的增加。例如，开放式创新会导致协调成本和竞争成本[134]、企业开放所带来的技术溢出和信息泄露风险成本[135]，对外大量搜索导致的搜索成本[13]等均会增加，反而不利于企业创新活动的开展。

开放式创新对创新绩效的影响难以在众多学者中达成一致，究其根本原因，可能是由于开放式创新的实施导致收益与成本并存的固然属性，同时也可能是由于开放式创新研究中选择的样本对象不同，还有可能是企业实施的开放创新类型不同及选择的开放式程度差异等。此外，在针对开放式创新的实证研究中对于开放式创新的测量量表也还未能统一，这也有可能导致上述研究结果具有差异性。

### 2.1.5　开放式创新研究层次

现有对于开放式创新的研究集中在企业层面和二元组织层面。博格斯等指出开放式创新的研究可以分为组织内（intra-organizational）层面（个人和团队）、组织（organizational）层面、组织外（extra-organizational）层面（组织与用户、供应商等二元互动）、跨组织（inter-organizational）层面（联盟、网络等）、行业/区域创新系统和社会（industry, regional innovation systems and society）层面（产业、城市等）[7]。徐茜等指出对于开放式创新的研究主要包括企业层面、二元层面、网络层面和国家层面[136]。因此，开放式创新的研究可以在微观、中观和宏观多个层面上进行。开放式创新是切萨布鲁夫对企业行为的观察而提出的[1]，因此发源于企业层面的开放式创新在企业层面迅速开展，学者们对开放式创新在企业层面的内涵[73]、类型划分[11,12,89,90]、影响因素[100-107]、作用效果[13,127]等开展了大量研究。同时，开放式创新研究选择的研究对象种类逐渐增加，从研发的开放到价值链的开放、从大企业到中小企业、从制造业到服务业、从高技术产业到传统产业，在此过程中也对开放式创新的理解和认识逐渐深化[99]。后续也有学者针对开放式创新在企业与供应商、企业与用户的二元互动层面开展了研究，分析用户、供应商等对于企业的开放式创新行为的作用[137]。

但是，在对组织和二元层面的开放式创新关注的同时，需要进一步向宏观层面和微观层面扩展[7,5,136]。一方面，应该增加对于企业内部的个人/团队层面的开放式创新的探讨，因为开放式创新的实施最终需要通过企业的员工/团队来实现，如企业员工的买入（buy-in）、对外联系（relate-out）和出售（sell-out）等开放式创新行为[6]。因此，开放式创新中的个人/团队因素应在后续研究中投入更多的精力。另一方面，在产业/系统层面，开放式创新也可以发挥效果，其可以作为有效工具来促使系统创新能力（systemic innovation strengths）和产业集群的区域知识能力（regional knowledge capabilities）的提升[138]。所以，学者们需要投入更多精力来探讨产业/系统层面的开放式创新。部分学者已经意识到了系统层面的开放式创新具有重要意义且初步开始了探讨。如吕一博等针对开放式创新生态系统的驱动因素，从创新主体、创新文化、创新能力、创新资源、创新环境五个维度进行梳理[41]。

## 2.2  创新生态系统相关研究

### 2.2.1  创新生态系统概念内涵

（1）创新生态系统概念的内涵。

2004 年，美国总统科技顾问委员会的《维护国家的创新生态体系、信息技术制造和竞争力》研究报告指出国家的技术和创新领导地位取决于有活力、动态的创新生态系统，首次规范提出了"创新生态系统"的概念，实现了"创新系统"到"创新生态系统"过渡[139,140]。创新生态系统是从生态学视角反思创新系统的发展演化现象所形成的概念体系。由于理论视角和研究对象等方面的差异，不同学者对创新生态系统概念术语的描述也不尽相同。

艾德诺（Adner）指出创新生态系统基于系统内众多的互补性主体，可以开展单个主体无法开展的价值创造活动，在此过程中，实现了系统内的多个主体之间的紧密联结，最终完成了创新生态系统的形成[20]。卡亚诺（Kayano）和特以美国和日本的国家创新生态系统为例，研究发现创新生态系统内各类创新主体形成了结网群居、互惠共生、协同竞争的关系，而国家的制度系统和创新体系也相互影响、相互促进，并对系统内的创新主体进行规范，最终各个创新主体居于各自合适的生态位[22]。美国总统科技顾问委员会在《创新生态中的大学与私人部门研究伙伴关系（2008）》报告中详细阐述了创新生态系统的含义，指出创新生态系统包括来自于产业界、学术界、金融机构、科学和经济组织，以及各级政府等一系列行动者，系统内各主体间存在着广泛的非线性关系，覆盖从基础研究到创新成果商业化的整个过程。张运生指出创新生态系统内的创新主体实现了各类资源的共享和跨边界流动，而系统内通过技术标准、共同准则等将不同创新主体实现整合[141]。杰克逊（Jackson）指出创新生态系统内的主体包括企业、高校科研院所、政府部门、金融部门等相关者，而参与要素包括技术、人力、设备、资金等要素，而这些参与要素在各个创新主体之间实现了自由流动，最终促使这些主体和要素整合形成复杂的创新生态系统[21]。克罗斯（Cross）认为创新生态系统包括研究、开发、应用等不同的创新子群落，而这些群落围绕核心企业形成并组成创新价值链和价值网络，系统内实现了创新要素在核心企业及其利益相关者之间的自由流动和聚合[142]。曾国屏等认可了创新生态系统是从创新系统发展而来的基本观点，并进一步指出创新生态系统是创新价值链和创新网络形成并拓展的开放系统，需要在系统内形成有利于开放条件下创新要素自由流动的环境[143]。

尽管学者们对于创新生态系统的概念并未完全达成一致[26,144,145]，但是学者们都认可了创新生态系统包括来自于学术界、产业界、金融机构、科学和经济组织，以及政府等一系列行动者，系统内各主体间存在着广泛的关系，覆盖从基础研究到创新成果商业化的整个过程。其是一个松散联系的企业网络，主体间在共享技术、知识和技能的基础上共同进化，寻求效率和生存[23,146]。

（2）创新生态系统的关联概念。

目前，存在诸多与创新生态系统（innovation ecosystem）内涵相类似的概念，其中比较有代表性的是创新系统（innovation system）、商业生态系统（business ecosystem）、产业集群（industrial cluster）、创新平台（innovation platform）、创新网络（innovation network）、价值链（value chain）、产学研合作（industry-university-research cooperation）等。欧（Oh）等认为，这些关联概念均反映出创新生态系统的群体性和网络结构特征[137]，差别主要体现在不同术语的关注重点和概念内涵的完善程度不同（见表 2 – 4）。

表 2 – 4　　　　　　　　　　创新生态系统与其他概念的对比

| 关联概念 | 联系与区别 |
| --- | --- |
| 创新网络 | 创新生态系统本质上是一种网络组织，是更广泛多样的网络形式的一种，具有层次化结构，其所处的外部环境也被视为由交易关系构成的网络，因此生态系统由许多子网络构成，同时又是更大范围的网络的一部分，但只有具有生态系统特征的网络才可称之为生态系统 |
| 创新系统 | 二者都体现了创新的系统特性，创新系统是静态概念，强调制度的作用和结构与功能的关系；创新生态系统具有动态性，重视市场机制及文化等非正式因素的重要性，强调结构 – 功能 – 过程，实际上是系统结构和环境动态关联的自组织演化的创新系统 |
| 商业生态系统 | 创新生态系统包含研究、开发、应用三大群落，商业生态系统侧重于商业运作和商业战略，在以技术创新为主的企业，可以认为商业生态系统是创新生态系统的一个子系统，建立运行良好的商业生态系统是实现新技术商业化推广的基础，在以商业模式创新为主要创新方式的案例中，二者是类似的概念 |

| 关联概念 | 联系与区别 |
|---|---|
| 创新平台 | 平台是创新生态系统内核心企业用于协调的重要手段,是生态系统架构创新的重要体现。一个成功的平台通常会有一个生态系统围绕在其周围,但生态系统不一定以一个平台为核心,其核心也可能包括一个单独的企业、许多企业或一个非营利组织等 |
| 产业集群 | 集群强调地理的集聚性,而在生态系统中,地理位置不是最重要的决定因素;集群以产业和竞争力为分析基础,而生态系统超越了产业的界限,强调主体间的竞争与合作;集群中也存在产业层面的共享的价值主张,但集群内各主体往往追求各自的目标,相互依赖程度较低;集群侧重于生产方,而生态系统同时包含了生产方和需求方;产业集群可看作生态系统中的一个群落 |
| 产学研合作 | 二者都体现了主体之间的合作与互动。创新生态系统更强调用户导向的创新的重要性,由"三螺旋"扩展为政府、企业、大学和科研机构、用户的"四螺旋"创新范式,强调创新主体的嵌入性和共生 |
| 价值链 | 价值链与创新生态系统都以价值创造为目的。生态背景下价值创造主体包含了价值链以外的更广泛的组织,强调了价值的共同创造;其在价值创造和分配的过程增加了主体之间的横向联系,具有非线性、迭代的、非时序、动态的价值网络特性 |

资料来源:陈健等[26]。

## 2.2.2 创新生态系统基本特征

在不同的情境和不同的视角下,创新生态系统的内涵和外延具有差异性。尽管如此,却存在一些共性特征,这些共性特征将创新生态系统与其他相关概念区分开来[26],如创新生态系统的复杂性、动态性、模糊性、生态性、依赖性等。

(1)创新生态系统的复杂性。

学者们普遍认可了创新生态系统具有复杂性的特征。一方面,参与主体复杂。艾德诺对高清电视产业的案例研究发现创新生态系统中不同类型组织存在的必要性[20]。创新生态系统包括一系列的参与者,包括大学、企业、政府、科研院所、投资机构、中介机构等[147]。另一方面,结构复杂。创新生态系统内部存在着多种结构。张运生等识别分析了俱乐部型、辐射型和渗透型三类创新生态系统治理结构[25]。吴绍波和顾新认为，创新生态系统需要选择多主体共同治理模式[148]。陈健等认为，创新生态系统存在四类治理模式，包括平台型创新生态系统、集群型创新生态系统、承包商型创新生态系统、技术标准型创新生态系统，并针对四种类型的创新生态系统的治理重点进行了进一步分析[26]。

（2）创新生态系统的动态性。

创新生态系统的动态性可以体现在参与主体的动态性、要素的动态性和创新生态系统本身的动态性。第一，从参与主体的动态性来看，创新生态系统的系统结构尽管相对稳定，但是参与主体会伴随着系统的发展发生动态的变化，例如供应商的更换和替代、旧客户的退出和新客户的生成、合作高校科研机构的转换等。第二，从系统内的要素来看，多数情况下，创新生态系统内的资金、技术、产品等要素会沿着产业链配置的方向进行动态的流动[37]。第三，从创新生态系统本身来看，创新生态系统内部始终处于动态变化的状态，系统的功能结构等会发生演变[40]。创新生态系统所嵌入的技术、市场、制度环境是时刻发生动态变化的，从而促使系统内部以及系统与环境之间相互影响，而系统为了适应环境会不断地进行自我调整，从而达到系统内部和系统外部的动态平衡[149]。孙冰等基于社会技术范式、市场生态位、技术生态位三个维度，发现创新生态系统的成长可以划分为技术保护期、市场选择期和竞争扩散期三个阶段[47]。

（3）创新生态系统的模糊性。

系统边界的模糊性和节点边界的模糊性是创新生态系统模糊性的主要表现。一方面，创新生态系统的系统边界与其他创新生态系统的系统边界相互交叉，难以清晰界定单一的创新生态系统的边界所在，导致其边界是模糊的。依恩斯蒂和莱维恩（Iansiti & Levien）指出，创新生态系统已经难以局限在某一个产品生产者的边界范围内，早已经完成了基于产业集群的地理边界的突破[150]。另一方面，节点的边界的模型性。这主要体现在创新生态系统内部的各节点之间会存在知识、信息、资金、技术等要素交流，以及存在联合开发、合作机构组建等行为，从而促使创新生态系统内部各节点之间的边界模糊[151,152]。

（4）创新生态系统的生态性。

创新生态系统是基于生态观反思创新系统的进一步发展。因此创新生态系统具有自然生态系统的生态特性。创新生态系统内各个创新主体之间的关系与自然生态系统中不同生物之间的关系相似，而创新生态系统内不同创新主体与系统情境之间的关系与自然生态系统中各种生物与生态环境之间的关系相似。主要体现在以下几个方面：第一，从参与主体来看，创新生态系统可以划分为创新生产者和创新消费者两类[153]，创新生产者是指利用各种资源进行基础研究的组织，而创新消费者则是指吸收、使用创新成果并发挥市场化功能的各类组织[21]。这与自然生态系统中的生产者和消费者具有一定的相似性。第二，从要素来看，创新生态系统内存在着人、财、物、技术和信息等要素[154]，而且这些要素在节点之间具有流动性[37]。而这一点与自然生态系统所体现的物质和能量要素的生态流动类似。第三，从结构来看，创新生态系统内创新主体间形成的技术创新种群与自然生态系统中生物体之间形成的生物种群、技术创新群落与生物群落、技术创新链与食物链、技术创新网与食物网的相似性主要体现在形态和功能上[149]。进一步地，创新生态系统内部各节点之间存在一定的生态位[26]，这与自然生态系统的生态位相类似。

（5）创新生态系统的依赖性。

创新生态系统内部各节点之间存在相互依赖性。在系统内部存在着根据不同的规则组成的相互联系的创新主体和要素，不同主体依赖于其他成员得以生存，最终形成相互依赖的网络组织[20]。阿尔米拉利和卡萨德苏斯－马萨内尔（Almirall & Casadesus－Masanell）指出，创新生态系统是一个反映"群体"内涵的概念，即创新生态系统是由诸多企业和组织所共同构成的[23]。同时，创新生态系统本质上一个网络结构组织，系统中的各成员不是孤立存在的，它们彼此间存在直接或间接的互动合作关系[146]。艾德诺和卡普尔（Kapoor）指出，成员间的依赖性是创新生态系统的基本特征之一[24]。系统内的主体和要素并不是简单拼凑而成的，而

是相互作用、相互制约、相互联系地形成一个整体来发挥功能，适应环境
并改变环境[149]。

### 2.2.3 创新生态系统构建研究

从创新生态系统构建的研究来看，当前文献主要关注系统构建的影响
因素、构建行为和构建结果进行研究。

（1）创新生态系统构建的影响因素。

现有研究认可了创新生态系统的构建受到多元因素的影响。一方面，
从外部环境来看，随着环境动态性的增强，传统只强调自身生存和发展的
企业已经落后，企业需要有意识地与相关组织构建生态系统[71]。崔百胜
和朱麟指出，当前的国内企业、高校科研机构更多地通过合作创新，实现
创新成果的共享，形成创新生态系统来应对愈加多变的、复杂的、动态的
外部环境[155]。赖纳茨（Reinartz）研究发现当前开放式的市场环境下促使
企业更容易形成创新生态系统[27]。韦尔（Weil）等以美国生物燃料生态
系统为例分析了市场动态性对创新生态系统形成及演化的影响[28]。而庞
大的市场空间，帮助企业获得超额价值也是创新生态系统构建的关键诱因
之一[71]。科姆尼诺（Komninos）等对欧洲智慧城市的研究发现用户是创
新生态系统构建的主要驱动力[156]。德尔（Del）等指出，引导性的政策
支持环境是促进创新生态系统构建的重要原因[157]。胡京波等认为，在创
新生态系统构建过程中需要关注政策制度和市场需求因素[30]。霍尔巴赫
（Horbach）等则从制度、技术和市场三个方面说明了创新环境对于创新生
态系统中生态创新的不同影响[158]。另一方面，从内部来看，创新生态系
统能够实现单一组织无法实现的共同价值创造[24,40]，帮助企业获得超额
价值[71]等。卡普尔和李指出，组织间的紧密协作构成的相互依存的创新
生态系统有利于企业的产品创新[159]。克罗斯认为，实现利益共享是核心
企业及相关者形成创新生态系统的主要动因[142]。而同时，企业在创新生
态系统内可以获得新的知识、市场和技术，实现资源互补[160]，这些成为

吸引企业构建创新生态系统的重要原因。

进一步地，现有研究需要从研究创新生态系统多元化构建影响因素进一步深入探讨本质性的系统构建逻辑。以上研究碎片化地探讨了创新生态系统的构建受到多元因素的影响，同时奥梅利亚内科（Omelyanenko）指出核心企业的主导逻辑推动着系统内的组织合作和关系演变[42]。于超和朱瑾通过案例研究发现企业主导逻辑促使企业创新生态圈的构建需要经历内部性创新培育阶段、开放式创新培育阶段、创新生态圈构建培育阶段三个阶段[43]。欧阳桃花等通过对航天小卫星复杂产品创新生态系统的研究指出在核心企业成长和领先两个阶段分别通过游击队战略逻辑和复杂性战略逻辑来主导系统的演化[44]。因此，已经有部分研究认可了核心企业的主导逻辑对于创新生态系统的构建和演化具有重要影响，但是现有研究大多仅仅停留在碎片化地探讨内外部影响因素对于创新生态系统构建的影响上，而缺乏进一步深入探讨核心企业经过对内外部影响因素评估后所形成的构建主导逻辑这一本质层面的研究。

（2）创新生态系统的构建行为。

从构建行为来看，现有研究主要集中在构建主体、构建要素和构建机制三个方面。

对于构建主体，现有文献表明创新生态系统构建的参与主体非常广泛。艾德诺对高清电视产业的案例研究中特别强调了创新生态系统中不同类型组织存在的必要性[20]。杰克逊指出创新生态系统的构建主体主要包括从事基础研究的研究组织和承担市场化功能的商业化组织两类[21]。傅羿芳和朱斌基于自然生态系统和创新生态系统的对比分析，提出创新生态系统的主体分为利用各种资源进行技术创新的生产者和吸收、使用创新成果的消费者[153]。克罗斯对佐治亚理工学院构建创新生态系统的研究表明，创新生态系统的构建需要大学、投资机构、企业、政府和其他利益相关者等不同主体的共同合作[142]。吕一博等指出，大学驱动型开放式创新生态系统包括创新生产者、创新消费者和创新中介三类主体[37]。而多宾斯（Dobbins）等指出，企业组织和个人均可以承担创新生态系统的中介者角色，而这些中介者促使了知识要素在知识生产者和知识消费者之间的自由流动[161]。进一步，博亚里和瑞博达兹（Boari & Riboldazzi）认为，这些中介者根据自身特征不同可以在创新生态系统中承担不同的服务[162]。

对于构建要素，其是指知识、信息、人才、资金、技术等维系创新系统存在和发展的基本构成。杰克逊将创新生态系统的构建要素分为物质资源和人力资本两大类[21]。张震宇和陈劲的研究指出基于开放式创新模式的企业创新系统包含人、财、物、技术和信息五项要素[154]。帕德莫尔和古布森（Padmore & Gibson）认为，区域创新生态系统的要素主要包括基础设施环境要素、资源环境要素、企业要素和内外部市场要素[163]。张海涛等的研究表明，知识资源、知识人、知识环境、知识技术和知识服务是知识生态系统的主要构建要素[164]。瓦伦扎斯拉贝（Walenza – Slabe）的研究发现，人力资源、市场、资金、政府、技术、文化等是中国新兴创新生态系统形成的重要要素[165]。吕一博等指出大学驱动型开放式创新生态系统中包括技术、人力、信息、知识、资金、专家、环境、平台八类要素[37]。曾国屏等指出，创新生态系统的构建就是创新要素集聚并聚合反应的过程，并特别强调了人力资源作为创新要素的作用[143]。

对于构建机制，现有创新生态系统的构建机制研究主要关注利益共享机制、技术标准机制、制度规范机制、专家主导机制、反馈机制等。杰克逊认为，类似于自然生态系统中的能量流动机制，利益流动机制是创新生态系统运行的主导机制[21]。贺团涛等则基于"共同利益"的视角，提出线性（形成共同利益）、非线性（发现共同利益）和生态性（培育共同利益）是知识创新生态系统构建和运行的主要机制[146]。鲍尔温和克拉克（Baldwin & Clark）的研究表明，技术模块间兼容互通、共享与升级的统一标准，是 IT 产业内形成创新生态系统的核心机制[166]。艾伦（Allen）也认为跨国创新生态系统实质上是一个技术标准合作系统[167]。利的研究进一步指出，除了技术标准之外，相应的系统规范和标准也是创新生态系统建立和运行的重要保障机制[40]。费勒（Feller）等认为，成员间规范化制度的导入，能够有效建立起网络治理机制，保证系统的正常运行[168]。

韦斯特和伍德（Wood）认为，创新生态系统的运行不仅需要市场机制的调节，通过正式和非正式的协议实现对知识产权使用的约束也是创新生态系统运行机制的重要构成[169]。吕一博等认为，在大学驱动型开放式创新生态系统中，专家主导机制贯穿了构建全程[37]。沃恩（Werth）等强调在创新生态系统构建过程中反馈机制对于实现创新产品及服务市场化至关重要[170]。

对于创新生态系统构建行为的探讨，已有文献多是基于静态视角来探讨创新生态系统的构建主体、要素、机制表现特征，而缺乏深入和细致化地探讨创新生态系统构建过程中主体、要素、机制动态演变特征。

（3）创新生态系统构建结果。

从构建结果来看，实现边界拓展是开放式创新生态系统构建的重要外在表征。现有研究分别关注了创新系统发展过程中出现的地理边界、组织边界和知识边界上的拓展现象[160]。在创新过程中，组织的边界是开放的、相互渗透的[171]。地理边界和组织边界的突破已经成为区域创新系统发展的重要特征[172]。而除地理上的邻近性，创新生态系统的边界拓展还包括各类关系上的邻近性[173]。如知识边界的拓展会使得企业迅速拓展现有知识并获得新的知识基[174]。切萨布鲁夫和克劳瑟提出知识边界的扩张能够提升内部创新并拓展外部创新的市场[90]。塞兰德（Selander）等对索尼公司创新生态系统成员关系的研究表明，创新边界拓展是创新生态系统成员间关系形成和演化的重要维度[175]。刘洋等从地理边界、组织边界和知识边界探讨了后发企业研发网络构建中的边界拓展现象。现有研究缺少同时整合三种边界来探讨与创新生态系统的关系，然而创新生态系统构建本身就是边界不断拓展的过程[176]。因此，应该响应辛格（Singh）的整合不同边界拓展方式进行研究的号召[177]，从地理边界、组织边界和知识边界拓展视角系统性地探讨核心企业主导的开放式创新生态系统的边界拓展特征。

## 2.2.4　创新生态系统的核心企业

核心企业在创新生态系统中的关键作用，吸引了大量学者的注意力。

在创新生态系统中，通常核心企业与其他相关的主体开展全方位的合作，促进系统的形成和运行[46]。当前对于创新生态系统核心企业的研究主要集中在核心企业的判定和核心企业对于创新生态系统的作用两个方面。

一方面，学者们对创新生态系统的核心企业还未形成科学的、准确的和统一的概念界定，但主要从核心企业的位置、资源能力两个维度来考量。从核心企业的位置来看，核心企业通常位于创新生态系统的中心位置[29]。王伟光等认为，核心企业一般情况下凭借其独特的优势资源能力而对其他组织具有控制权，因此核心企业通常位于创新生态系统的中心节点[49]。莫里森（Morrison）也认可核心企业的中心位置观点，认为其是创新生态系统中具有较强协调与应变能力的创新主体[178]。因此，核心企业与不同的机构开展合作创新，居于中心位置来形成围绕自身的创新网络[48]。从资源能力维度看，核心企业能够控制、协调系统内相关主体行为的关键原因在于其掌握了系统内其他创新主体无法具备的关键资源[179,180]。与此同时，核心企业还可能具备其他组织无法掌握的核心能力[50]。基于上述关键资源和核心能力，核心企业可以为创新生态系统制定相关的运行标准，从而吸引其他组织或机构加入其主导的创新生态系统。李春发等和郑胜华等指出创新生态系统中的核心企业利用其引领力、控制力、影响力而动态地更新系统内的创新参与者，从而促进了系统的不断升级，保持了系统的活力[181,182]。

另一方面，现有文献重点关注了核心企业对于创新生态系统的关键作用。刘友金和罗发友指出创新生态系统的形成和演化的关键在于核心企业的成长与演进[183]。南比桑和索尼（Nambisan & Sawhney）指出核心企业实则承担的是平台的领导者及创新的整合者的角色，进而引导系统内的参与者共同形成开放式创新生态[51]。同时，核心企业能够通过不同的组织机构来实现不同的系统任务，进而能够动态地调整和完善创新生态系统[184]。胡京波等研究发现创新生态系统的核心企业通过组建双元化的创新单元、强化创新的组织联结、实现创新的共创共享三个步骤管理创新悖论，促进创新生态系统的发展[30]。欧忠辉等通过对不同的共生演化模式进行计算机仿真研究发现，核心企业和配套组织之间共生系数的取值能够决定性地影响创新生态系统的演化[31]。

当前对于创新生态系统中核心企业的判定标准和核心企业对于创新生态系统作用机理的研究，都认可了核心企业的重要性。但是，这些研究背后的深层次逻辑均是从创新生态系统视角来"向内看"核心企业，即对于创新生态系统的作用，以及满足何种条件才能成为核心企业。然而，随着创新生态系统的普遍化，实则每个企业都可以构建以自身为中心的创新生态系统，从企业的视角"向外看"创新生态系统，即核心企业主导推动构建以自身为中心的创新生态系统，这也是本书研究主题的意义所在。

### 2.2.5 创新生态系统的研究层次

现有对于创新生态系统的研究可以划分为三个层次：宏观层面上的国家创新生态系统、中观层面上的区域创新生态系统和产业创新生态系统、微观层面上的企业创新生态系统。

首先，创新生态系统的概念最初应用于国家层面产生了国家创新生态系统。在创新生态系统的基础上，费里曼（Freeman）在1988年首次提出了"国家创新系统"（national innovation system）的概念，指出国家创新系统是基于公共部门和私营部门联合形成的网络，相关主体利用系统内各种要素实现相关新技术的发展、创新与扩散[185]。而伴随着全球经济一体化的愈加流行，促使越来越多的国家投入资源进行技术的研发，而国家创新生态系统作为政府推动创新和经济灵活适应性的创新政策也受到极大关注。因此，国家创新生态系统不仅受到了学者的认可，也得到了政府管理者的追捧，促使国家创新生态系统从国家层面受到了格外重视[186]。例如，2004年美国总统科技顾问委员会发表《维护国家的创新生态体系、信息技术制造和竞争力》研究报告，报告中明确提到必须在国家层面形成创新生态系统，从而促使美国形成动态的、领先的创新体系，维持其创新领导者地位。中国的《国家中长期科学和技术发展规划纲要（2006—

2020 年)》认为国家创新系统主要是政府部门发挥领导者角色，同时利用
市场在资源配置中的基础作用，最终促使不同的创新组织高效互动、紧密
配合。费里曼在分析美国、日本和欧盟战后经济与科技发展轨迹时指出，
日本经济在 20 世纪 60 年代到 20 世纪 80 年代速崛起的根本原因就在于经
政府引导所形成的以企业技术创新为核心、制度创新和组织创新为辅助的
国家创新系统；而美国、英国和德国等国的科技创新能力和经济总量长期
保持强劲发展势头的重要原因在于国家创新系统的不断演化和升级[187]。
伦德瓦尔（Lundvall）进一步指出国家创新生态系统的核心功能在于生产
者和用户之间的相互学习和相互作用，其决定了创新生态系统对科技创新
和经济发展的贡献程度[188]。尼格诺和赫克特（Negro & Hekkert）在归纳
创新生态系统前期研究成果和总结不同国家地区创新生态系统建设经验的
基础上，提出了创新生态系统的分析框架，指出创新生态系统的功能主要
体现在对知识技术创造、传播扩散和应用推广的促进作用[189]。

　　其次，创新生态系统在区域和产业层面进一步衍生形成区域创新生态
系统和产业创新生态系统。一方面，区域创新生态系统是建立在地理邻近
性影响创新生态系统功能的基础上形成的[197-192]。在国家创新生态系统的
基础上，随后库克（Cooke）提出了"区域创新系统"（regional innovation
systems）的概念，他指出区域创新生态系统是由地理上具有邻近性的企
业、高校科研院所、政府机构等形成的，从而促进了一定地理范围内的创
新产出[193]。黄鲁成认为，区域创新生态系统是一定空间范围内的技术创
新复合组织与复合环境，通过创新能量、物质、信息流动从而形成相互作
用、相互依存的系统[194]。刘友进和易秋平全面地分析了区域创新生态系
统中的主体在结构、功能和效益方面可能存在的不平衡，以及实现平衡的
途径[195]，区域创新生态系统强调地理临近和知识本地传播在其中的关键
作用[186]。由于区域创新生态系统是建立在地理邻近性的基础之上，因此
现有研究对于区域维度的重要性开展了众多研究，将区域作为系统构建的
关键驱动力来进行探讨。例如，针对美国的硅谷、128 号公路、中国的中
关村等重点区域开展了探讨。萨克森宁（Saxenian）对美国硅谷和 128 号

公路形成的区域创新生态系统开展研究发现社会网络对区域创新生态系统的创新具有重要作用，同时还指出硅谷内的工程师、科学家、管理人员组成的非正式网络对于其引领世界的创新能力的形成具有积极影响[196]。

另一方面，产业创新生态系统与技术/知识邻近性具有密切关系[197]。这是由于同一产业内的技术/知识具有相似性，因此较短的技术/知识距离对某项技术/知识在创新生态系统中的采纳和普及有积极影响。全球经济一体化促使企业逐渐开展跨区域、跨国家的合作创新，地理上局限已经难以阻碍创新活动的发生，从而促使"产业创新系统"应运而生[139]。弗拉斯曼（Frasman）认为，产业创新生态系统包括五类要素：产业体系要素、外部环境要素、创新型人才要素、软件要素、硬件要素[197]。后续学者们，开始针对半导体产业[24]、信息通信产业[198]、电动汽车产业[199]、节能产业[200]、创意产业[201]、环保产业[202]等不同产业的创新生态系统开展研究。而目前文献主要关注产业创新生态系统相关研究的六个主题，即方法模型与框架研究主题、公共政策和服务设施研究主题、系统特征与机制研究主题、物质资源与环境研究主题、创新主体关系研究主题、生态系统平台管理研究主题[139]。

最后，创新生态系统进一步向微观发展形成了企业创新生态系统。这是由于创新不是单个企业可以完成的功绩，需要通过与一系列伙伴互补性的协作，才能打造出为顾客创造价值的产品，而创新生态系统是一种协同整合机制，整体创新能力影响企业绩效[24]。兰布伊（Lambooy）指出，企业创新生态系统是以核心企业为依托，依靠大学、科研院所、政府和金融服务机构等组织相互作用所形成的网络[203]。张运生和邹思明界定了高科技企业创新生态系统的内涵，认为创新生态系统是高科技企业在全球范围内形成的类似自然生态系统某些特性的基于知识产权许可、技术标准合作、协作研发的面向客户需求的知识异化、共同进化的技术创新体系[204]。而企业层面的研究主要关注创新生态系统中的主导企业，如何建立和推广技术和市场标准，创新生态系统的构建和管理[205]。如胡京波等对 SF 民机转包商为核心企业的复杂产品创新生态系统的研究表明，"客户—组件供应商"的动态关系推动了航空复杂产品创新生态系统的演化[206]。此外，对于微观层面的创新生态系统，部分学者也关注高校创新生态系统等系统内的其他主体驱动形成创新生态系统[37,207]。

创新生态系统起源于宏观国家层面并呈现出逐渐向中观区域/产业创新生态系统，以及进一步向微观的企业创新生态系统演化的趋势。然而现有关于创新生态系统的研究大多集中在国家和区域/产业等宏观和中观层面，对于微观企业层面的创新生态系统的研究虽有涉及，但还不是目前研究的主流，因此有必要开展微观企业层面的创新生态系统的研究。

## 2.3 开放式创新生态系统相关研究

### 2.3.1 开放式创新生态系统的内涵

企业开放式创新范式与创新生态系统的融合推动了核心企业主导的开放式创新生态系统成为理论研究和产业发展的新趋势[7,33]。一方面，伴随着开放式创新范式的提出[1]，企业的开放式创新实践愈加流行。例如宝洁的开放式创新战略"联合与发展"（connect & develop）、IBM 的开放式创新模式"技术社区"（technology community）、东软的开放式创新研发体系等。而企业在开放式创新实施过程中，通过与外部开放对象之间的资源交换，逐渐形成以自身为核心的开放式创新生态系统。另一方面，创新生态系统的发展也表现出明显的开放式特征[37,41]。传统的地域和产业已经难以限制企业的发展，跨产业创新、全球研发网络促使创新生态系统逐渐形成[122]，同时技术复杂性和市场不确定性诱发创新生态系统内部主体间的网络型和交互性日益频繁和深入，企业边界不断模糊[208]。如波音的全球化研发网络、英特尔的微处理器生态系统、海尔的智能家电全球研发部等。萨古和西罗廷斯卡娅（Saguy & Sirotinskaya）通过食品产业生态系统的研究表明，创新生态系统的形成、中小企业的参与、新的知识产权模型，以及管理思维和战略转变是创新生态系统内各利益相关者迎接开放式创新发展变革的重要主题[209]。在开放式创新范式下，创新生态系统内的创意、资源和信息的流动更加频繁，成员间的合作更加广泛，系统创新效率明显提升[35,36]。因此，切萨布鲁夫等认为，开放式创新生态系统能够从更为广阔的视角阐释开放式创新和创新生态系统的开放式发展[33]。

学者们首先对开放式创新生态系统的概念内涵进行了探讨。切萨布鲁夫和阿普尔亚德认为，开放式创新生态系统是创新生态系统的子概念，是由企业大量实施的开放式创新行为诱导创新生态系统演进形成得更为高级的创新生态系统[45]。冈萨洛也认可了开放式创新生态系统是创新生态系统的子概念，是其成员实施大量开放式创新活动的创新生态系统，并不排除封闭式创新等其他创新模式在系统内的存在。在开放式创新范式下，创新生态系统内的创意、资源和信息的流动更加频繁，成员间的合作更加广泛，系统创新效率明显提升[34]。切萨布鲁夫等通过对切兹·帕尼塞（Chez Panisse）的纵贯式案例研究，展现了餐饮企业如何与其他利益相关者共同应用开放式创新思维共享知识、建立信任及鼓励成长，从而形成开放式创新生态系统[33]。罗尔贝克等将开放式创新生态系统定义为：以共同提升能力、支持新产品、满足顾客需求和吸收新的创新思想为目的，主体企业通过与其他组织的竞争和合作来建立的创新生态系统[38]。吕一博等在罗尔贝克等的开放式创新生态系统内涵基础上，进一步强调开放式创新是系统内参与主体的主要行为[37]。欧盟在《新研究与创新框架计划：展望2020》报告中明确，开放式创新生态系统是在开放式创新范式下创新资源流动更加频繁、涵盖创新主体范围更广、创新链条运行更加生态化的创新生态系统，是促进企业高效获取创新产出的主要形式[210]。学者们对于开放式创新生态系统的概念并未形成一致的看法，但是学者们认可了开放式创新生态系统的两大关键基础，即开放式创新生态系统是创新生态系统的子概念和开放式创新生态系统中大量主体实施开放式创新[33,34,37,41,45]。

### 2.3.2　开放式创新生态系统的特征

进一步，学者们对开放式创新生态系统的基本特征进行了归纳。利通过思科的案例研究发现创新平台构建是开放式创新生态系统运行和价值创造的关键[40]。吕一博等通过对移动智能终端三大操作系统 iOS、Android 和 Symbian 的创新生态圈的案例研究发现，开放式创新生态系统的重要外在特征就是商业生态圈和研发生态圈的融合[41]。特里希勒认为，开放式创新生态系统中合作伙伴和战略联盟、上下游企业的合作有效促进了不同主体之间的协同响应能力，并且进一步指出系统内关键主体的研发能力是系统应对竞争取得竞争优势的关键手段，在此过程中需要处理战略策划、管理的作用、指标引导、合作伙伴、战略联盟和知识产权等一系列问题[39]。韦斯特和伍德以 Symbian 智能手机操作系统为例研究发现，开放式创新能够帮助企业获得和利用外部资源，并进一步说明了创新动机、策略、结果及这些因素是如何影响它们之间的演化关系的，从而创造和发展一个开放式创新生态系统以满足不同网络成员的需求[169]。

综合以上关于开放式创新生态系统的概念内涵和基本特征，本书认为开放式创新生态系统是指在开放式创新环境下，以吸收外部创新思想、提升整体创新能力、满足顾客需求为主要目的，以创意、人才、技术、资金等创新资源在企业、高校、政府、竞争对手等不同主体间通过技术合作、技术联盟、联合实验室等多种形式的跨边界流动为主要特征，各创新主体间基于创意产生、研发到市场化的创新全过程交互竞合形成的创新生态系统。

## 2.4　研究评述

企业开放式创新范式与创新生态系统的融合推动了核心企业主导的开

放式创新生态系统成为理论研究和产业发展的新趋势[7,33]。因此，关于开放式创新的概念内涵、类型划分、影响因素、作用效果等，创新生态系统的概念内涵、基本特征、构建研究等，开放式创新生态系统的概念内涵和基本特征等相关研究为本书后续核心企业主导的开放式创新生态系统的构建机理探讨提供了坚实的基础。但是上述研究中，还有待进一步探讨：

从开放式创新的研究来看，开放式创新集中的企业层面和二元层面，缺乏基于系统层面的探讨。这是由于开放式创新发源于企业层面，因此开放式创新的研究也迅速在企业层面扩展，众多学者对企业层面的开放式创新的内涵、企业内外部的影响因素、类型划分、作用效果等开展了较多的研究，而且也有部分学者针对与供应商、用户等二元互动层面的开放式创新开展了探讨，取得了丰硕的成果。但是，对于开放式创新的研究却缺乏向宏观系统层面的扩展[5,7,19]。因此，众多学者呼吁以开放式创新生态系统为核心开展在系统层面的研究。

从创新生态系统的研究来看，一方面，创新生态系统的起源于宏观国家层面并呈现出逐渐向中观区域/产业创新生态系统，以及进一步向微观的企业创新生态系统演化的趋势。但是，现有关于创新生态系统的研究大多集中在国家和区域/产业等宏观和中观层面，而对于微观企业层面的创新生态系统的研究却鲜有涉及。另一方面，对于创新生态系统的构建，学者们针对其影响因素、构建行为、构建结果等从不同的视角分别进行了探索，但是囿于研究视角各异和重点不一，导致创新生态系统构建的研究处于碎片化的状态，因此对创新生态系统的构建开展系统化的研究是十分有必要的。

从开放式创新生态系统的研究来看，开放式创新生态系统的研究已经吸引了学者们的注意。现有文献对于开放式创新生态系统的概念内涵[38]和创新资源的整合共赢[39]、创新平台集聚[40]、研发生态圈和商业生态圈的融合[41]等基本特征进行了研究。但这些文献均集中探讨开放式创新生态系统"是什么"，即概念内涵和基本特征，而缺少对其"为什么"和"如何"构建的关注，即开放式创新生态系统构建机理。综上所述，本书聚焦关注核心企业主导的开放式创新生态系统的构建机理。

# 第3章

# 研究框架与研究方案

本章主要在第 2 章相关文献梳理的基础上提出本书的研究框架并确定研究方案，为后续各子研究的开展奠定基础。首先，针对核心企业主导的开放式创新生态系统构建机理，本书遵循"情境（构建动因）→认知（构建逻辑）→行为（构建过程）"的基本研究框架进行逐步剖析；其次，根据研究问题和各子研究的研究内容确定本书的研究方法；最后，根据研究问题和研究方法确定本书的研究对象。

## 3.1 研究框架

开放式创新生态系统是企业开放式创新范式推动创新生态系统的新发展，是创新生态系统的子概念[7,33,34]。如前文所述，针对开放式创新的研究集中在企业层面和二元层面，缺乏基于系统层面的研究。然而，随着大型领先企业纷纷在不同创新领域和创意、研发、市场化等创新全过程开放式创新的实施，导致从集中在企业某一领域/过程的开放式创新研究，以及企业与某一组织的二元开放式创新研究局限性逐渐凸显，急需从系统层面开展研究。同时，创新生态系统的研究多停留在宏观的国家层面和中观的产业/区域层面，缺乏对微观的企业层面创新生态系统的关注。然而，当前大型企业纷纷构建创新合作网络或创新生态系统以保持和强化其产品、服务和技术的竞争优势，宏观和中观层面的创新生态系统研究却难以进一步细化为其提供针对性的指导。而核心企业是系统构建的关键主体，发挥着领导者、组织者、协调者等多种角色[29-30]，因此有必要从核心企业视角进一步研究企业层面的创新生态系统。综上所述，本书关注的核心企业主导的开放式创新生态系统这一主题的研究，也响应了博格斯等对于开放式创新在系统层面开展研究的号召[7]，以及切萨布鲁夫等深化研究创新生态系统的呼吁[33]。在当前企业开放式创新常态化和大型企业创新生态系统普遍化的背景下，此主题的探讨具有重要的理论意义和现实意义。

进一步地，尽管学者们对创新生态系统构建的影响因素、构建行为、构建结果等从不同视角开展了研究，但是囿于研究视角各异和重点不一，导致创新生态系统的构建处于碎片化的研究状态。同时，针对开放式创新生态系统研究主要集中在概念内涵探讨[38]和基本特征归纳[39-41]的"是什么"方面，而缺少对其"为什么"和"如何"构建的关注。然而，"为什么"和"如何"构建是促进开放式创新生态系统研究在"是什么"的初级阶段向更深层次拓展，实现系统具象化探讨的关键，也是后续开放式创新生态系统运行、演化、评价等研究的基础。综上所述，本书聚焦到"核心企业主导的开放式创新生态系统构建机理"这一问题进行探讨。这也为核心企业当前构建开放式创新生态系统困难重重的困境的缓解，以及政府部门在此过程中发挥针对性的促进作用提供了一定的指导。

核心企业主导的开放式创新生态系统构建机理厘清的前提是"为什么"构建，即其构建动因。现有研究基本上认可了创新生态系统的构建受到政策支持[157]、资源获取[160]、价值溢出[71]等多元化因素的影响，但是这些研究部分通过实证研究只关注了单个或者少数几个影响因素，部分通过文献归纳或者逻辑推理缺乏足够的效度，尚未形成系统化的理论框架。然而当前开放式创新生态系统的研究集中在概念内涵[38]探讨和创新资源的整合共赢[39]、创新平台集聚[40]、研发生态圈和商业生态圈的融合[41]等基本特征的归纳上，缺少对其"为什么"构建的关注。系统性地厘清

"为什么"构建是为核心企业及其相关主体提供开放式创新生态系统是否构建的关键判断依据，以及为后续开放式创新生态系统构建逻辑和过程研究的重要前提基础。因此，对核心企业主导的开放式创新生态系统构建动因进行系统性探讨是极其有必要的。

在核心企业主导的开放式创新生态系统"为什么"构建厘清的基础之上，需要进一步探讨其"如何"构建。而厘清"如何"构建的基础在于明晰管理者对构建动因进行分析之后形成构建的主导逻辑，这是指导系统构建过程的核心原则和总体战略。现有研究认可了核心企业的主导逻辑对于创新生态系统的构建和演化具有重要影响[42-44]，但是大多仅仅停留在碎片化地探讨内外部因素对于创新生态系统构建的影响上[71,121,122,157,160]，然而核心企业经过对内外部影响因素评估后所形成的构建主导逻辑，能够从更加本质的层面来揭示对核心企业主导的开放式创新生态系统构建的影响。因此，需要从本质性构建逻辑视角搭建起核心企业主导的开放式创新生态系统"为什么"和"如何"构建的桥梁，即探讨核心企业主导的开放式创新生态系统的构建逻辑，拓展系统构建动因的同时为后续核心企业主导的开放式创新生态系统构建过程的探讨提供参考。

核心企业主导的开放式创新生态系统构建机理剖析的关键在于厘清其"如何"构建，即构建过程。尽管现有文献对开放式创新生态系统的概念内涵和基本特征等"是什么"进行了研究，但是由于缺乏对其"如何"构建的具象化探讨，导致开放式创新生态系统的研究难以有实质性发展，因此有必要对开放式创新生态系统如何构建进行研究，从而为后续研究做铺垫，同时也会反向印证和深化对于开放式创新生态系统概念内涵和基本特征的认识。进一步，现有研究对于开放式创新生态系统"是什么"的探讨多是从静态视角开展的[38,40]，然而伴随企业不同阶段的发展系统"如何"构建本身就是一个动态变化的过程，因此应采用动态演化的视角去深入解剖。所以，基于动态视角来剖析构建过程弥补了对核心企业主导的开放式创新生态系统具象化的"如何"构建缺少关注的缺陷。

综上所述，整体上借鉴了众多学者基于"情境（环境)→认知→行为"的基本思路去剖析行为背后的机理[211-213]，本书从核心企业主导的开放式创新生态系统"构建动因（情境）→构建逻辑（认知）→构建过程（行为）"三个方面来探讨核心企业主导的开放式创新生态系统构建机理。其中，构建动因是内外部情境中影响核心企业构建开放式创新生态系统的因素的集合；构建逻辑是管理者对构建动因进行分析之后形成构建的主导逻辑，是指导系统构建的核心原则和总体战略；构建过程是管理者在构建逻辑的指导下具体构建主体、构建要素、构建机制等在系统构建的不同阶段的行为特征表现。综上所示，通过对核心企业主导的开放式创新生态系统在情境层面的构建动因、认知层面的构建逻辑、行为层面的构建过程的探讨，来厘清核心企业主导的开放式创新生态系统构建机理（见图3-1）。

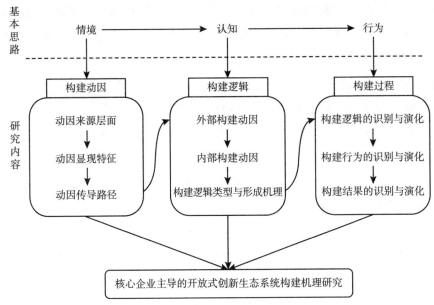

**图3-1 核心企业主导的开放式创新生态系统构建机理研究框架**

针对构建动因，本书从构建动因的来源层面、显现特征和传导路径三个方面对核心企业主导的开放式创新生态系统构建动因进行分析。具体来看，首先，通过内容分析的编码结果识别开放式创新生态系统内外部构建动因的来源层面；其次，基于外部情境动因的技术、市场、制度情境层面，以及内部企业家动因的企业家注意力、企业家认知、企业家精神层面，结合不同层面的典型事件对核心企业主导的开放式创新生态系统构建动因的显现特征进行具体分析；最后，进一步对构建动因来源层面和显现特征进行梳理，探讨核心企业主导的开放式创新生态系统构建动因的传导路径。基于以上来源层面、显现特征及其传导路径的分析，形成核心企业主导的开放式创新生态系统构建动因的显现架构。

针对构建逻辑，在前文内外部构建动因基础上，基于"组织目标→核心发展路径→战略行动方式"三个依次递进的维度来提炼核心企业主导的开放式创新生态系统构建逻辑的类型及其内涵特征。首先，主导逻辑的形成和作用离不开它所赖以存在的情境[60,214,215]，因此针对不同类型构建逻辑的差异化外部构建动因和内部构建动因的分析是构建逻辑类型提炼的起点；其次，借鉴管理认知领域中的认知地图分析法和典型事件分析法来提炼构建逻辑的类型和特征；最后，结合武亚军对战略框架式思考的"战略意图（我是谁、向哪儿去）、基本战略回路（如何去）和战略驱动路径（怎么做）"构成维度[216]，以及单国栋主导逻辑的"组织身份与目标认知、核心发展路径、战略行动方式"的主导逻辑分析框架[60]，形成核心企业主导的开放式创新生态系统构建逻辑的分析框架"组织目标→核心发展路径→战略行动方式"，来捕捉不同类型构建逻辑的形成机理。

针对构建过程，从构建逻辑、构建行为（构建主体、构建要素、构建机制）、构建结果（边界拓展）来深入探讨核心企业主导的开放式创新生态系统是"如何"构建的，从而厘清其构建过程。首先，构建逻辑是系统构建的主导原则，在前文提炼的构建逻辑类型基础之上识别构建逻辑在系统不同构建阶段的显现特征和演化路径。其次，构建行为是系统构建的主要行为表现。其中，构建主体是系统的主要参与者，构建要素是系统的基本构成，构建机制是维持系统稳定和发展的核心内容。因此，基于构建主体、要素、机制三个方面识别构建行为在不同构建阶段的显现特征和演化路径。最后，构建结果即边界拓展是系统发展演化的外在表征，识别边界拓展在不同构建阶段的显现特征和演化路径。基于以上构建逻辑、构建行为、构建结果的特征和演化路径，最终形成了"构建逻辑—构建行为—构建结果"的构建过程模型。

# 3.2 方法选择

本书研究的问题聚焦在"核心企业主导的开放式创新生态系统构建机理"上，此问题属于"Why"和"How"的问题，涉及了特征归纳、类型提炼、动态演化等的分析，并不适合使用传统的定量研究方法，因此采用案例研究方法、内容分析法、认知地图法、典型事件分析法和文献分析法组成的混合研究方法开展研究，从而提升研究过程的严谨性、规范性和研究结论的有效性。

## 3.2.1 研究方法整体安排

在混合研究方法中，案例研究方法为主要研究方法，主要基于以下考量。

第一，本书的研究问题是核心企业主导的开放式创新生态系统构建机理，即"为什么"及"如何"构建。案例研究方法可以在对现象、事物进行描述和探索的基础之上，从原始数据中提取相关概念并分析概念之间的关系，适合回答"Why"和"How"的问题[54]。同时案例研究方法可以实现对内在机理的细致性解释，而不是理论关系的简单验证[56]。因此，根据本书研究问题的适用性采用案例研究方法。

第二，开放式创新生态系统的研究处于理论发展的早期阶段。当前关于开放式创新生态系统的研究处于概念内涵探讨和基本特征归纳的起步阶段，少量的大样本实证研究也仅仅将开放式创新生态系统作为理论背景，这使得开放式创新生态系统的研究缺乏成熟的理论基础和完善的量表，因此难以开展开放式创新生态系统的大样本实证研究。而鉴于摆脱研究者理论和思想束缚的优势，案例研究方法在新研究领域中形成新的理论框架更加有效，适合理论早期发展阶段[54]。因此，对于当前缺少探讨的开放式创新生态系统的构建动因、构建逻辑和构建过程，采用案例研究方法开展探索性研究更为合适。

第三，实证研究方法在提炼开放式创新生态系统构建机理中具有局限性。本书主要针对开放式创新生态系统构建动因显现架构的提炼、构建逻辑类型及其形成机理的分析、构建过程的阶段性演化进行探讨，而大样本实证研究方法的优势在于对已有构念关系的验证[56]，然而由于本书构建动因、构建类型和构建过程等缺乏成熟构念关系的参考，需要进行构念间新关系的提炼，以及基于系统不同发展阶段的动态细致剖析，这是案例研究方法的优势所在[54]。因此不适合采取大样本实证研究方法，而适合通过案例研究方法开展研究。

本书在使用案例研究方法为主要方法开展研究之外，在子研究一和子研究三中还采用了通过多级编码将非定量文本资料转换成定量数据资料的内容分析法。子研究一需要对构建动因在不同来源层面上的显现特征进行提炼，而子研究三需要对不同构建阶段上构建逻辑、行为和结果的表现特征进行识别，内容分析法可以将案例研究对象涉及的大量质性资料进行标签化、概念化和范畴化的多级编码，对构念及其构念特征的识别具有显著优势。从而内容分析法在案例研究方法实现定性分析的同时开展了定量分析，提升研究过程的规范性和严谨性。在子研究二中还通过引入管理认知领域的重要工具认知地图分析法，来辅助开展分析。子研究二需要提炼管理者的系统构建逻辑，而认知地图是一种用图形方式表现主体思维逻辑和脉络的方法，近来被广泛运用于决策分析和战略管理领域[60,236]，通过对管理者代表性言论和行为以图形的形式呈现，挖掘出其他工具很难挖掘出的思想[60,66,214]。此外，典型事件分析法和文献分析法贯穿三个子研究，通过典型事件分析法对案例分析提取的构念及其关系进行验证，从而提升研究结论的有效性；通过文献分析法来归纳已有研究成果、奠定研究基础、发现研究缺口和形成研究思路。综上所述，为了提升研究过程的规范性、严谨性和研究结论的有效性，本书构造了以定性研究方法为主、定量研究方法为辅的混合研究方法体系。

### 3.2.2 子内容的研究方法

针对混合研究方法中的主要案例研究方法，根据三个子研究的具体研究问题和单/多案例研究方法的适用性，本书针对子研究一核心企业主导的开放式创新生态系统构建动因和子研究二核心企业主导的开放式创新生态系统构建逻辑采用多案例研究方法，针对子研究三核心企业主导的开放式创新生态系统构建过程采用单案例研究方法。具体原因如下：

选择案例的类型及数目与要开发的理论紧密相关[54]。相比单案例研究，多案例研究遵从复制法则（replication logic，与多元实验中的复制法则类似，即通过多次相同的实验对之进行检验），可以有效提升案例研究结论的说服力，整个研究就常常被认为更能经得起推敲[54]。多案例研究遵从的复制法则包括逐项复制（literal replication），即产生相同的结果；差别复制（theoretical replication），即由于可预知的原因而产生与前一研究不同的结果[54]。对于多案例研究而言，很重要的问题就是选择案例企业的数目。一般而言，这取决于多案例研究的结果具有多大程度的确定性[54]，针对绝大部分研究而言，一般两到三个案例就足够保证研究结论的有效性，伴随多案例样本数量的增加确定性也会提升[54]。但是由于研究人员本身的局限性，过多的案例随之带来的工作量和研究时间的增加反而会降低其有效性[54]。

本书的子研究一和子研究二均采用了多案例研究方法。其中，子研究一遵从多案例研究中的逐项复制原则（literal replication），即产生相同的结果。这是由于子研究一主要探讨核心企业主导的开放式创新生态系统的构建动因显现架构，因此通过四家企业主导的创新生态圈构建动因的多案例逐项复制，能够极大提升系统构建动因显现架构的理论饱和度和有效性，因此采用多案例研究方法开展研究。而子研究二遵从多案例研究中的差别复制原则（theoretical replication），即由于可预知的原因而产生与前一研究不同的结果。这是由于子研究二需要提炼不同类型的系统构建逻辑，因此可以通过多个不同案例企业创新生态圈的差别复制来提炼不同类型的系统构建逻辑。本书选择了大连机车车辆有限公司主导的机车创新生态圈、瓦房店轴承集团有限公司主导的轴承创新生态圈和三一重工股份有限公司主导的工程机械创新生态圈的多案例分析识别了三类构建逻辑。而针对子研究三，本书选择了采取单案例研究方法开展研究。案例研究方法的提出者尹指出，单案例研究方法主要适用于以下五种情况：第一，用于对现有理论的反驳或检验；第二，不常见的、独特的现象；第三，有代表性的或典型性的案例；第四，启示性的案例；第五，对同一案例进行纵向比较[54]。而本书的子研究三为第五种情况——对同一案例进行纵向比较，即对于两个或多个不同时间段的同一案例进行研究，这样将能揭示所要研究的案例是如何随着时间的变化而发生变化的[54]。子研究三核心企业主导的开放式创新生态系统构建过程就是分析开放式创新生态系统在不同时间段是如何构建的，因此本书选择单案例研究来分析系统的构建过程。综上所述，本书根据研究问题的适用性、单/多案例研究方法的优劣势、研究的可实施性采用单案例研究方法和多案例研究方法协同开展研究。

在案例研究方法之外，三个子研究还通过内容分析法、认知地图分析法、典型事件分析法和文献分析法辅助来开展研究。具体来看：

针对子研究一，以探索性多案例研究方法、内容分析法、典型事件分析法和文献分析法组成的混合研究方法，对核心企业主导的开放式创新生态系统构建动因的显现架构进行研究。具体原因包括：①鉴于本研究所要解决的问题，属于回答"Why"问题的范畴，适合采用案例研究方法[54]。而多案例研究能够形成基于逐项复制原则，提供了更加有效的构建动因显现架构。现有文献缺乏对核心企业主导的开放式创新生态系统构建动因的探讨，本章仍属于探索性研究的范畴，需遵循探索性研究范式开展研究。②内容分析法可以将不同来源收集的质性资料或数据逐级进行标签化、概念化和范畴化的多级编码，将非定量的文本资料转换成定量数据资料，从而有利于抽离、提炼核心企业主导的开放式创新生态系统不同来源层面的构建动因。③典型事件分析法对上述不同构建动因的来源层面、显现特征和传导路径予以验证和确认[59]。④文献分析法在此过程中归纳已有研究成果、奠定研究基础、发现研究缺口和形成研究思路。

针对子研究二，以探索性多案例研究方法、认知地图分析法、典型事件分析法和文献分析法组成的混合研究方法，对核心企业主导的开放式创新生态系统构建逻辑的类型和形成机理进行研究。具体原因包括：①鉴于本研究所要解决的问题，属于回答"How"问题的范畴，同时现有文献缺乏对核心企业主导的开放式创新生态系统构建逻辑的探讨，因此需遵循探索性研究范式开展案例研究。由于需要提炼不同构建逻辑类型，多案例研究能够形成基于差别复制原则，提供一般性且更具有说服力的结论，其构建的理论也更加"健壮可靠"[56,217]。而通过案例之间的对比能进一步深层次观察在多个情境下发生的进程和结果，提高相关发现在其他情境中的适用性。②认知地图分析法通过对某一个体针对某一事件的观点、看法等的表述的归纳、分析、提炼，运用节点、箭头等图形来反映这一个体的思维逻辑和对外界环境的认知特征，被广泛用于决策分析和战略管理领域[60,66,214]。因此，本书在构建逻辑提炼时运用认知地图分析法辅助提取构建逻辑的相关变量及关系。③基于不同企业的构建逻辑相关典型事件，对构建逻辑的变量及其关系进行确认。④文献分析法在此过程中归纳已有研究成果、奠定研究基础、发现研究缺口和形成研究思路。

针对子研究三，以纵贯式单案例研究方法、内容分析法、典型事件分析法和文献分析法组成的混合研究方法，对核心企业主导的开放式创新生态系统构建过程进行研究。具体原因包括：①鉴于本研究所要解决的问题，属于回答"How"问题的范畴，而纵贯式的单案例研究有助于更加全面地了解案例历史信息，保证案例信息的完整性及案例研究的深度，同时可以确认关键事件发生的次序，有利于识别因果关系，提高内部效度，适合基于过程视角探讨关键构念的动态演变[57,213]。②运用内容分析法，针对不同构建阶段的构建逻辑、构建行为、构建结果等关键词进行标签化和概念化，识别系统构建各阶段的表现特征。③通过典型事件分析，对各阶段构建逻辑、构建行为和构建结果的表现特征进行确认并提炼概念的指向关系。④文献分析法在此过程中归纳已有研究成果、奠定研究基础、发现研究缺口和形成研究思路。

## 3.3　案例选择

在混合研究方法中，本书以案例研究方法为主要方法。案例研究方法区别于大样本实证研究的随机抽样，以"理论抽样"来选择案例研究对象[54]，即根据研究问题的适用性选择具有代表性和典型性的样本案例开展研究。而案例的典型性和代表性主要基于其是否适合说明和扩展不同构念间的相互关系和逻辑来判断[54]。本书主要关注核心企业主导的开放式创新生态系统的构建动因、构建逻辑和构建过程组成的构建机理。而在装备制造行业中，大型领先企业凭借其独特的资源能力逐渐以自身为核心形成了创新生态圈，这为本书探讨核心企业主导的开放式创新生态系统构建机理提供了合适的案例研究对象。接下来，本书从装备制造行业的选取和行业内具体研究对象的选择两方面来详细阐述本书案例选择的原因和具体情况。

### 3.3.1　行业选取

本书之所以选择装备制造产业作为行业背景开展研究是基于产业典型性和数据可获得性两个方面的考虑。

一方面，产业典型性。装备制造行业通常在大型领先企业的主导下形成了创新生态圈，其具有的技术复杂性高、供应商依赖性强、客户产品定制化多、政府干预性强、产业落后性大等一系列特征为本书核心企业主导的开放式创新生态系统主题的探讨提供了典型行业背景。具体来看：①装备制造业一般涉及机械、通信、电子、控制、驱动、电机执行、检测、软件等众多学科，且学科之间相互交叉。多学科交叉性决定了产品研制和生产不是一家企业能够单独完成的，需要联合相关组织来共同完成。②装备制造产业的产品通常属于复杂产品，如机床、机车、工程机械、轮船等，因此所需材料、零部件、物资和器材涉及面广，配套复杂，因此与各级供应商之间具有重要的相互依赖关系。③装备制造产业的产品通常需要定制化，因此属于多品种单件生产，难以实现大规模的量产。定制化的装备制造产品生产过程中，与客户的沟通和协调是装备制造企业完成订单的关键一环。④装备制造业属于国家重大关键产业，与其他行业的企业相比，无论是国有企业还是民营企业受到政府约束、关怀、引导等较多，因此装备制造产业的企业与政府之间的关系更加密切。⑤中国装备制造业处于较为落后的状态，这更加剧了从国外领先企业的外部技术引进和开放创新的必要性，因此装备制造业企业与竞争对手之间需要处理复杂的关系。鉴于中国装备制造业所具有技术复杂性高、供应商依赖性强、客户产品定制化多、政府干预性强和产业落后性大的特征，使得装备制造企业不得不整合利用内外部资源实现企业的发展，在此过程中促使装备制造企业在潜移默化中形成了以自身为核心的创新生态圈。因此，装备制造产业为本研究的开展提供了合适的行业背景。

另一方面，数据可获得性。辽宁装备制造业具有体系全、基础好、规模大、领域广的特征。装备制造业是东北尤其是辽宁省的支柱产业，对于中国而言也是具有重要战略意义。因此，相近的地理位置为收集本书研究所需的素材提供了极大的便利。在具体研究中，本书涉及大连光洋科技集团有限公司、大连机车车辆有限公司、瓦房店轴承集团有限公司和三一重工股份有限公司。四家装备制造企业中，大连光洋科技集团有限公司、大连机车车辆有限公司、瓦房店轴承集团有限公司均地处大连，本人所在团队从 2016 年开始对这三家企业通过多种渠道已经开展了观察、调研和研究，研究团队与三家企业建立了一定的合作关系。而三一重工股份有限公司尽管并不处于辽宁省，但是作为上市公司，其公开资料异常丰富，这为我们获取数据提供了有效途径。

### 3.3.2　研究对象

在上述装备制造行业背景选择的基础上，本书根据企业典型性和内容适配性原则来针对三个子研究选择具体的研究对象。与罗尔贝克等以德国电信[38]、韦斯特和伍德以塞班公司为核心企业开展开放式创新生态系统的研究[169]，以及欧阳桃花等以小卫星龙头企业 DFH 为对象开展创新生态系统的研究[44]相一致，本书对核心企业主导的开放式创新生态系统也是以核心企业主导的创新生态圈为研究对象。其中，子研究一核心企业主导的开放式创新生态系统构建动因选取大连光洋科技集团有限公司（以下简称"光洋科技"）主导的高端数控机床创新生态圈、大连机车车辆有限公司（以下简称"大机车"）主导的机车创新生态圈、瓦房店轴承集团有限公司（以下简称"瓦轴集团"）主导的轴承创新生态圈和三一重工股份有限公司（以下简称"三一重工"）主导的工程机械创新生态圈为研究对象；子研究二核心企业主导的开放式创新生态系统构建逻辑选取大机车主导的机车创新生态圈、瓦轴集团主导的轴承创新生态圈和三一重工主导的工程机械创新生态圈为研究对象；子研究三核心企业主导的开放式创新生态系统构建过程选取光洋科技主导的高端数控机床创新生态圈为研究对象。

一方面，从企业典型性来看，作为行业内领先企业的四家企业主导的创新生态圈均能够代表核心企业主导的开放式创新生态系统的成功实践，这为基于四家企业主导的创新生态系圈开展核心企业主导的开放式创新生态系统构建的研究提供了典型的案例对象。①从光洋科技来看，光洋科技作为国内为数不多的能够自主研制、生产和销售高端数控机床的企业，开创了具有自主知识产权的高端数控产品出口西方发达国家的先河，是行业内优秀高端数控机床企业。同时，光洋科技基于其完整技术链（数控共性技术—数控基础技术—数控应用技术）和完整产业链（机床数控系统—关键功能部件—关键零部件—数控机床整机），主导构建了包括政府部门、清华大学等高校科研机构、华中数控等竞争对手、无锡透平叶片等供应商和用户的高端数控机床创新生态圈（详细描述见"4.3.1 案例描述"小节）。②从大机车来看，大机车作为中国机车行业的"机车摇篮"，有着悠久的企业历史和众多成功的引进型技术创新实践，是我国唯一具有同时研制并批量生产内燃机车、电力机车、柴油机、城轨车辆的国家重点大型企业。大机车构建了包括内燃机车、电力机车、柴油机、城轨车辆四个产品平台的机车创新生态圈（详细描述见"4.3.1 案例描述"小节）。③从瓦轴集团来看，瓦轴集团是中国轴承工业的发源地，经过多年发展已经成为中国最大的轴承生产销售基地。瓦轴集团构建了以轴承设计开发、制造生产、检测试验、基础理论为核心的轴承创新生态圈（详细描述见"4.3.1 案例描述"小节）。④从三一重工来看，作为中国领先、世界排名第五的工程机械制造商，三一重工于 1989 年成立。三一重工构建了以工程机械产品和服务为核心的工程机械创新生态圈（详细描述见"4.3.1 案例描述"小节）。同时，四家企业在各自创新生态圈内均实现了开放式创新。开放式创新的核心要义在于同时重视内部资源和外部资源，从而实现资源在企业内外的流入和流出[72]。光洋科技通过前期数控系统的国外引入到后期数控系统的联盟内推广，大机车通过国外机车技术引进和国内联合消化吸收的借梯登高战略的实施，瓦轴集团通过国外 KRW 的并购、联合实验室等的设计开发技术的引进和制造生产优势技术输出的外脑战略的采取，三一重工通过标准件、人才等非优势资源的开放式资源获取，均充分借助外部资源和利用内部资源，实现了在企业内外的资源流入和流出，具有典型的开放式特征。综上所述，四家企业在各自主导的创新生态圈内均实施了开放式创新，促使其能够代表典型的开放式创新生态系统，为本书的研究提供了合适的研究对象。

另一方面，从内容适配性来看，根据不同企业主导的创新生态圈在反

映开放式创新生态系统构建动因、构建逻辑、构建过程的典型性来对应适
配子研究内容。尽管四家企业主导的创新生态圈均可以反映核心企业主导
的开放式创新生态系统构建的内容，但是四家企业主导的创新生态圈在开
放式创新生态系统构建动因、构建逻辑和构建过程的典型性上却具有差异
性。根据案例研究方法的"理论抽样"原则，应该选择最具典型性和代
表性的案例样本开展案例研究。其中，通过光洋科技、大机车、瓦轴集
团、三一重工四家企业主导的创新生态圈的相关案例资料分析后，发现均
能够代表性地反映开放式创新生态系统的构建动因。而光洋科技由于其在
高端数控机床创新生态圈不同构建阶段的主导逻辑具有明显的差异性，因
此难以提炼出光洋科技高端数控机床创新生态圈贯穿始终的构建逻辑。大
机车、瓦轴集团、三一重工三家企业的创新生态圈相对稳定的主导逻辑为
开放式创新生态系统的构建逻辑的提炼提供了典型的研究对象。正因为如
此，这三家企业的创新生态圈在贯穿始终的构建逻辑的主导下，在不同阶
段构建行为和结果等特征的阶段性转变不明显，不适合针对其构建过程开
展案例研究。而光洋科技清晰的高端数控机床创新生态圈的构建阶段却能
够代表性地反映开放式创新生态系统构建过程中阶段性的差异和演化，因
此适合对其开展案例研究探讨其构建过程的阶段性演化。具体来看：

第一，针对子研究一核心企业主导的开放式创新生态系统构建动因，
光洋科技、大机车、瓦轴集团、三一重工主导的创新生态圈具有较强的典
型性。从光洋科技来看，由于数控机床行业的行业技术特性、市场特性和
政府政策，以及企业家于德海对于外部机会的察觉和自身认知的引领促进
了光洋科技实施开放式创新战略，从而最终构建了以光洋科技为核心的高
端数控机床创新生态圈（详细说明见"4.3.1 案例描述"小节）。从大机
车来看，基于对中国机车行业的市场机会、机车的技术复杂性、政府管控
特性等，大机车的主要领导人通过国外技术引进和国内联合消化吸收的借
梯登高战略实现机车产品的快速研制，在此过程中构建了大机车主导的机
车创新生态圈（详细说明见"4.3.1 案例描述"小节）。从瓦轴集团来
看，瓦轴集团为了避免陷入低端轴承低价竞争的泥潭，选择进入中高端轴

承产品领域，然而由于市场需要的多样性、产品的定制化等特征，导致瓦轴自身难以满足中高端轴承的研制和生产，因此其通过外脑战略来弥补自身在中高端轴承的设计开发、检测试验、基础理论等方面的不足，在此过程中瓦轴集团逐渐形成了以自身为核心的轴承创新生态圈（详细说明见"4.3.1 案例描述"小节）。从三一重工来看，鉴于混凝土拖泵产品的市场竞争激烈、产品的技术复杂性高，而作为民营企业的三一重工受限于身份地位、资金实力、技术水平等资源的有限性，难以实现国外领先企业的技术自主创新和国内国有企业的技术引进的方式，三一重工提出开放式的资源获取战略，通过人才、技术、资金等各种零散非优质资源的拼凑，实现了高性价比混凝土拖泵产品的研制和服务体系的建立，在此过程中构建了以三一重工为核心的工程机械创新生态圈（详细说明见"4.3.1 案例描述"小节）。

第二，针对子研究二核心企业主导的开放式创新生态系统构建逻辑，大机车、瓦轴集团和三一重工主导构建的创新生态圈存在不同的构建逻辑。大机车基于中国机车行业存在的由蒸汽机车向内燃机车、由内燃机车向电力机车、内燃机车和电力机车的提速重载的升级、城轨车辆的大爆发等机会，快速行动，通过国外领先技术引进和国内联合消化吸收再创新的方式抓住机会，构建了机车创新生态圈，实现了大机车的跨越式发展。瓦轴集团经过多年的设备引进和工艺改进，轴承制造生产水平已处于业内领先水平，这构成了瓦轴集团的优势资源，基于此瓦轴集团通过多种形式从相关领先企业、高等院校科研机构等吸收设计开发、检测试验、基础理论等互补资源，促进了瓦轴集团构建了以制造生产技术为优势资源，以设计开发、检测实验、基础理论为互补资源的轴承创新生态圈。三一重工在明确进入工程机械行业和生产混凝土拖泵的企业定位后，通过对国外领先企业和国内企业的产品状况分析，确定以用户的高品质产品和强服务需求的满足为核心，以开放式的可行资源拼凑协同响应来满足用户需求和确立产品定位，然后再以相同的产品和服务发展模式向关联产品进行复制，最终造就了三一重工国内工程机械领头羊的地位（三家企业的构建逻辑的详细说明分别见"5.4 案例描述"小节对应内容)。

第三,针对子研究三核心企业主导的开放式创新生态系统构建过程,光洋科技主导的高端数控机床创新生态圈具有较强的典型性。光洋科技主导构建的创新生态圈不仅能够反映开放式创新生态系统构建动因,而且通过对光洋科技发展历程和里程碑事件的梳理,发现光洋科技的高端数控机床创新生态圈具有明显的阶段性特征,这同样为开放式创新生态系统构建过程的研究提供了很好的素材背景(详细说明见"6.4.1 案例描述"小节)。因此,在子研究一以光洋科技主导的高端数控机床创新生态圈横向分析基础之上,子研究三对光洋科技主导的高端数控机床创新生态圈开展纵向研究。

综上所述,本书根据产业典型性和数据可获得性的原则选择了装备制造业开展研究,而进一步在装备制造业中选择了光洋科技主导的高端数控机床创新生态圈、大机车主导的机车创新生态圈、瓦轴集团主导的轴承创新生态圈和三一重工主导的工程机械创新生态圈为研究对象(见表 3-1)进行适配性的核心企业主导的开放式创新生态系统的构建动因、构建逻辑、构建过程的分析探讨。

表 3-1　　　　　　　　　　样本案例的基本情况

| 创新生态圈 | 核心企业 | 适配子内容 | 创新生态圈简介 |
|---|---|---|---|
| 高端数控机床创新生态圈 | 光洋科技 | 子研究一:系统构建动因<br>子研究三:系统构建过程 | 光洋科技构建了以数控机床完整技术链和完整产业链为核心的高端数控机床创新生态圈 |
| 机车创新生态圈 | 大机车 | 子研究一:系统构建动因<br>子研究二:系统构建逻辑 | 大机车构建了包括内燃机车、电力机车、柴油机、城轨车辆四个产品平台的机车创新生态圈 |
| 轴承创新生态圈 | 瓦轴集团 | 子研究一:系统构建动因<br>子研究二:系统构建逻辑 | 瓦轴集团构建了以轴承设计开发、制造生产、检测试验、基础理论为核心的轴承创新生态圈 |
| 工程机械创新生态圈 | 三一重工 | 子研究一:系统构建动因<br>子研究二:系统构建逻辑 | 三一重工构建了以工程机械产品和服务为核心的工程机械创新生态圈 |

# 3.4 本章小结

　　本章主要提出本书的研究框架并确定研究方案，为后续各子研究的开展奠定基础。首先，本书围绕"核心企业主导的开放式创新生态系统构建机理"这一研究问题，遵循"情境→认知→行为"的基本思路，从"构建动因→构建逻辑→构建过程"三个方面来对核心企业主导的构建机理进行层层逐步剖析，进一步针对三个子研究的研究思路进行阐释，最终形成了本书的整体研究框架。其次，本书根据研究问题适用性，确定以案例研究方法、内容分析法、认知地图分析法、典型事件分析法和文献分析法组成的混合研究方法来开展研究。其中，子研究一采用探索性多案例研究方法、内容分析法、典型事件分析法和文献分析法组成的混合研究方法，对核心企业主导的开放式创新生态系统构建动因的显现架构进行研究。子研究二采用探索性多案例研究方法、认知地图分析法、典型事件分析法和文献分析法组成的混合研究方法，对核心企业主导的开放式创新生态系统构建逻辑的类型和形成机理进行研究。子研究三采用纵贯式单案例研究方法、内容分析法、典型事件分析法和文献分析法组成的混合研究方法，对核心企业主导的开放式创新生态系统构建过程进行研究。最后，根据混合研究方法中最主要的案例研究法的"理论抽样"原则，本书基于产业典型性和数据可获得性两个方面确定了选择装备制造业为本书研究开展的行业背景，同时基于企业典型性和内容适配性两个方面确定了三个子研究的具体案例对象。其中，针对子研究一核心企业主导的开放式创新生态系统构建动因选取光洋科技主导的高端数控机床创新生态圈、大机车主导的机车创新生态圈、瓦轴集团主导的轴承创新生态圈和三一重工主导的工程机械创新生态圈为研究对象，针对子研究二核心企业主导的开放式创新生态系统构建逻辑选取大机车主导的机车创新生态圈、瓦轴集团主导的轴承创新生态圈和三一重工主导的工程机械创新生态圈为研究对象，针对子研究三核心企业主导的开放式创新生态系统构建过程选取光洋科技主导的高端数控机床创新生态圈为研究对象。综上所述，本章的研究框架和研究方案总领后续章节的子研究。

# 第4章

## 核心企业主导的开放式创新
## 生态系统构建动因研究

第 3 章的研究框架和研究方案为本章的开展提供了基础。本章采用探索性多案例研究方法、内容分析方法、典型事件分析等组成的混合研究方法，以核心企业主导的开放式创新生态系统的典型代表：光洋科技主导的高端数控机床生态圈、大机车主导的机车创新生态圈、瓦轴集团主导的轴承创新生态圈、三一重工主导的工程机械创新生态圈作为案例研究对象，探讨核心企业主导的开放式创新生态系统构建动因的来源层面、显现特征与传导路径，这为后续核心企业主导的开放式创新生态系统构建逻辑及构建过程的探讨奠定基础。

## 4.1 问题提出

现有研究对于核心企业主导的开放式创新生态系统的概念内涵[38]和创新资源的整合共赢[39]、创新平台集聚[40]、研发生态圈和商业生态圈的融合[41]等基本特征进行了研究。这些文献均集中探讨开放式创新生态系统的"是什么"，而缺少对其"为什么"构建的关注。开放式创新生态系统作为企业开放式创新范式与创新生态系统融合下的新发展[7,33]，对其"为什么"构建的探讨可以从创新生态系统及开放式创新的相关研究寻求思路和借鉴。如在创新生态系统形成过程中政策支持[157]、资源获取[160]、价值溢出[71]等都起了重要的促进作用，而在开放式创新实施受到了绩效提升[1,121]、分散风险和创新不确定性[11]、快速获取收益[122]等的诱导。因此，本章借鉴这些基于不同视角的碎片化研究，对核心企业主导的开放式创新生态系统构建动因进行系统化的探讨，形成包括构建动因的来源层面、显现特征和传导路径的构建动因显现架构。

企业主导的开放式创新生态系统实践为本研究提供了合适的观察和案例研究对象。因此，本章选取光洋科技主导的高端数控机床生态圈、大机车主导的机车创新生态圈、瓦轴集团主导的轴承创新生态圈、三一重工主导的工程机械创新生态圈进行探索性多案例研究，对核心企业主导的开放式创新生态系统构建动因的来源层面、显现特征与传导路径进行研究。在具体研究中，首先，基于文献综述中关于开放式创新生态系统、创新生态系统构建动因、开放式创新实施动因等研究的回顾，深入理解概念内涵，梳理理论缺口并形成研究思路；其次，综合采用内容分析和典型事件分析，提炼核心企业主导的开放式创新生态系统构建动因的来源层面、显现特征和传导路径；最后，遵循"情境→扫描解释→逻辑"的基本思路形成核心企业主导的开放式创新生态系统构建动因的显现架构。

## 4.2　研究设计

根据第 3 章的"3.2 方法选择"和"3.3 案例选择"可知，子研究一核心企业主导的开放式创新生态系统构建动因的显现架构采取探索性多案例研究方法、内容分析法、典型事件分析法和文献分析法组成的混合研究方法。根据产业典型性、企业典型性、内容适配性和数据可获得性的原则，选择了光洋科技主导的高端数控机床生态圈、大机车主导的机车创新生态圈、瓦轴集团主导的轴承创新生态圈、三一重工主导的工程机械创新生态圈为案例研究对象。基于此，本章确定了如下的数据收集和数据分析策略。

（1）数据收集。

本研究通过多种方式来收集数据，实现数据的"三角验证"，同时对案例对象从不同角度进行描述，可以防止单一来源造成的描述的片面性，从而提升数据信度和研究效度[54]。本章的案例数据主要包括一手资料和二手资料两种类型，由于本书的研究主题为核心企业主导的开放式创新生态系统，因此相关资料主要通过核心企业收集，少量通过相关合作对象收集。其中，光洋科技主导的高端数控机床创新生态圈、大机车主导的机车创新生态圈和瓦轴集团主导的轴承创新生态圈以一手资料为主，而三一重工作为上市公司，相关的企业资料，以及针对董事长、总裁等主要领导的视频发言资料非常丰富且能够满足本研究的需求，因此三一重工主导的工程机械创新生态圈的资料通过官方网站、新闻网页等二手渠道收集。

一方面，一手资料。一手资料主要通过半结构化访谈和非正式访谈两种方式收集。由于集体访谈方式容易受到多种因素的干扰，受访者不愿意透露更多的信息，因此作者所在研究团队针对每个受访者的访谈尽可能以单独访谈的形式开展，以获取翔实的资料信息。访谈过程由所在团队老师主持，而其他在场的成员同步记录，经被访者允许后通过录音设备进行录音。一手资料的搜集主要对光洋科技的董事长、总经理、董事长助理、技术部部长、市场部部长、普通员工，大机车的董事长、总经理、副总经理、总工程师、技术开发部部长、规划发展部部长、退休人员，以及瓦轴董事长、副总经理、董事长助理、技术部部长、市场部部长、普通员工等进行了36人次的访谈。具体分三个阶段执行。第一阶段的访谈为概括性访谈，主要对光洋科技、大机车和瓦轴的董事长、董事长助理等进行访谈，围绕三家企业基于开放式创新战略各自构建的创新生态圈的整体状况进行初步了解，从而为后续针对性地深入访谈奠定基础和提供指导。第二个阶段的访谈为深度访谈，研究团队在第一个阶段的访谈基础之上，分别同董事长、总经理、董事长助理、技术负责人、市场负责人等进行了深度访谈，根据设计的访谈框架和引导性问题，进一步聚焦获取有关三家企业的创新生态圈构建动因的相关信息。第三个阶段访谈为补充验证性访谈，主要是将前期收集的案例资料梳理后与相关当事人进行补充和交叉验证，保证资料的信度和完整性。此外，由于光洋科技、大机车、瓦轴集团之间也存在合作关系，因此在采访时也实现了对另外两家企业的双向验证，还对三者的开放式创新对象大连理工大学等开展了少量访谈进行双向验证。在具体实施中，研究团队保证在访谈后的 24 小时内重听并整理相关的录音和笔记，将录音转录为文字，以及时捕捉关键信息。

另一方面，二手资料。本研究还通过新闻报道、档案资料（企业宣传手册、内部档案等）、学术论文和官方网站来收集相关二手资料（见表 4 - 1）。为筛选出研究主题所需的有效案例信息，研究团队对四家企业的相关信息进行了全面检索。通过百度、行业相关网站等收集四家企业的新闻报道 350 篇，通过实地调研和网络收集四家企业档案资料 55 份，通过中国知网数据库、谷歌学术数据库和各大期刊官网收集到四家企业相关的学术论文 112 篇，同时在其官方网站上收集四家企业相关材料。此外，本研究还尽可能地通过四家企业合作对象的官方网站收集数据，从而针对从四家企业收集的相关资料进行验证。二手资料的收集先于访谈调研并伴随一手资料收集全程，对二手资料中相互矛盾的数据，在访谈中同相关人员予以求证，确保信息的准确性。不同来源的案例信息交叉验证，避免了共同方法偏差[56]。

表 4 – 1                           四家企业二手资料收集情况

| 方式渠道 | 光洋科技 | 大机车 | 瓦轴集团 | 三一重工 | 合计 |
|---|---|---|---|---|---|
| 新闻报道 | 86 | 46 | 83 | 135 | 350 |
| 档案资料 | 23 | 18 | 9 | 5 | 55 |
| 学术论文 | 11 | 30 | 12 | 59 | 112 |
| 官方网站 | 1 | 1 | 1 | 2 | 5 |
| 合计 | 121 | 95 | 105 | 201 | 522 |

（2）数据分析。

案例研究的数据分析过程需要从大量的定性资料中提炼出关键主题[218]，因此在数据分析中，本研究遵循"分析性归纳"的质性研究原则，参考许庆瑞等[58]、吕一博等[59]的案例研究流程，对案例数据进行三步骤处理和分析。其中，鉴于资料的完整程度和翔实程度，形成了以光洋科技主导的高端数控机床生态圈为主分析对象，大机车主导的机车创新生态圈、瓦轴集团主导的轴承创新生态圈、三一重工主导的工程机械创新生态圈为辅助分析对象的一主多辅案例分析方式。具体案例数据分析过程如下：①笔者通过对案例信息的反复阅读与研讨，识别与研究主题相关的里程碑事件、典型性事件及相关背景数据。事件的典型性由笔者及导师、团队成员综合一手资料和二手资料所获得的信息确认，对不确定的信息，进行当面或电话回访。②借鉴布伦纳和安博斯（Brenner & Ambos）[219]的方法，借助 Atlas. ti 质性数据分析软件针对大量的定性资料进行渐进的三级编码，抽离、提炼与研究主题相关构念及构念的关系。③结合典型事件对关键构念及其关系进行分析。在此过程中，不断与现有文献进行对比，寻找相同点和差异点，发掘涌现的潜在规律[56]。

## 4.3　案例描述与数据编码

### 4.3.1　案例描述

（1）光洋科技的高端数控机床创新生态圈。

光洋科技作为国内为数不多的能够自主研制、生产和销售高端数控机床的企业，其高端五轴数控机床已经批量应用于国内的航天、航空、能源领域的导弹、航空发动机、大飞机、核电叶片、精密刀具等高精尖产品的制造线，自 2014 年起已连续 5 年成为国内五轴数控机床年产销量最大企业。同时，其高端五轴数控机床和关键功能部件产品也已经实现了小批量出口德国，开创了具有自主知识产权的高端数控产品出口西方发达国家的先河。在数控产业系统工程论的指导下，光洋科技形成了数控机床相关的完整技术链（数控共性技术—数控基础技术—数控应用技术）和完整产业链（机床数控系统—关键功能部件—关键零部件—数控机床整机）。技术链为产业链提供技术支撑，解决问题；产业链为技术链提供需求，指明方向。最终，光洋科技形成了一个从数控系统技术研发、关键零部件制造到机床整机产业化发展的全产业链和全技术链模式（见图 4 - 1）。

光洋科技主导构建了高端数控机床创新生态圈（见图 4 - 2）。光洋科技以自身高端数控机床的全技术链和全产业链为核心，在国务院、科技部、各级政府等支持下，联合清华大学、大连理工大学、北京航空制造工程研究所等十几所高校科研机构，协同德国 PA（Power Automation）公司、大连机床、沈阳机床、华中数控等数十家同行竞争对手，结合无锡透平叶片、德国史努特、天津巴付勒传动技术有限公司、中航湖南通用航空发动机有限公司等供应商和用户，携手中国机床工具工业协会、银行等中

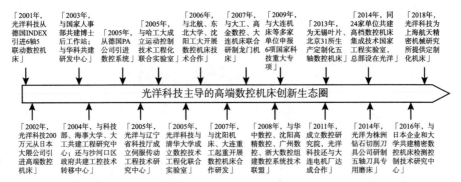

图4-1　光洋科技高端数控机床创新生态圈发展的里程碑事件线

介机构，共同搭建了包括高端数控机床控制集成技术国家工程实验室、清华光洋数控技能工程化联合实验室、数控机床博士后工作站、装备工业数控伺服传动工程技术研究中心、中国大连工控技术转移中心、国家机床系统现场总线技术联盟、大连数控研究院等十余个创新平台的高端数控机床创新生态圈，通过技术合作、技术联盟、技术标准体系、科研项目、人才纽带、技术引进、反向工程等多种方式促进生态圈内的技术、资金、人才、信息、政策等高效流动，最终使得高端数控机床创新生态圈内的相关主体共同受益。因此，光洋科技主导的高端数控机床创新生态圈能够代表核心企业主导的开放式创新生态系统的成功实践。

（2）大机车的机车创新生态圈。

大机车始建于1899年，是中国机车行业的"机车摇篮"，历经百余年的技术引进为基础的技术创新实践，已成为中国唯一能够同时自主研制并批量生产内燃机车、电力机车、柴油机及城轨车辆的具有世界先进水平的大型轨道交通装备制造企业（见图4-3）。至2019年9月底，大机车已经完成了70多种型号的内燃机车和13种型号电力机车的研制。新生产机车12 700台，这一数量已经达到了全路机车保有总量的一半，其中和谐型机车达4 200台，公司还检修机车2 200余台。公司现具有年新造各类机车450台、检修机车550台、城市轨道车辆700辆、大功率发动机500台的能力，大机车产品覆盖全国所有铁路集团。

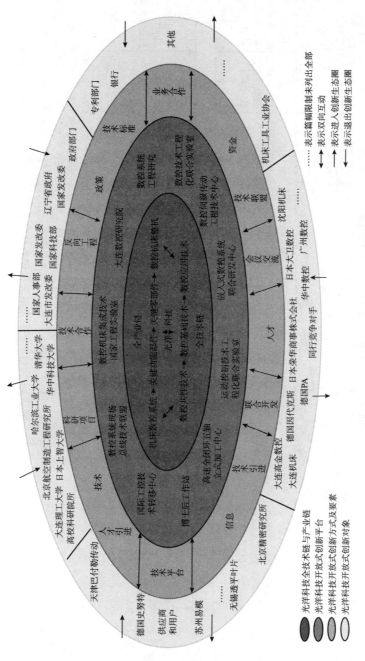

图4-2　光洋科技高端数控机床创新生态圈

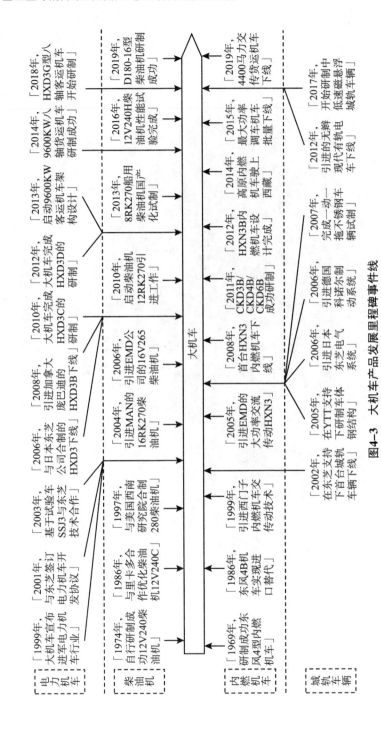

图4-3 大机车产品发展里程碑事件线

大机车以自身的四大产品平台为基础，构建了机车创新生态圈（见图4－4）。大机车经过多年的发展，已经形成了内燃机车、电力机车、柴油机、城轨车辆四大产品系列平台，在铁道部、中车集团、各级政府的支持下，先后从国外的英国里卡多公司、美国西南研究院、美国 EMD 公司、加拿大庞巴迪公司、德国克诺尔公司、日本东芝公司、奥地利 AVL 公司、德国福伊特公司、意大利安萨尔多公司等世界知名领先企业引进相关技术，并联合国内的中国铁道科学研究院、四方研究所、北京交通大学、大连理工大学等高校科研机构，永济电机厂、西安电机厂等国内零部件供应商开展引进消化吸收再创新和机车的国产化，在此过程中搭建了国家级企业技术中心、院士专家工作站、辽宁省大功率交流传动机车工程技术中心、博士后工作站、HXN3 内燃机车平台、HXD3 电力机车平台等多个创新平台，构成了大机车主导的机车创新生态圈，通过技术引进、联合国产化、联合研制、技术联盟、现场培训等多种方式促进生态圈内的技术、人才、资金、信息等的高效流动，最终促使机车创新生态圈内的相关主体共同受益。

（3）瓦轴集团的轴承创新生态圈。

瓦轴集团始建于 1938 年，是中国轴承工业的发源地，轴承企业综合排名中国第一。瓦轴集团经过多年的发展，已经与世界知名企业、高校科研院所等共同建设了国家大型轴承工程技术研究中心、国家级企业技术中心和国家轴承产品检测试验中心，以及欧洲研发中心和美国工程中心，建立了仿真计算、检测等 8 个技术创新平台，现已经形成了高水平的轴承设计开发、制造生产、检测试验的创新体系，在瓦房店、大连、辽阳等地拥有 9 大产品制造基地，全资、控股和参股子公司 24 家，共 27 家制造工厂，可生产工业装备轴承、轨道交通轴承、汽车车辆轴承、风电新能源轴承、特种轴承等五大系列共计 20 000 多种规格的轴承产品（见图 4－5）。

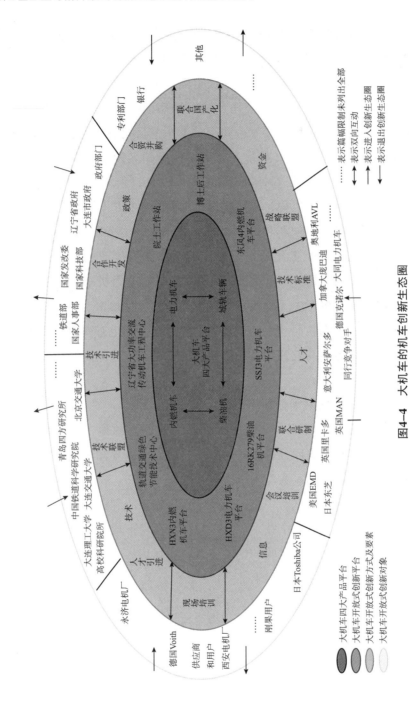

图4-4 大机车的机车创新生态圈

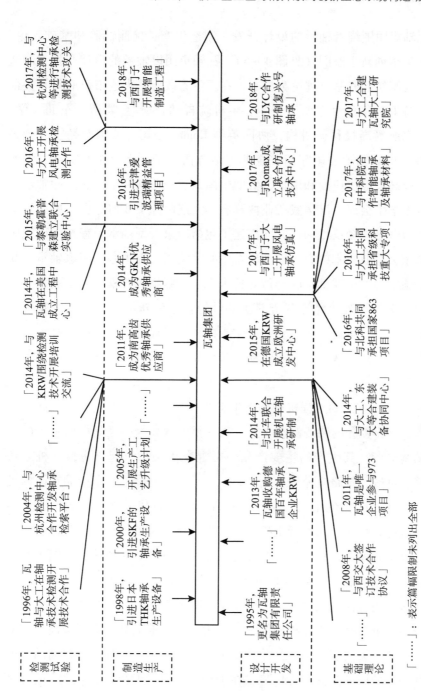

图4-5　瓦轴集团创新体系发展里程碑事件线

「……」：表示篇幅限制未列出全部

瓦轴集团围绕着轴承的设计开发、制造生产、检测试验和基础理论,构建了轴承创新生态圈(见图4-6)。瓦轴集团以轴承的设计开发、制造生产、检测实验和基础理论为核心,在辽宁省政府、大连市政府等相关部门的支持下,联合大连理工大学、中科院自动化所/金属所、东北大学、四方研究所等高校科研机构,协同英国 Romax 公司、英国泰勒霍普森公司、洛阳 LYC 轴承公司等相关企业,结合西门子、大机车、宝马、上海宝钢、南高齿等供应商和用户,借助中国制造企业国际论坛、全国轴承工程与技术学术会议、汉诺威工业博览会、大连国际工业博览会、中国轴承及装备博览会等会议机构,共同搭建了包括国家大型轴承工程技术研究中心、国家级企业技术中心、欧洲研发中心、美国工程中心、国家轴承产品检测试验中心、全球轴承联合仿真技术中心、泰勒霍普森联合实验室、轴承及智能检测创新平台等多个创新平台的轴承创新生态圈,通过联合开发、产业联盟、科研项目、合资并购等多种方式促进生态圈内的技术、资金、人才、信息、政策等高效流动,最终促使轴承创新生态圈内的相关主体共同受益。

(4)三一重工的工程机械创新生态圈。

作为世界领先的装备制造企业,三一重工现如今已经是中国最大的工程机械制造商,其生产的主要产品包括混凝土机械、起重机械、桩工机械、挖掘机械、筑路机械等。其中,三一重工的混凝土泵车产品在国内已经达到了将近60%的市场占有率,实现了进口替代,该产品的产销量多年来位居世界第一。而混凝土机械、桩工机械、履带起重机械为国内第一品牌,公司获评为工程机械行业综合效益和竞争力最强企业、中国工程机械行业标志性品牌、中国企业500强。2012年,三一重工收购德国著名工程机械公司普茨迈斯特(Putzmeister)90%的股权,标志着三一重工正式变身为全球混凝土工程机械的第一巨头。三一重工秉持"用极高品质的产品和服务,去改变中国产品品质低劣的世界形象"的理念,以高品质的产品和完善的服务为其核心优势,在工程机械领域正在大踏步地前进(见图4-7)。

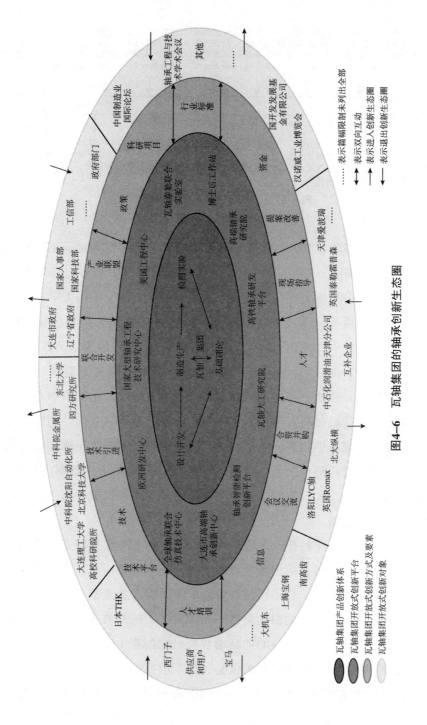

图4-6　瓦轴集团的轴承创新生态圈

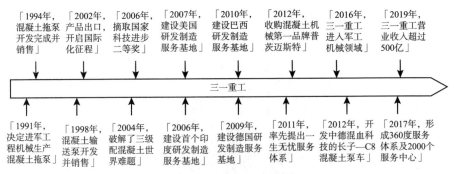

图 4 – 7　三一重工发展里程碑事件线

　　三一重工围绕着其产品和服务两大核心竞争优势，构建了工程机械创新生态圈（见图 4 – 8）。三一重工以其产品和服务为核心，在湖南省政府、长沙市政府等相关部门的支持下，联合中南大学、湖南大学、北京机械工业自动化所等众多高校科研机构，协同德国普茨迈斯特公司、Intermix Gmbh 公司、中铁四局等同行及互补企业，结合德国道依茨股份公司、沃尔沃、中建、油泵厂家等供应商和用户，携手湖南省工商联、行业协会、银行等中介机构，共同搭建了包括国家级/省级企业技术中心、工业设计中心、工程机械技术创新平台、知识产权战略平台、国外制造研究基地、研究院、服务中心等多个创新平台的工程机械创新生态圈，通过联合开发、专家引进、科研项目、合资并购等多种方式促进生态圈内的技术、资金、人才、信息、政策等高效流动，最终使得工程机械创新生态圈内的相关主体共同受益。

　　综上所述，光洋科技、大机车、瓦轴集团、三一重工四家装备制造企业分别主导构建了各自的创新生态圈。对于光洋科技而言，由于数控机床行业的行业技术特性、市场特性和政府政策，以及企业家于德海对于外部机会的察觉和自身认知的引领促进了光洋科技实施开放式创新战略，从而最终构建了以光洋科技为核心的高端数控机床创新生态圈。对于大机车而言，基于对中国机车行业的市场机会、机车的技术复杂性、政府管控特性等，大机车的主要领导人通过国外技术引进和国内联合消化吸收的借梯登

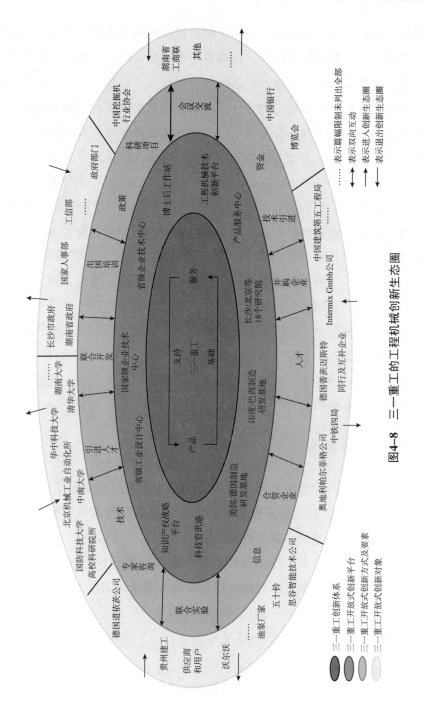

图4-8　三一重工的工程机械创新生态圈

高战略实现机车产品的快速研制，在此过程中构建了大机车主导的机车创新生态圈。对于瓦轴集团而言，瓦轴集团为了避免陷入低端轴承低价竞争的泥潭，选择进入中高端轴承产品领域，然而由于市场需要的多样性、产品的定制化等特征，导致瓦轴自身难以满足中高端轴承的研制和生产，因此其通过外脑战略来弥补自身在中高端轴承的设计开发、检测试验、基础理论等方面的不足，在此过程中瓦轴集团逐渐形成了以自身为核心的轴承创新生态圈。对于三一重工而言，混凝土拖泵产品的市场竞争激烈、产品的技术复杂性高，而作为民营企业的三一重工受限于身份地位、资金实力、技术水平等资源的有限性，难以实现国外领先企业的技术自主创新和国内国有企业的技术引进的方式，三一重工提出开放式的资源获取战略，通过人才、技术、资金等各种零散非优质资源的拼凑，实现了高性价比混凝土拖泵产品的研制和服务体系的建立，在此过程中构建了以三一重工为核心的工程机械创新生态圈。因此，通过对起家企业创新生态圈构建的成因进一步梳理发现，创新生态圈的构建主要受到了外部的技术、市场、政府和内部的企业家等多元化因素的影响，这为本研究对核心企业主导的开放式创新生态系统构建动因的探讨提供了合适的案例研究对象。

## 4.3.2　数据编码

案例数据编码过程主要借鉴内容分析法，参考许庆瑞等[58]、吕一博等[59]的编码流程，对大量质性资料进行三级编码，所形成的概念标签构成后续案例分析的基础。具体流程如下。

首先，根据数据来源将整理后的相关案例数据开展一级编码。其中，将不同来源的重复数据进行合并处理，以及相同来源的重复数据进行归一化处理。基于案例数据的一级编码，得到包含304条引文的一级引文库，各个来源的引文数汇总如表4-2所示。

表 4 - 2　　　　　　　　　　一级编码引文库表

| 数据来源 | 数据分类 | 编码 | 引文数目 |
|---|---|---|---|
| 一手资料 | 半结构访谈 | $I_1$ | 144 |
| | 非正式访谈 | $I_2$ | 35 |
| 二手资料 | 新闻报道 | $S_1$ | 29 |
| | 档案资料 | $S_2$ | 31 |
| | 学术论文 | $S_3$ | 28 |
| | 官方网站 | $S_4$ | 37 |
| 合计 | | | 304 |

　　其次，对一级引文库中的引文进行事件的关联标记，完成二级编码。经过反复研讨，确定典型事件 103 件（$E_x$），根据引文描述与典型事件的关联性，对引文开展单一关联标记处理（见表 4 - 3），形成包含 310 条引文的二级引文库。通过二级编码，每条引文与事件实现了关联标记，如 $E_1 S_3 - 2$ 代表一级引文库中的 $S_3 - 2$ 号引文与事件（$E_1$）具有关联性。

表 4 - 3　　　　　　　　二级编码事件关联引文库表

| 事件编码 | 典型事件 | 关联引文 |
|---|---|---|
| $E_1$ | 高端数控机床的技术复杂性迫使光洋科技与技术领先单位开展技术合作以完成机床研制 | 6 |
| $E_2$ | 为了满足无锡叶片个性化的需求光洋科技与其合作研制叶片专用五轴数控机床 | 4 |
| …… | …… | …… |
| $E_{101}$ | 大机车是关系到国计民生和国家经济战略安全的"国家队"企业，因而与政府之间保持紧密合作 | 4 |
| $E_{102}$ | 高端风电轴承的定制化生产导致瓦轴集团与西门子风能公司在轴承设计开发、制造生产、检测试验、售后服务等各个环节保持密切的沟通和配合 | 2 |
| $E_{103}$ | 三一重工通过开放式的资源拼凑和适中价格定位降低成本和提升利润率 | 5 |
| 合计 | | 310 |

最后，对二级引文库中的引文进行概念标签化，形成三级编码库。应用 Atlas. ti 质性分析软件辅助编码，此步骤由作者和另一位团队成员分别同时进行：①两位编码成员各自独立从资料中检索与开放式创新生态系统构建动因相关的关键词，分别对引文逐条进行关键词标注；两位编码成员交换编码形成的关键词并进行互审，经讨论后对于无法达成一致的关键词删除。②对确定的关键词进行概念化（$C_x$），两位编码成员意见一致的关键词直接概念化，意见不一致的同导师研讨确定其归属（见表4-4）。③进行概念的范畴化，将形成的概念进一步提炼形成范畴，而对于意见不一致的概念同第三作者研讨确定其归属。最终确定 6 个范畴，14 个概念，1 076条三级条目库（见表4-5）。

表4-4　　　　　　　　　　编码过程示例

| 引文编码 | 引文内容 | 关键词 | 概念（条目数） |
|---|---|---|---|
| $E_{13}I_1$-4 | 光洋科技董事长于德海说："虽然数控机床的整体技术并未发生革命性变化，但是机床在每个技术领域随时更新导致产品周期变短。若想及时抓住最新技术，必须与领先单位合作。比如，北京31所具有多年的进口高端设备使用经验和弹用发动机制造工艺技术积累。因此，研制机床完工后，他们对设备提出改进建议47项，并协助我们解决故障缺陷100多项，完善设备配置20多项，优化系统8个版本。" | 技术更新快产品周期短 | $C_2$：技术动态性（2） |
| $E_{82}S_3$-2 | 中国工程机械制造企业存在技术基础薄弱、核心技术缺失的问题，整体处于后发追赶状态，特别是对于一些核心技术，欧美日韩企业对中国企业实行封锁政策。这对三一重工进入工程机械行业增加了很多难度。因此，梁稳根就带领三一重工通过找人才、搜技术的开放式资源获取方式来一点点攻克 | 基础薄弱技术落后核心技术缺失技术追赶 | $C_3$：技术后发性（4） |
| $E_{89}I_2$-13 | "瓦轴通过与 KRW 的联合研发促使中高端产品的开发，这会让我们跳出低价竞争的泥潭，显著提升我们的利润率。而且我们的研发体系是系统性的劣势，因此单纯靠我们自己可能研发不出来，或者研发出来成本太高了。"瓦轴副总经理说 | 研发成本降低企业利润率提升 | $C_{10}$：经济性认知（2） |

## 4.4　案例分析与讨论

本部分主要对核心企业主导的开放式创新生态系统构建动因的来源层面、显现特征和传导路径进行分析。首先，通过 Atlas. ti 辅助进行编码结果分析，识别核心企业主导的开放式创新生态系统内外部构建动因的来源层面。其次，基于外部情境动因的技术、市场、制度情境层面，以及内部企业家动因的企业家注意力、企业家认知、企业家精神层面，结合不同层面的典型事件，沿着"条件→行动→结果"的逻辑思路对核心企业主导的开放式创新生态系统构建动因的显现特征进行具体分析。最后，进一步对四家企业主导的创新生态圈典型事件的纵向梳理和横向比较，探讨核心企业主导的开放式创新生态系统构建动因的传导路径。基于以上对核心企业主导的开放式创新生态系统构建动因的来源层面、显现特征及其传导路径的分析，再沿着"情境→扫描解释→逻辑"的基本思路进行梳理，核心企业主导的开放式创新生态系统构建动因的显现架构得以涌现。

表 4 – 5　　　　　　　　　　　　　　编码结果

| 类型 | 范畴 | 概念 | 关键词 | 数量 |
|---|---|---|---|---|
| 外部情境动因 | 技术情境层面 | $C_1$：技术复杂性 | 交叉学科｜学科复杂｜多学科｜技术融合｜技术复杂度高｜结构复杂｜零部件多｜技术复杂｜制造复杂｜技术密集 | 90 |
| | | $C_2$：技术动态性 | 技术更新快｜技术变化快｜产品周期短｜技术周期短｜新技术快速涌现｜新学科快速涌现｜技术变化难以预测｜技术波动大 | 69 |
| | | $C_3$：技术后发性 | 技术落后｜企业落后｜技术引进｜技术购买｜模仿学习｜行业新手｜新进入者｜基础薄弱｜反向工程｜无技术积累｜核心技术缺失｜技术追赶 | 71 |

| 类型 | 范畴 | 概念 | 关键词 | 数量 |
|---|---|---|---|---|
| 外部情境动因 | 市场情境层面 | $C_4$：市场需求多样性 | 产品定制｜产品系列多｜客户调试｜顾客要求多｜需求专业化｜需求个性化｜专用设备｜产品标准多 | 100 |
| | | $C_5$：市场竞争体系化 | 产业链竞争｜技术体系｜集团竞争｜全产业链｜全技术链｜竞争体系｜网络竞争｜供应体系｜服务体系 | 79 |
| | 制度情境层面 | $C_6$：正式制度机会引导性 | 国家政策｜税收优惠｜财政支持｜重点工程｜专项规划｜政府补贴｜基金扶持｜国家采购｜政府认证 | 64 |
| | | $C_7$：非正式制度压力驱动性 | 领导视察｜领导关怀｜领导牵线｜政府样板工程｜政企关系｜潜在规则｜政治资本｜人大代表｜领导指示｜国有企业｜政府保护｜国家功勋企业 | 76 |
| 内部企业家动因 | 企业家注意力层面 | $C_8$：企业家内部注意力配置 | 企业内部资源｜企业人才｜企业技术水平｜资金实力｜生产效率｜员工素质｜利润额｜内部管理 | 58 |
| | | $C_9$：企业家外部注意力配置 | 机床最新进展｜企业市场份额｜国家政策走势｜技术人才｜企业行业位置｜顾客需求｜竞争环境｜政府领导更替｜轴承发展趋势｜机车发展趋势｜工程机械产业发展趋势 | 90 |
| | 企业家认知层面 | $C_{10}$：经济性认知 | 运营成本降低｜企业利润率提升｜研发支出降低｜新产品增加｜营业额提升 | 103 |
| | | $C_{11}$：非经济性认知 | 技术标准｜行业话语权｜持续竞争优势｜资源互补｜互相受益｜先发优势 | 100 |
| | 企业家精神层面 | $C_{12}$：挑战意识 | 迎难而上｜挑战行业霸主｜直面竞争｜宏伟目标｜民族工业｜成为行业领袖｜不畏艰险 | 63 |
| | | $C_{13}$：创新意识 | 新技术｜新方法｜新产品｜重视研发｜探索新模式｜适应性调整｜灵活应变｜产品创新｜组织创新 | 57 |
| | | $C_{14}$：风险承担意识 | 富贵险中求｜风险收益并存｜风险即机会｜承担风险 | 56 |
| 合计 | | | | 1 076 |

注："｜"在布尔搜索中表示"逻辑或"。

### 4.4.1　外部情境构建动因分析

（1）动因来源层面分析。根据编码结果，外部情境动因来源于技术情境层面、市场情境层面和制度情境层面。其中，技术情境是指企业技术活动发生的行业技术背景和特征[220]。市场情境是指企业所从事的相关行业的市场需求和竞争环境[221]。制度情境是指企业所在国家或地区的法律法规、社会规范、价值观、文化等构成的正式或者非正式制度环境[222]。而由技术、市场、制度等构成的外部情境会对企业的战略和行为产生影响[53]。

（2）典型事件分析。应用 Atlas. ti 搜寻关联技术情境、市场情境和制度情境的 549 条有效编码所对应的二级引文库原始文件，发现在技术情境层面上存在 20 个典型事件，市场情境层面上存在 17 个典型事件，制度情境层面存在 14 个典型事件。进一步地，按照"条件→行动→结果"的逻辑分析诱发核心企业主导的开放式创新生态系统构建的不同层面上的显现特征。外部情境构建动因的典型事件分析如表 4 – 6 所示。

（3）动因显现特征分析。对应于技术情境来源层面，典型事件分析识别出三类显现特征，即技术复杂性、技术动态性和技术后发性，其诱发核心企业主导的开放式创新生态系统的构建。①产品的研制和生产涉及不同技术领域，尤其是对于高端数控机床这一类复杂产品。然而，单个企业由于特定的背景、技术、经验、资源的有限性决定了其不可能具备所有的技术能力，因此这种技术复杂性迫使企业与技术领先组织进行技术合作。如机车技术复杂性迫使大机车从国外引进技术进行消化吸收。②伴随着科技的发展，新技术新学科不断涌现，技术更新加快周期缩短。企业自身注意力的有限性就导致企业难以及时捕捉、跟踪和响应产品涉及的所有最新技术。因此，动态性的技术环境就需要企业与相关技术领先单位分工协作，相互利用自身及对方优势技术资源，实现先进技术的共享，从而帮助企业紧跟技术动态发展方向并快速市场化。如光洋科技牵头成立"数控系统现场总线技术联盟"实现现场总线技术的实时共享。③技术后发性即相

比行业内领先技术存在的技术基础薄弱、核心技术缺失而处于技术学习和
追赶阶段的特性[223]。技术后发性决定了企业通过向领先企业引进先进技
术，并借助科研机构等组织进行消化吸收是实现技术快速追赶的高效途径
之一[223]。如大机车引进日本东芝公司的电力机车技术并联合零部件厂商
进行消化吸收。因此，技术情境层面上技术的复杂性、动态性和后发性导
致资源有限的企业不得不与技术领先的企业、高校科研院所开展技术合
作、构建技术联盟、进行技术引进，从而促进企业构建以自身为核心的开
放式创新生态系统。

表 4 - 6　　　　　　　　　　　外部情境构建动因典型事件分析

| 来源层面 | 典型事件描述 | 分析过程 | | |
|---|---|---|---|---|
| | | 条件 | 行动 | 结果 |
| 技术情境 | 大机车的一名高层管理人员提到"电力机车/内燃机车等设计的学科较多，这不是大机车一家单位能够研制和制造的，光靠我们自己闭门造车根本不行，对外我们需要借鉴国外先进的技术，对内我们也需要同国内单位合作消化吸收数以万计的零部件"。因此大机车形成了"引进先进技术，联合设计生产，打造中国品牌"战略，与国外多家著名企业建立了技术合作关系，同时承担了内燃机车和电力机车两大产品的引进消化吸收再创新项目（大机车） | 技术复杂性 | 与国内外领先企业、零部件厂商合作研制产品 | 技术的复杂性、动态性和后发性导致资源有限性的企业与技术领先的企业、高校科研院所开展技术合作、构建技术联盟、进行技术引进，从而促进企业构建以自身为核心的开放式创新生态系统 |
| | 光洋科技总经理说："机床涉及的众多技术，而这些技术更新很快，有时候我们刚掌握一项先进技术，就出现了新技术。为了能够及时掌握并使用新技术，我们与相关领域的技术领先企业开展技术合作或者构建技术联盟。如我们牵头与华中数控等国内五家单位联合成立'数控系统现场总线技术联盟'，在联盟内实现了该项核心技术的实时共享。"（光洋科技） | 技术动态性 | 构建技术联盟 | |

| 来源层面 | 典型事件描述 | 分析过程 | | |
|---|---|---|---|---|
| | | 条件 | 行动 | 结果 |
| 技术情境 | 中国当时以内燃机车技术为主，电力机车技术几乎没有积累，因此 2002 年与日本东芝公司共同建立"大连东芝机车电气设备有限公司"合资合同，通过合资企业，大机车引进了 HXD3 电力机车，引进过程中大机车与东芝举行无数次技术会谈，参加铁道部两次技术审查会，完成与日本东芝联合设计工作，参与部件的验收工作，完成东芝公司图纸翻译转化工作等，在国内通过与电机厂、零部件尝试等进行联合消化吸收，基于此大机车实现了电力机车的研制（大机车） | 技术后发性 | 引进技术领先企业的技术并进行联合消化吸收 | 技术的复杂性、动态性和后发性导致资源有限性的企业与技术领先的企业、高校科研院所开展技术合作、构建技术联盟、进行技术引进，从而促进企业构建以自身为核心的开放式创新生态系统 |
| 市场情境 | 中国轴承企业数量众多，仅瓦房店地区规模以上轴承企业达 341 家，可生产几万种轴承产品。伴随着中国装备制造业的发展，轴承的需求质量越来越高，个性化定制已经成为趋势。而中高端轴承产品已经逐渐告别了单件批量生产的方式，逐渐转变为定制化生产。例如，瓦轴为西门子风能公司生产定制化的风电轴承，为了保证轴承质量，瓦轴在轴承设计开发、制造生产、检测试验、售后服务等各个环节与西门子保持密切的沟通和配合（瓦轴集团） | 市场需求多样化 | 与用户联合开发产品 | 市场需求多样化和竞争体系化导致单个企业难以满足市场需求，因此企业需要与用户供应商实现共同创新才能及时响应，从而促进企业构建以自身为核心的开放式创新生态系统 |
| | 中国混凝土拖泵市场存在三种竞争势力：一种是具有较强的资本实力和技术实力的国外企业；第二种是拥有政府背景的国企；第三种就是三一重工这类民营企业。与具有完善供应体系的国外领先企业和国内国有企业竞争的关键就在于，三一抓住了用户需求并及时响应，它们通过连同供应商建立完善的供应体系和服务体系，及时响应用户的价格适中、质量中等、服务体系完善的需求（三一重工） | 市场竞争体系化 | 联合供应商响应用户需求 | |

续表

| 来源层面 | 典型事件描述 | 分析过程 | | |
|---|---|---|---|---|
| | | 条件 | 行动 | 结果 |
| 制度情境 | "中国一直以来关注装备制造业的发展，各级政府先后发布了《装备制造业调整和振兴规划》等政策文件，尤其是在中国制造 2025 提出后，轴承是众多装备制造业的关键零部件，国家对于轴承产业格外重视，这些政策说明了国家的发力方向。瓦轴集团需要做的就是抓住机会，在这个领域大干一番。"瓦轴集团副总经理说。瓦轴 2014 年就获得政府轴承技术创新到位资金 1 067 万元（瓦轴集团） | 正式制度机会引导性 | 紧跟政府支持政策方向 | 正式制度机会引导性和非正式制度压力驱动性促使企业与政府部门紧密合作，从而促进企业构建以自身为核心的开放式创新生态系统 |
| | 1999 年，江泽民亲笔题词：立足国内，走向世界，努力发展中国机车工业；2002 年，胡锦涛视察时指出：你们是百年老厂，也要办成一流机车厂；2006 年，时任辽宁省委书记李克强指出：像大连机车公司这样的企业，是关系到国计民生和国家经济战略安全的骨干企业，是'国家队'，承担着振兴民族工业的历史重任。科技部、省科技厅等给予政策和资金支持帮助瓦轴建立联合实验室、工程中心等，这些资源的投入促使瓦轴与政府部门需要紧密配合实现瓦房店轴承产业乃至全国轴承产业的引领（大机车） | 非正式制度压力驱动性 | 与政府紧密合作 | |

对应于市场情境来源层面，典型事件分析识别出两类显现特征，即市场需求多样性和市场竞争体系化，其促使核心企业主导的开放式创新生态系统的构建。一方面，同质化市场需求对企业要求相对较低，大规模生产单一产品即能满足。然而对于多样化、个性化的市场需求，企业需要与用户之间由买卖关系转变为共同创新共同受益的战略合作关系，如瓦轴集团与西门子合作研制风电轴承。另一方面，市场竞争已由原来的单个企业之间的竞争转变为企业背后的整个产业链的竞争，而市场竞争的关键所在即企业抓住用户需求然后与供应商合作及时响应。这就要求企业与用户之间实现需求的无缝对接，企业与供应商之间实现紧密合作。如三一重工通过构建完善的供应体系和服务体系来满足用户的需求。综上所述，市场情境

层面上市场需求多样化和竞争体系化导致单个企业难以满足市场需求，因此企业需要与用户和供应商实现共同创新才能及时响应市场需求，从而促进企业构建以自身为核心的开放式创新生态系统。

对应于制度情境来源层面，典型事件分析识别出两类显现特征，即正式制度机会引导性和非正式制度压力驱动性，其促使核心企业主导的开放式创新生态系统的构建。一方面，正式制度即通过正式的法律、政策等直接为各类经济活动塑造市场机会[224]。而这些正式制度可以通过政策支持、税收优惠、政府补贴、基金扶持等途径引导相关产业的发展。这些正式制度带给企业获取外部资源的机会，因此企业尽可能紧跟正式制度的引领从而获取更多的外部资源。如政府轴承产业的支持政策促使瓦轴集团紧跟政府支持方向从而获取更多资源。另一方面，非正式制度即社会大众所遵守的传统、风俗、规范等共享的思维模式及不成文的行为准则[224]。非正式制度中维持政企关系良好是促进企业获得更多资源支持的关键[225]。而在此过程中，政企双方投入的这些资源的沉没成本压力驱动企业和政府紧密联合。如各级政府部门及领导人对瓦轴集团投入的关怀和资源促使二者紧密合作完成产业引领。因此，制度情境层面上正式制度机会引导性和非正式制度压力驱动性促使企业与政府部门紧密合作，从而促进企业构建以自身为核心的开放式创新生态系统。在外部情境不同层面上显现特征促进企业与大学科研院所、技术领先企业、用户、供应商、政府等相关组织紧密合作，从而促进核心企业主导的开放式创新生态系统的构建。

### 4.4.2　内部企业家构建动因分析

（1）动因来源层面分析。根据编码结果，内部企业家动因来源于企业家注意力层面、企业家认知层面和企业家精神层面。其中，企业家注意力是指企业家投入时间和精力对知识和信息进行关注、解释的过程[226]。企业家认知是指企业家在情境的影响下逐渐形成并不断强化的知识框架和信念体系[227]。企业家精神是指最能动的、最富有创造性的活动去开辟新道路的创造精神和勇于承担风险的精神[228]。企业家注意力、企业家认知及企业家精神会影响企业的行为[229]。

（2）典型事件分析。应用 Atlas. ti 搜寻关联企业家注意力、企业家认知和企业家精神的 527 条有效编码所对应的二级引文库原始文件，发现在企业家注意力层面存在 11 个典型事件，企业家认知层面上存在 20 个典型事件，企业家精神层面上存在 12 个典型事件。进一步地，按照"条件→行动→结果"的逻辑分析诱发核心企业主导的开放式创新生态系统构建的不同层面上的显现特征。内部企业家构建动因的典型事件分析如表 4 - 7 所示。

表 4 - 7                         内部企业家构建动因典型事件分析

| 来源层面 | 典型事件描述 | 分析过程 | | |
| --- | --- | --- | --- | --- |
| | | 条件 | 行动 | 结果 |
| 企业家注意力 | 光洋科技董事长说："光洋像我的孩子一样，它的一切，我如数家珍。最初我投入大量精力在技术上，但伴随着企业做大，我将更多精力投入到管理上。尤其是研发阶段，我已经不做具体技术研发，而是时刻关注企业缺少什么技术、缺少什么资源，如何获得这些资源和技术，新资源和新技术如何消化吸收等，来弥补光洋的技术劣势。"（光洋科技） | 内部注意力配置 | 关注内部技术现状并思考如何弥补劣势 | 内部注意力和外部注意力配置促使企业扫描吸收内外部资源和能力，为企业家带领企业进行开放式创新生态系统的构建奠定了基础 |
| | 光洋科技董事长说："决定进入数控机床行业以后，首要任务是寻找国外先进数控系统引进，并且寻找相关专家人才引入光洋，所以才有了后来德国 PA 的数控系统引进以及陈虎博士加盟。后期我又紧盯国家政策，与高校合作、申请科技部项目、为无锡叶片生产定制化机床等，这些外力都帮助光洋实现了快速发展。"（光洋科技） | 外部注意力配置 | 关注外部技术人才助力企业与外部合作 | |

| 来源<br>层面 | 典型事件描述 | 分析过程 | | |
|---|---|---|---|---|
| | | 条件 | 行动 | 结果 |
| 企业家<br>认知 | 光作为民营企业的三一重工,无法像国有企业凭借资金和身份优势实现技术引进。因此,三一重工在挖来的中国液压专家易小刚的主导下,开放式地获取通用技术和标准件实现了混凝土拖泵的研制,通过这种方式帮助三一重工绕开了国外的技术壁垒及核心技术的封锁,降低了研发成本。同时,相比国内稍高的价格避免了价格战,提高了利润率(三一重工) | 经济性认知 | 企业开放式地获取资源完成产品研制 | 经济性认知和非经济性认知所形成的良好预期为企业家带领企业进行开放式创新生态系统的构建提供了核心动力 |
| | "中国轴承低端产能过剩,作为龙头企业,以购并、联合等方式走高端化国际化会得到国家相关部门的政策、财政支持,进而获得行业内的话语权",瓦轴技术部部长说。同时,瓦轴集团作为行业内的龙头企业,与大连理工大学等通过装备制造协同中心开展合作,弥补瓦轴基础理论的不足,而大连理工大学弥补了技术应用能力不足的缺陷(瓦轴集团) | 非经济性认知 | 并购合作研发等带来话语权和获取资源 | |
| 企业家<br>精神 | 光洋董事长说:"作为'工业母机'的数控机床对经济发展和国防具有重大意义。然而中国产业基础薄弱,同面临国外发达国家的技术封锁。面对内忧外患,目标只有一个:振兴民族数控产业。我们要树一面旗帜——生产高端数控机床,非常鲜明地写清公司要干什么和怎样去干。愿意跟着一起干的就站到旗帜下来,不愿意干的就离得远一点。"(光洋科技) | 挑战意识 | 带领企业与合作单位挑战行业困境 | 挑战意识、创新意识和风险承担意识起到了"催化剂"的作用,为企业家带领企业进行开放式创新生态系统的构建提供行动力 |
| | 光洋董事长说:"作为数控机床的新手,我们不能采取常规方式一步步实现机床的研发,必须做一些大胆的尝试。我们花费350万元引进德国PA公司的先进数控系统,然后联合清华大学进行反向工程,在此过程中,解决了困扰数控系统的瓶颈问题,开发了属于光洋自己的数控系统。"(光洋科技) | 创新意识 | 联合高校进行反向工程并解决瓶颈问题 | |
| | 光洋董事长说:"在进军高端数控机床时,我就做好了一无所有的准备。我也知道这个项目的难度,所以选择了联合其他单位一块干。比如,我们主导构建的'数控系统现场总线技术联盟',这个技术光洋是绝对主力,而我们却在联盟内实现了实时共享,这样可能面临技术泄露的风险,但是只有这样做,才能让大家和我一块干,有舍才有得。"(光洋科技) | 风险承担意识 | 承担核心技术泄露风险成立技术联盟 | |

（3）动因显现特征分析。对应于企业家注意力来源层面，典型事件分析识别出两个显现特征，即企业家内部注意力配置和企业家外部注意力配置，其促使核心企业主导的开放式创新生态系统的构建。一方面，企业家内部注意力配置即企业家对企业内部的技术、管理、人才、生产等进行关注并持续性思考如何改进的过程。企业家内部注意力配置帮助企业家了解企业内部现状，从而促进企业精准地从外部获取紧缺资源。同时，企业家内部注意力配置也促进外部获取的资源在企业内部实现更好的消化吸收。如于德海时刻关注光洋科技内部的资源和技术现状并思考如何弥补技术劣势。另一方面，企业家外部注意力配置即企业家对企业外部技术、市场、政策等进行关注并持续性思考如何助力企业发展的过程。企业内部资源和能力的有限性决定了企业需要不断从外部获取所需资源和能力[70]，而企业家外部注意力配置，保证了企业家持续性地对外部创新资源能力进行扫描，从而推动企业与外部组织的合作。如于德海对外部数控机床技术和人才的关注助力光洋科技引入德国 PA、高校、无锡叶片等合作方。因此，企业家注意力层面上内部注意力配置和外部注意力配置促使企业扫描吸收企业内外部的资源和能力，这为企业家带领企业进行开放式创新生态系统的构建奠定了基础。

对应于企业家认知来源层面，典型事件分析识别出两类显现特征，即经济性认知和非经济性认知，其促使核心企业主导的开放式创新生态系统的构建。一方面，经济性认知包括收益增加和成本降低两个方面。企业开放式创新战略实施和创新生态系统的构建能够让企业快速获取收益[71,122]。同时，也能够帮助企业降低研发成本、市场化成本等[99]。如三一重工通过开放式的资源获取实现了成本降低和利润增加。另一方面，非经济性认知包括资源获取和行业话语权两个方面。企业开放式创新战略的实施及创新生态系统的构建，能够促使资源在系统内部实现快速流动，从而促使企业获得自身不具备的资源，实现资源互补[160]。同时，也能够有效推动核心企业主导构建行业技术标准，从而掌握行业话语权[123]。如瓦轴集团通过并购合作研发等方式为瓦轴集团带来中高端轴承话语权和紧缺资源。因此，企业家认知层面上经济性认知和非经济性认知所形成的良好预期为企业家带领企业进行开放式创新生态系统的构建提供了核心动力。

　　对应于企业家精神来源层面，典型事件分析识别出三类显现特征，即挑战意识、创新意识和风险承担意识，其促使核心企业主导的开放式创新生态系统的构建。①挑战意识即企业家勇于向行业内的关键问题或行业竞争对手发起挑战的精神[230]。核心企业主导的开放式创新生态系统的构建具有复杂性、艰巨性和长期性的特征，在此过程中需要企业家敢于对可预期的困难发起挑战。而如果作为后发企业，那必须要求企业家敢于向行业内领先的竞争对手发起挑战。如于德海带领光洋科技和相关单位一起面对中国高端数控机床全面落后及国外技术封锁的内忧外患。②创新意识即企业家对于技术研发、管理方式等采用开放性、创造性、独特性的处理方式的倾向[231]。企业家只有具有创新意识，才会带领企业采取构建产学研合作体系、研发联盟等多种方式，充分利用企业内外部的资源实现技术创新和管理创新。如于德海带领光洋科技进行技术引进并联合清华大学共同解决了数控系统的瓶颈问题。③风险承担意愿即企业家具有将重要资源用于风险性较高项目的意愿[228]。企业在开放式创新战略实施与创新生态系统构建过程中，伴随着与外部资源交换、合作机会的增多，企业面临的核心技术泄露、协调成本增加等风险[82]。因此在开放式创新生态系统构建过程中企业家必须具有风险承担意识。如于德海承担核心技术泄露的风险牵头成立"数控系统现场总线技术联盟"。因此，企业家精神层面上挑战意识、创新意识和风险承担意识起到了"催化剂"的作用，为企业家带领企业进行开放式创新生态系统的构建提供行动力。在内部企业家不同层面上显现特征为企业家带领企业与外部组织进行开放式创新生态系统的构建提供基础、核心动力和行动力。

### 4.4.3　构建动因传导路径分析

　　结合核心企业主导的开放式创新生态系统内外部构建动因的来源层面

及其显现特征，通过对光洋科技的高端数控机床创新生态圈、大机车的机车创新生态圈、瓦轴集团的轴承创新生态圈、三一重工的工程机械创新生态圈的典型事件的进一步纵向梳理和横向比较，发现不同层面的核心企业主导的开放式创新生态系统构建动因存在特定的传导路径。这里以光洋科技主导的高端机床创新生态圈的典型事件为例进行详细说明（见表4-8），而另外三家企业创新生态圈的典型事件对分析的传导路径进行对照验证，从而检验理论饱和度。

表4-8　　　　　　　　构建动因传导路径的典型事件分析

| 次序 | 典型事件描述 | 指向关系分析 | 关系特征 |
|---|---|---|---|
| 第一次序 | 董事长说："光洋是一个时代的企业。在中国政府大力扶持数控机床产业的政策支持下，尽管光洋面临技术封锁，企业技术基础薄弱，机床技术复杂等一系列挑战，但是光洋采取开放式创新战略，联合国内外的相关组织完成了五轴数控机床全技术链和产业链的'光洋模式'构建。" | 外部情境动因 | 技术、市场和制度情境显现特征是系统构建诱发的起点 |
| 第二次序 | 董事长说："在进口国外机床时，我看到了落后的中国高端数控机床存在的机会。然后，通过行业内朋友、网上信息等多种途径对行业现状进行了解，关注中国政府政策支持情况。然后考虑到光洋自身的技术和经济实力，深知这不是光洋单枪匹马可以完成的，必须借助一切可以借助的力量才行，这也是我们选择开放式创新战略的原因。" | 外部情境动因↓企业家注意力动因 | 企业家注意力的内外配置是外部情境触发内部企业家认知的前提 |
| 第三次序 | 董事长说："在对数控机床行业了解以后，结合光洋现状，虽然挑战很大，但我认为这是光洋的机会。开放式创新战略让我们可以借助政府的资金，外企的技术和高校的人才，这样降低了研发难度和成本。更重要的是，中国高端机床几乎是空白的，只要成功就意味着掌握了行业话语权和定价权，这将带给光洋的是超额利润，跳出了低价竞争的洼地。" | 企业家注意力动因↓企业家认知动因 | 企业家认知是企业家内外部注意力配置的结果 |

续表

| 次序 | 典型事件描述 | 指向关系分析 | 关系特征 |
|---|---|---|---|
| 第四次序 | 光洋董事长助理说："光洋进军高端数控机床是惊险的跳跃。尽管董事长为我们绘制了宏伟的蓝图，但是大部分的管理团队依然是反对的。最终坚持下来，联合众多的高校科研院所、企业、用户、政府等研制出了五轴数控机床，这个跟董事长个人的民族情怀、冒险精神、创新能力是分不开的。如果他不是这样的人，这个事是搞不成的。" | 企业家认知动因↓企业家精神动因 | 企业家精神是企业家认知得以实现的催化剂 |

（1）企业外部的技术、市场、制度情境层面的显现特征是核心企业主导的开放式创新生态系统构建诱发的起点。情境是影响企业管理者战略决策和行为的关键因素[53]。而当前以技术复杂性、动态性、后发性为特征的技术情境，以市场需求多样性、市场竞争体系化为特征的市场情境，和以正式制度机会引导性、非正式制度压力驱动性为特征的制度情境，导致资源有限的单个企业不得不借助高校科研院所、技术领先企业、用户、供应商、政府等外部组织的资源能力，通过技术合作、技术联盟、技术引进、协同创新等多种方式来构建核心企业主导的开放式创新生态系统。因而，外部的技术、市场和制度情境的不同显现特征在"第一次序"诱发核心企业主导的开放式创新生态系统的构建。如于德海认为光洋科技是时代的企业，市场、技术和制度环境的特殊性造就了全技术链与全产业链的"光洋模式"。而外部情境特征并不需要全部显现，某一类特征显现即可以促使核心企业主导的开放式创新生态系统构建动因向下一个阶段传导。

（2）企业行为始于企业家对企业内外部环境的识别过程[232]。企业家注意力是连接内外部环境和企业家认知的重要环节，是企业家进行信息关注、转译和行动的基础[226]。因此，企业家对企业外部的技术、市场和制度环境及企业内部资源能力等情况的关注，是核心企业主导的开放式创新生态系统构建认知形成的前提。因而，企业家内外部的注意力配置在"第二次序"诱发核心企业主导的开放式创新生态系统的构建。如于德海强调对数控机床行业的市场、技术、政策情况及自身实力评估后选择开放式创新战略。而企业家同时实现内外部注意力配置才会促使核心企业主导的开放式创新生态系统构建动因向下一阶段传导。

（3）在企业家注意力内外部配置对企业内外部环境进行评估的基础之上，企业家根据收益增加和成本降低的经济性认知，以及资源获取和行业话语权的非经济性认知，形成核心企业主导的开放式创新生态系统构建必要性认知。因而，企业家经济性认知和非经济性认知在"第三次序"诱发核心企业主导的开放式创新生态系统的构建。如于德海对于企业内外部环境评估后认为光洋科技凭借开放式创新战略能够获益良多。而企业家认知层面的特征并不需要全部显现，某一类特征显现即可以促使核心企业主导的开放式创新生态系统构建动因向下一个阶段传导。

（4）尽管企业家基于经济认知或非经济认知觉察到核心企业主导的开放式创新生态系统构建的必要性，但是若缺乏包含挑战意识、创新意识和风险承担意识的企业家精神，企业家将缺乏核心企业主导的开放式创新生态系统的构建的勇气和能力。因而，企业家挑战意识、创新意识和风险承担意识在"第四次序"诱发核心企业主导的开放式创新生态系统的构建。如光洋科技董事长助理江世琳认为光洋高端数控机床创新生态圈的构建与于德海个人性格分不开。而当企业家同时具备挑战意识、创新意识和风险承担意识才会最终完成核心企业主导的开放式创新生态系统完成构建动因的传导。

对大机车的机车创新生态圈、瓦轴集团的轴承创新生态圈、三一重工的工程机械创新生态圈的典型事件进行梳理，均存在类似的传导路径。第一，从大机车的机车创新生态圈来看，其始于大机车的高层管理者对机车的技术复杂性、落后性、政府管控性等的评估，而后通过对自身优劣势的分析，识别到开放式创新能够降低机车研制成本和增加铁道部的订单收益，因此通过国外技术引进和国内联合消化吸收的借梯登高战略实现机车产品的快速研制和生产，在此过程中构建了大机车主导的机车创新生态圈。第二,从瓦轴集团的轴承创新生态圈来看,瓦轴集团基于对市场需求多样性、产品定制化、政府的正式和非正式支持等特征,结合自身轴承制造生产优势资源的评估,以及对中高端轴承预期的高利润认识,通过外脑战略来弥补自身在中高端轴承的设计开发、检测试验、基础理论等方面的不足并完成中高端轴承的研制和生产,在此过程中瓦轴集团逐渐形成了以自身为核心的轴承创新生态圈。第三,从三一重工的工程机械创新生态圈来看,始于三一重工董事长梁稳根等主要领导人对混凝土拖泵产品的市场需求多样化、市场竞争激烈、产品技术复杂性高等的判断,作为民营企业的三一重工受限于身份地位、资金实力、技术水平等资源的有限性,难以实现国外领先企业的自主创新和国内国有企业的技术引进,而采取开放式的战略获取人才、技术、资金等各种零散非优质资源,实现了高性价比混凝土拖泵产品的研制和服务体系的建立,在此过程中构建了以三一重工为核心的工程机械创新生态圈。

综上所述,核心企业主导的开放式创新生态系统构建动因沿着"技术、市场和制度情境层面→企业家注意力层面→企业家认知层面→企业家精神层面"的传导路径显现出技术复杂性、技术动态性、技术后发性、市场需求多样性、市场竞争体系化、正式制度机会引导性、非正式制度压力驱动性,以及内部注意力配置、外部注意力配置、经济性认知、非经济性认知、挑战意识、创新意识和风险承担意识的特征。不同来源层面依次显现不同特征时才能诱发核心企业主导的开放式创新生态系统的构建。其中,在"第一次序"的外部情境层面和"第三次序"的企业家认知层面并不需要全部特征显现,某一类特征显现即可完成核心企业主导的开放式创新生态系统构建动因的传导。而在"第二次序"的企业家注意力层面和"第四次序"的企业家精神层面需要同时显现所有特征才会完成核心企业主导的开放式创新生态系统构建动因的传导。

### 4.4.4 构建动因显现架构分析

从核心企业主导的开放式创新生态系统构建动因的来源层面、显现特征及其传导路径的分析可知，构建动因在企业外部和内部的六个层面显现出十四类特征，并且不同构建动因来源层面的显现特征之间存在特定的传导路径。进一步地，本研究沿着"情境→扫描解释→逻辑"的逻辑思路进行梳理，核心企业主导的开放式创新生态系统构建动因的显现架构得以涌现（见图4-9）。

核心企业主导的开放式创新生态系统的外部情境动因来源于技术情境层面、市场情境层面和制度情境层面。其中，技术情境层面显现出技术复杂性、技术动态性和技术后发性特征。现有文献注意到了技术复杂性和技术动态性会促进开放式创新实施和创新生态系统构建[106,158]，但是对于技术后发性却缺乏关注，这可能是相关研究均是基于西方企业或者情境开展的。然而，中国企业普遍面临的技术后发性特征是不容忽略的事实[223]，因此本章的研究弥补了这一点的不足。市场情境层面显现出市场需求多样性和市场竞争体系化特征，这两方面特征验证了市场需求和市场竞争对于开放式创新实施和创新生态系统构建的影响[27,103]。制度情境层面显现出正式制度机会引导性和非正式制度压力驱动性特征。现有研究关注到了制度因素在开放式创新实施及创新生态系统构建中所起到的作用，但是大多从正式制度所提供的机会引导性角度出发[157]，缺乏对非正式制度所带来的压力驱动性的观察。本章从这两个方面的探讨，为后续基于制度视角对于开放式创新生态系统的探讨奠定了基础。进一步地，以上技术、市场、制度情境层面的不同显现特征的发现，验证了现有研究中开放式创新及创新生态系统所具有的情境复杂性的特征[70,103]。

核心企业主导的开放式创新生态系统的内部企业家动因来源于企业家注意力层面、企业家认知层面和企业家精神层面。其中，企业家注意力层面显现出企业家内部注意力配置和企业家外部注意力配置特征。现有文并未关注企业家注意力对于开放式创新实施与创新生态系统构建的影响，本研究通过质性资料提炼出企业家注意力这一独特动因，并且基于内部注意力配置和外部注意力配置进行了细化。企业家认知层面显现出经济性认知和非经济性认知两个方面，这也验证了现有研究中开放式创新实施与创新生态系统构建动因从企业家认识视角的考量[121,122]。企业家精神层面显现出挑战意识、创新意识和风险承担意识三个方面，尽管现有研究中已经关注到了企业家精神对于创新至关重要[233]，但是却鲜有研究探讨企业家精神对于开放式创新生态系统构建的影响，本研究基于挑战意识、创新意识和风险承担意识三个维度对此进行了解剖。进一步地，以上企业家注意力、企业家认知和企业家精神等层面不同显现特征的发现，验证了企业家在企业战略和行为中的重要性[216]，同时也为后续基于企业家视角开展开放式创新生态系统的相关研究提供了思路借鉴。

核心企业主导的开放式创新生态系统构建动因存在特定的传导路径。其中，外部的技术、市场和制度层面的动因是核心企业主导的开放式创新生态系统构建诱发的起点，企业家注意力层面的动因是系统构建诱发的基础，是连接外部情境动因与企业家认知动因的中间环节，为企业家带领企业进行系统构建提供了可能性；而企业家认知是企业家注意力内外配置的结果，经济性认知和非经济性认知是系统构建诱发的核心动力，为企业家带领企业进行系统构建提供了必要性；而企业家精神层面的动因是企业家认知得以实现的催化剂，为企业家带领企业进行系统构建提供了行动力。因此，核心企业主导的开放式创新生态系统构建动因沿着"技术、市场和制度情境动因层面→企业家注意力层面→企业家认知层面→企业家精神层面"的传导路径显现。这一研究结果进一步在探讨核心企业主导的开放式创新生态系统来源层面和显现特征的基础上，厘清了不同层面动因之间的传导路径，丰富和发展了核心企业主导的开放式创新生态系统构建动因的显现架构。

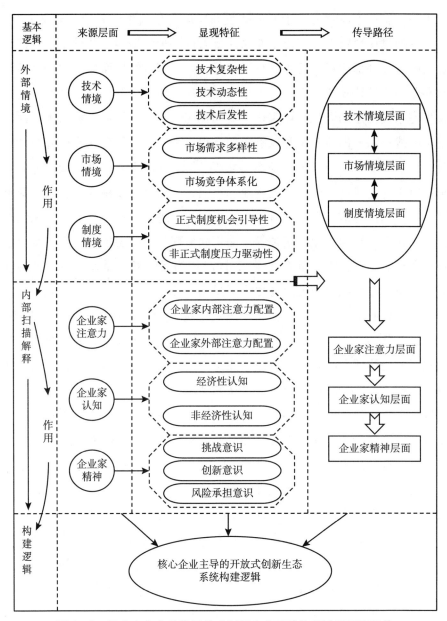

图 4 - 9　核心企业主导的开放式创新生态系统构建动因显现架构

## 4.5　本章小结

　　本章采用探索性多案例研究方法、内容分析法、典型事件分析法和文献分析法组成的混合研究方法，选取光洋科技主导的高端数控机床创新生态圈、大机车主导的机车创新生态圈、瓦轴集团主导的轴承创新生态圈、三一重工主导的工程机械创新生态圈为研究对象，对核心企业主导的开放式创新生态系统构建动因的来源层面、显现特征和传导路径进行研究。本章的主要研究结论如下。

　　（1）核心企业主导的开放式创新生态系统构建动因来源于企业内外部的不同层面。其中，外部情境构建动因来源于技术情境层面、市场情境层面和制度情境层面；内部企业家构建动因来源于企业家注意力层面、企业家认知层面和企业家精神层面。不同来源层面显现不同特征时才能诱发核心企业主导的开放式创新生态系统的构建。

　　（2）企业在内外部六个层面上显现十四类特征诱发核心企业主导的开放式创新生态系统的构建。在技术情境层面显现出技术复杂性、技术动态性和技术后发性三类特征；在市场情境层面上显现出市场需求多样性和竞争体系化两类特征；在制度情境层面显现出正式制度机会引导性和非正式制度压力驱动性两类特征；在企业家注意力层面显现出内部注意力配置与外部注意力配置两类特征；在企业家认知层面显现出经济性认知和非经济性认知两类特征；在企业家精神层面显现出挑战意识、创新意识和风险承担意识三类特征。

　　（3）核心企业主导的开放式创新生态系统构建动因沿着"技术、市场和制度情境层面→企业家注意力层面→企业家认知层面→企业家精神层面"的传导路径显现特定特征驱动企业构建核心企业主导的开放式创新生态系统。其中，在"第一次序"的外部情境层面和"第三次序"的企业家认知层面并不需要全部特征显现，某一类特征显现即可完成核心企业主导的开放式创新生态系统构建动因的传导。而在"第二次序"的企业家注意力层面和"第四次序"的企业家精神层面需要同时显现所有特征才会完成核心企业主导的开放式创新生态系统构建动因的传导。

# 第 5 章

# 核心企业主导的开放式创新生态系统
# 构建逻辑研究

第 4 章核心企业主导的开放式创新生态系统构建动因的厘清为我们接下来的研究提供了很好的起点。本章将聚焦于"核心企业主导的开放式创新生态系统构建逻辑"进行探讨。具体来看，本章采用探索性多案例研究方法、认知地图分析法、典型事件分析法和文献分析法组成的混合研究方法，以核心企业主导的开放式创新生态系统的典型代表大机车主导的机车创新生态圈、瓦轴集团主导的轴承创新生态圈、三一重工主导的工程机械创新生态圈为案例研究对象，结合认知地图分析和典型事件分析，遵循"情境动因—认知地图/典型事件分析—构建逻辑"的基本思路，探讨核心企业主导的开放式创新生态系统构建逻辑。

## 5.1 问题提出

针对开放式创新生态系统的研究集中在概念内涵和基本特征的"是什么"方面。前文已经通过构建动因显现架构探讨了核心企业主导的开放式创新生态系统"为什么"构建，而核心企业主导的开放式创新生态系统不仅仅缺少对其"为什么"构建的研究，同时缺少对"如何"构建的关注。探讨"如何"构建的关键在于厘清管理者对构建动因进行分析之后形成构建的主导逻辑，这是指导系统构建过程的核心原则和总体战略。进一步地，现有研究认可了核心企业的主导逻辑对于创新生态系统的构建和演化具有重要影响[42-44]，但是大多仅仅停留在碎片化地探讨内外部因素对于创新生态系统构建的影响上[71,121,122,157,160]，而缺乏进一步深入探讨核心企业经过对内外部影响因素评估后所形成的构建主导逻辑这一本质层面的研究。因此，本章来探讨核心企业主导的开放式创新生态系统构建逻辑类型及其形成机理。

本研究以核心企业主导的开放式创新生态系统的典型代表大机车主导的机车创新生态圈、瓦轴集团主导的轴承创新生态圈、三一重工主导的工程机械创新生态圈开展探索性多案例研究，遵循"情境动因—认知地图/典型事件分析—构建逻辑"的基本思路，探讨核心企业主导的开放式创新生态系统构建逻辑。首先，基于文献综述中对开放式创新生态系统、创新生态系统的构建逻辑等研究的回顾，形成本章核心企业主导的开放式创新生态系统构建逻辑的一般分析框架。其次，对三家企业主导的创新生态圈的构建逻辑进行探索性研究，综合运用认知地图分析和典型事件分析，识别核心企业主导的开放式创新生态系统构建逻辑类型及其特征。最后，通过对三家企业主导的创新生态圈的构建逻辑的归纳和解剖，探讨核心企业主导的开放式创新生态系统构建逻辑的形成机理。

## 5.2 构建逻辑的分析框架

现有文献对于开放式创新生态系统、创新生态系统的构建逻辑等研究为核心企业主导的开放式创新生态系统构建逻辑的探讨提供了基础，但是现有研究大多仅仅停留在碎片化地探讨内外部因素对于创新生态系统构建的影响上，而缺乏进一步深入探讨核心企业经过对内外部影响因素评估后所形成的构建主导逻辑这一本质层面的研究。基于此，本章构建了如图 5 - 1 所示的核心企业主导的开放式创新生态系统构建逻辑的一般性分析框架。

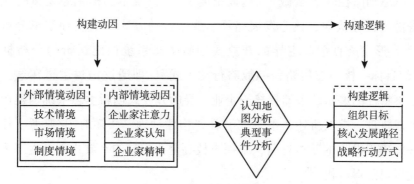

图 5 - 1　核心企业主导的开放式创新生态系统构建逻辑的分析框架

　　首先，构建动因是构建逻辑的起点。主导逻辑作为管理者对外部环境的观察透镜（Lens），实现对企业外部的市场信息、资源情况等信息的过滤，同时也促使管理者针对自身认知、心智、理念等的归纳梳理，为企业提供发展思路[234,235]。而主导逻辑的相关研究都强调主导逻辑的形成和作用发挥是离不开它所赖以存在的情境的[60,214,215]。因此，上一章不同内外部情境上核心企业主导的开放式创新生态系统构建动因是构建逻辑研究的基础。

　　其次，基于本章所要探讨的问题是管理者的思维逻辑，必须对管理者的决策逻辑与认知特点进行详细分析，因此本部分引入了管理认知领域常用的认知地图分析法和典型事件分析法。其中，认知地图是一种图形表征，在关注整体逻辑的同时也对细节进行归纳式分析，厘清分析对象与外部环境之间的关系，从而实现认知主体思想元素的可视化[64]，清楚展现个人表达的概念及概念之间因果依赖的定向连接因果关系网络[65]。在此基础上通过对构建逻辑相关的典型事件的识别，对认知地图反映的关键构念及其构建逻辑予以佐证，因此基于"认知地图＋典型事件"分析相结合的研究路径，来提炼构建逻辑的类型和特征。

最后，构建逻辑是具有一定认知结构的，本研究结合武亚军对战略框架式思考的"战略意图（我是谁、向哪儿去）、基本战略回路（如何去）和战略驱动路径（怎么做）"构成维度[216]，以及单国栋主导逻辑的"组织身份与目标认知、核心发展路径、战略行动方式"的主导逻辑分析框架[60]，形成核心企业主导的开放式创新生态系统构建逻辑的分析框架"组织目标→核心发展路径→战略行动方式"，即通过构建逻辑在这三个维度下特征的展示，来捕捉核心企业主导的开放式创新生态系统构建逻辑的形成机理。综上所述，本研究沿着"构建动因—认知地图/典型事件分析—构建逻辑"的基本思路，来探讨核心企业主导的开放式创新生态系统构建逻辑的形成机理。

## 5.3 研究设计

根据第 3 章的"3.2 方法选择"和"3.3 案例选择"可知，子研究二核心企业主导的开放式创新生态系统构建逻辑采用探索性多案例研究方法、认知地图分析法、典型事件分析法和文献分析法组成的混合研究法。根据产业典型性、企业典型性、内容适配性和数据可获得性的原则，选择大机车主导的机车创新生态圈、瓦轴集团主导的轴承创新生态圈、三一重工主导的工程机械创新生态圈为案例研究对象。基于此，本章确定了如下的数据收集和数据分析策略。

（1）数据收集。

本研究的案例数据主要包括一手资料和二手资料两种类型，其中大机车主导的机车创新生态圈和瓦轴集团主导的轴承创新生态圈以一手资料为主，而三一重工作为上市公司，相关的企业资料，以及针对董事长、总裁等主要领导的视频发言资料非常丰富且能够满足本研究的需求，因此三一重工主导的工程机械创新生态圈的资料通过官方网站、新闻网页等二手渠道收集。由于本书的研究主题为核心企业主导的开放式创新生态系统，因此相关资料主要通过核心企业收集，少量通过相关合作对象收集。

一方面，一手资料。一手资料主要通过半结构化访谈和非正式访谈两种方式收集。访谈过程由所在团队老师主持，而其他在场的成员同步记录，经被访者允许后通过录音设备进行录音。由于上一章对大机车主导的机车创新生态圈和瓦轴集团主导的轴承创新生态圈的构建动因开展了分析，因此与上一章针对两个研究对象的数据收集过程和方式相同，一手资料的访谈依然采取半结构访谈和非正式访谈两种方式，而访谈的对象依然针对大机车的董事长、总经理、副总经理、总工程师、技术开发部部长、规划发展部部长、退休人员，以及瓦轴董事长、副总经理、董事长助理、技术部部长、市场部部长、普通员工等共计 23 人次访谈，具体分三个阶段执行，包括概括性访谈初步确定访谈框架、深度访谈厘清案例事实、补充验证访谈实现数据交叉验证。而此过程与第 3 章的针对两家企业的创新生态圈构建动因的访谈过程相一致，这两个主题的访谈是并行开展的。在每次访谈中，在针对核心企业主导的开放式创新生态系统构建动因的访谈（详细请参考"4.2 研究设计"小节中的数据收集内容描述）完成后，会继续针对核心企业主导的开放式创新生态系统构建逻辑进行访谈，关于构建逻辑的访谈内容如表 5-1 所示。此外，还针对大机车和瓦轴集团的开放式创新对象大连 THK 有限公司、大连理工大学等开展了少量访谈进行交叉验证。在具体实施中，研究团队保证在访谈后的 24 小时内重听并整理相关的录音和笔记，将录音转录为文字，以及时捕捉关键信息。最终整理得到总计约 21 万字的访谈资料。

另一方面，二手资料。本研究还通过新闻报道、档案资料（企业宣传手册、内部档案等）、学术论文和官方网站来收集相关二手资料。在对三家企业的构建动因的案例信息检索和筛选的同时，也对三家企业构建

逻辑的案例信息进行检索和筛选。由于构建动因与构建过程的具体典型
证据的二手材料具有很大的重复性，因此在构建逻辑的二手资料与构建
动因的二手资料进行了同步搜索和合并处理。此外，本研究还尽可能地
通过三家企业合作对象的官方网站收集数据，从而针对从三家企业收集的
相关资料进行验证。二手资料的收集先于访谈调研并伴随一手资料收集全
程，对二手资料中相互矛盾的数据，在访谈中同相关人员予以求证，确保
信息的准确性。通过不同来源收集到的材料的交叉验证，避免了共同方法
偏差[56]。

表 5 - 1 访谈记录

| 企业 | 访谈对象 | 访谈内容 | 访谈次数 | 时间/min | 文字 |
|---|---|---|---|---|---|
| 大大机车 | 董事长 | 公司发展历程、里程碑事件、四大产品平台发展、借梯登高战略、引进消化吸收再创新战略等其他战略性问题 | 2 | 112 | 14 557 |
| | 总经理 | 公司发展历程、里程碑事件、四大产品平台发展、借梯登高战略、引进消化吸收再创新战略等其他战略性问题 | 2 | 125 | 15 683 |
| | 副总经理 | 电力机车发展历程、引进消化吸收创新过程、技术创新细节等相关问题；柴油机发展历程、引进消化吸收创新过程、技术创新细节等相关问题；城轨车辆发展历程、引进消化吸收创新过程、技术创新细节等相关问题 | 2 | 154 | 17 363 |
| | 总工程师 | 公司发展历程、里程碑事件、四大产品平台发展、企业借梯登高战略、引进消化吸收再创新等其他战略性问题 | 1 | 102 | 13 868 |
| | 技术开发部部长 | 公司技术发展历程、四大产品平台技术现状、技术创新相关细节、技术相关关键事件等 | 2 | 221 | 28 351 |
| | 规划发展部部长 | 公司发展历程、公司行业背景、未来规划等 | 1 | 67 | 8 832 |
| | 退休职工 | 公司发展历程、关键事件等 | 3 | 185 | 23 659 |

续表

| 企业 | 访谈对象 | 访谈内容 | 访谈次数 | 时间/min | 文字 |
|---|---|---|---|---|---|
| 瓦瓦轴集团 | 董事长 | 公司发展历程、轴承行业的现状、产品体系、外脑战略出发点及实施状况、研发战略实施情况、外部合作情况 | 1 | 97 | 11 737 |
| | 副总经理 | 公司发展历程、轴承行业的现状、产品体系、外脑战略出发点及实施状况、研发战略实施情况、外部合作情况 | 2 | 168 | 19 265 |
| | 董事长助理 | 公司发展历程、轴承行业的现状、产品体系、外脑战略出发点及实施状况、研发战略实施情况、外部合作情况 | 1 | 65 | 8 027 |
| | 技术部部长 | 公司发展历程、产品体系、研发战略及具体实施情况、外脑战略的实施状况、瓦轴的外部技术合作 | 3 | 289 | 32 034 |
| | 市场部部长 | 公司发展历程、产品体系、市场战略及市场占有率、市场推广策略 | 1 | 79 | 9 558 |
| | 普通员工 | 公司发展历程、关键事件等 | 2 | 135 | 15 930 |
| 合计 | | | 23 | 1 799 | 218 864 |

注：三一重工主要通过二手资料收集。三一重工作为上市公司，相关的企业资料，以及针对董事长梁稳根、总裁向文波等主要领导的视频发言资料非常丰富且能够满足本研究的需求，因此三一重工主导的工程机械创新生态圈的资料通过官方网站、新闻网页等二手渠道收集。

（2）数据分析。

本研究遵循"分析性归纳"的质性研究原则，参考许庆瑞等[58]、吕一博等[59]、苏敬勤和单国栋[237]、苏敬勤和单国栋[66]的案例研究流程，对案例数据进行如下处理和分析。

首先，本研究作者通过对案例信息的反复阅读与研讨，识别与大机车、瓦轴集团、三一重工创新生态圈相关的里程碑事件及背景数据，从而形成大机车主导的机车创新生态圈、瓦轴集团主导的轴承创新生态圈、三一重工主导的工程机械创新生态圈的整体脉络及主要架构。

其次，借鉴苏敬勤和单国栋[66,237]的方法，基于认知地图对三家企业主导的创新生态圈的大量定性资料进行分析，抽离、提炼与构建逻辑相关构念及构念的关系。在管理认知领域，认知地图（cognitive map）已经成为一种分析个人或组织问题的因果逻辑的常用工具[61-63,238]，并取得了良好效果。其可以清楚展现个人表达的概念及概念之间的因果关系网络[65]。遵循前文提到的认知地图的绘制和分析过程（见"1.6.1 研究方法"小节），本部分在三家企业主导的创新生态圈认知地图绘制完成后，通过族群分析和回路分析进一步挖掘核心企业主导的开放式创新生态系统构建逻辑的内涵和特征。由此，可以得出三大企业主导的创新生态圈构建逻辑的关键构念及相互关系，进而对其构建逻辑类型进行界定和特征分析。

最后，基于不同企业构建逻辑的相关典型事件，对核心企业主导的开放式创新生态系统构建逻辑的变量及其逻辑关系进行验证。综合一手资料和二手资料所获得的案例信息进行分析，识别三大企业主导的创新生态圈的相关典型事件169件（$E_x$），典型事件举例如表5-2所示，然后结合典型事件对关键构念及其关系进行确认。在此过程中，不断与现有文献进行对比，寻找相同点和差异点，发掘涌现的潜在规律[56]。

表5-2 典型事件举例

| 企业 | 典型事件 | 合计 |
|---|---|---|
| 大机车 | （$E_5$）铁道部决定"十五"期间铁路运输由内燃机车为主转为电力机车为主，大机车决定进军电力机车，引进日本东芝的 HXD3 电力机车，并联合中标 | 63 |
| | （$E_{13}$）大机车识别"提速+重载"是中国未来电力机车的发展方向，大机车通过与加拿大庞巴迪的技术合作，研发 9 600 kW 大功率交流货运电力机车 | |
| | （$E_{35}$）大机车为了快速响应铁道部的内燃机车提速重载要求，在世界范围内广泛寻求合作伙伴，最终引进了美国 EMD 公司的 HXN3 内燃机车，并联合国内的永济电机厂、大连理工大学等实现消化吸收和国产化 | |
| | …… | |

续表

| 企业 | 典型事件 | 合计 |
|------|---------|------|
| 瓦轴集团 | （$E_{76}$）瓦轴集体通过与英国 Romax 建立全球轴承联合仿真技术中心来弥补轴承设计开发能力不足的劣势 | 55 |
| | （$E_{82}$）瓦轴集团通过与英国泰勒霍普森有限公司建立轴承测量和检测的联合实验室来弥补轴承检测试验能力不足的劣势 | |
| | （$E_{98}$）瓦轴集团与大连理工大学合作来弥补轴承关键共性技术积累的不足 | |
| | …… | |
| 三一重工 | （$E_{134}$）三一重工董事长梁稳根去北京邀请中国液压专家易小刚加盟三一重工开展工程机械产品的研制 | 51 |
| | （$E_{146}$）三一重工通过通用技术的学习、标准件的采购完成混凝土拖泵研制 | |
| | （$E_{158}$）三一重工通过对中国丰富的工程机械人才的搜集和整合来构建完善的服务体系 | |
| | …… | |
| 合计 | | 169 |

## 5.4　案例描述

### 5.4.1　大机车的机车创新生态圈

针对大机车的基本概况、发展历程和大机车主导的机车创新生态圈的具体情况已经在上一章做了详尽介绍（详细内容请参考"4.3.1 案例描述"小节对应内容），这里不再赘述。进一步地，这里重点对大机车的机车创新生态圈构建的主导逻辑进行阐释。

大机车主导的机车创新生态圈得以构建的关键在于大机车紧紧抓住国家铁路装备现代化建设的历史机遇，在蒸汽机车向内燃机车跨越、内燃机车向电力机车跨越、内燃机车和电力机车提速重载的升级、柴油机的功能拓展、城轨车辆的大爆发等一次次的机会出现过程中，大机车基本上做到了对于机车行业发展趋势的提前预判和迅速跟进，以"引进先进技术，联合设计生产，打造中国品牌"为核心的战略模式，紧跟中国机车行业的发展趋势，快速引进国外领先企业的相关成熟技术，联合国内单位进行消化吸收改进再创新，迅速满足以铁道部为核心用户的性能和参数要求，实现了跨越式发展。在此过程中，大机车通过与国外领先企业技术引进、与国内单位的消化吸收、与政府部门的正式与非正式关联等，逐渐形成了以自身为核心、四大产品平台为基础的机车创新生态圈。

### 5.4.2 瓦轴集团的轴承创新生态圈

针对瓦轴集团的基本概况、发展历程和瓦轴集团主导的轴承创新生态圈的具体情况已经在上一章做了详尽介绍（详细内容请参考"4.3.1 案例描述"小节对应内容），这里不再赘述。进一步地，这里重点对瓦轴集团的轴承创新生态圈构建的主导逻辑进行阐释。

瓦轴集团主导的轴承创新生态圈得以构建的关键在于瓦轴集团经过多年的装备引进和工艺升级使得瓦轴集团的轴承制造生产水平已处于领先地位，这构成了瓦轴集团的优势资源。而生产低端轴承会让瓦轴陷于价格竞争的泥潭无法自拔，也是对瓦轴先进制造生产水平的极大浪费，因此瓦轴集团通过定位于中高端轴承产品来充分利用其先进制造生产水平优势，而中高端产品需要瓦轴不仅仅具备先进的轴承制造生产水平，还需要瓦轴具备轴承的设计开发、检测试验的相关能力。基于此，瓦轴利用其先进的制造生产水平带来的优势，通过收购具备百年历史的德国 KRW，以及与英国 Romax 共建全球轴承联合仿真中心等方式来弥补设计开发能力的不足；通过与全球精密测量领域的领先企业英国泰勒霍普森公司共建联合实验室、联合杭州检测中心共建检测平台等方式来弥补检测试验能力的不足；通过与大连理工大学、中科院、北京科技大学、东北大学等基于科研项目、合作开发等多种方式弥补基础理论的不足。在此基础上，构建了"制造生产＋设计开发＋检测试验＋基础理论"的优势资源与互补资源的组合，促使瓦轴集团能够生产中高端产品，在此过程中构建了以瓦轴集团为核心的轴承创新生态圈。

### 5.4.3　三一重工的工程机械创新生态圈

针对三一重工的基本概况、发展历程和三一重工主导的工程机械创新生态圈的具体情况已经在上一章做了详尽介绍（详细内容请参考"4.3.1 案例描述"小节对应内容），这里不再赘述。进一步地，这里重点对三一重工的工程机械创新生态圈构建的主导逻辑进行阐释。

三一重工主导的工程机械创新生态圈得以构建的关键在于三一重工通过对行业空间、产品现状、竞争对手的分析，明确了三一重工以工程机械的混凝土拖泵产品为核心突破口，进一步对用户的品质、价格、服务等诉求进行清晰识别界定，确定提供品质高、价格适中、服务及时完善的混凝土拖泵产品来满足用户的需求。然而作为民营企业的三一重工受限于身份地位、资金实力、技术水平等资源的有限性，难以实现国外领先企业的技术自主创新和国内国有企业的技术引进的方式，三一重工提出开放式的资源获取战略，通过人才、技术、资金等各种零散非优质资源的拼凑，实现了高性价比混凝土拖泵产品的研制和服务体系的建立，促使以国外品牌产品为主的格局转变为三一重工混凝土拖泵产品为主的格局，实现了进口替代。随后，三一重工复制此产品研制和服务模式到混凝土输送泵、挖掘机等相关产品中，也逐渐取得了成功，促使三一重工成长为国内最大的工程机械制造商，在此过程中三一重工完成了以产品和服务为核心的工程机械创新生态圈的构建。

综上所述，大机车、瓦轴集团、三一重工三家装备制造企业分别主导构建了各自的创新生态圈。在创新生态圈构建过程中，三家企业根据所在行业及自身内外部处境的差异，选择不同的方式来实现突围。大机车以国家机车行业机会的快速捕捉为其战略行为的关键，瓦轴集团以自身轴承制造生产水平的充分开发利用为其动作的核心，三一重工以工程机械行业和混凝土拖泵的精准定位及用户需求的协同满足为企业差异化创新的焦点，最终三家企业都成长为各自行业的佼佼者。尽管三家企业选择的方式具有差异性，但是在其突围过程中，却具有贯穿始终的共性特征。无论是大机车的借梯登高战略、瓦轴的外脑战略，还是三一重工的开放式资源获取战略，都以对外开放而非自我封闭的方式来充分借助外部的资源实现自身发展，并且还对外输出技术、人才等帮助供应商、客户等快速成长，在此过程中逐渐形成了以自身为核心的创新生态圈。因此，三家装备制造企业主导构建的创新生态圈为本部分研究的开展提供了合适的案例研究对象。

## 5.5　案例分析与讨论

本部分主要对核心企业主导的开放式创新生态系统构建逻辑形成机理进行分析。首先，通过认知地图中的族群分析和回路分析，识别核心企业主导的开放式创新生态系统构建逻辑的相关变量及关系；其次，基于不同企业的构建逻辑的相关典型事件，对核心企业主导的开放式创新生态系统构建逻辑的变量及其逻辑关系进行确认；最后，通过对三家企业主导的创新生态圈的构建逻辑的解剖归纳，探讨核心企业主导的开放式创新生态系统构建逻辑的形成机理。

在具体分析过程中，对于构建动因的分析，本部分借鉴上一章节提炼的核心企业主导的开放式创新生态系统构建动因所包含的技术情境、市场情境、制度情境的外部情境动因以及企业家注意力、企业家认知、企业家精神的内部情境构建动因进行分析。对于构建逻辑的分析，借鉴单国栋的包含组织身份与目标认知、核心发展路径、战略行动方式的主导逻辑分析框架[60]和武亚军的包含战略意图、基本战略回路和战略驱动路径的战略框架式思考的分析路径<sup>[216]</sup>，本研究从组织目标、核心发展路径、战略行动方式三个方面对构建逻辑进行分析。其中，组织目标是关于"我是谁，向哪去"的问题，即确定企业发展目标、战略意图等的基本使命，促使资源配置有了方向；核心发展路径是关于"如何去"的问题，即明确企业整体战略框架，确定企业战略发展的基本逻辑，使得企业具备可行的发展路径；战略行动方式是关于"怎么做"的问题，即根据企业发展的基本逻辑，确定企业具体的发展实现方式。

### 5.5.1　大机车的机车创新生态圈构建逻辑分析

（1）认知地图分析。遵循前文提到的认知地图的绘制步骤，形成了大机车的机车创新生态圈构建的认知地图如图 5 - 2 所示。一方面，进行族群分析。一般情况下，认知地图内部节点之间的连线多少存在区别，而根据节点之间连线的多少程度，可以将认知地图划分为几个族群，在族群内部的节点之间的连线较多，反之较少。而可以根据认知地图中的族群分布来梳理管理者认知的阶段性特征和分布特征<sup>[238]</sup>。根据大机车的认知地图，发现其可以划分为四个族群（黑体虚线分开）。族群一为内燃机车族群，族群二为电力机车族群，族群三为柴油机族群，族群四为城轨车辆族群，这四个族群分别代表了大机车的机车创新生态圈中内燃机车、电力机车、柴油机、城轨车辆四大产品平台的子创新生态圈的构建历程，为本研究更加清晰地展现大机车主导的机车创新生态圈的构建逻辑提供了支持。另一方面，进行回路分析。在认知地图中，从某一节点的初始概念到某一节点的末尾概念构成某一回路，可以比较清晰且集中地反映主体认知脉络的核心观点和特征。在四个族群内部，分别对认知地图进行回路分析。以电力机车族群为例，首先，电力机车族群存在着一条回路"铁道部由内燃转电力机车且要求提速重载→电力机车技术无积累且技术复杂/电力机车竞争激烈/内燃机车市场饱和/国家重大需求→内燃机车技术领先且可移植到电力机车→国外电力机车技术先进→铁道部支持技术引进→获取铁道部订单→机车摇篮历史使命→内电并举战略的提出",这条回路表征大机车的组织目标,展现出机会识别的特征,即识别内燃机车向电力机车转变及提速重载的机会。

其次,电力机车族群存在一条回路"内电并举战略的提出→铁道部提出技术参数和性能等招标要求→最先达到招标要求将获取巨大优势→时间就是生命→快速响应铁道部需求才是关键→自行研发需要长周期还不一定成功→合作开发周期也较长→时间过长会失去蓬勃发展的电力机车市场→需要快速行动进入电力机车领域",这条回路表征大机车的核心发展路径,展现出快速行动的特征,即大机车提出内电并举战略后认为通过快速行动才能够把握住这次机会。

最后,电力机车族群存在一条回路"需要快速行动进入电力机车领域→向国内电力机车企业学习仿制 SS4 及 SS3B/同大同电力机车联合开发 SS7E→弥补电力机车基础薄弱的劣势→引进日本东芝公司的 HXD3 电力机车/引进加拿大庞巴迪公司的电力机车技术→引进德国福伊特公司驱动装置技术/引进加拿大 Bombardier 机车整体设计→迅速研制成功 HXD3 及 HXD3B 电力机车→获得北车集团的订单→联合永济电机厂西安电机厂实现零部件国产化/联合西南交大、大工、铁道学院零部件国产化/与日本东芝建立合资公司→提升电力机车的国产化率→衍生研制 HXD3C/D 电力机车",这条回路表征大机车的战略行动方式,展现出以实现目标为导向的即兴行为特征,即大机车通过国外先进技术引进和国内联合消化吸收再创新的方式实现电力机车的研制和生产,捕捉到内燃机车转向电力机车及提速重载的机会。在大机车的内燃机车族群、柴油机族群、城轨车辆族群存在同样的以机会识别为特征的组织目标回路、以快速行动为特征的核心发展路径回路、以目标导向的即兴行为为特征的战略行动方式回路,如表 5 - 3 所示。

(2)典型事件分析。在上述大机车的机车创新生态圈构建的认知地图分析基础之上,借助 Atlas. ti 辅助搜索相关的 63 件典型事件,对认知地图提炼的关键变量表现特征及其关系进行进一步分析和确认,大机车的机车创新生态圈典型事件分析如表 5 - 4 所示。

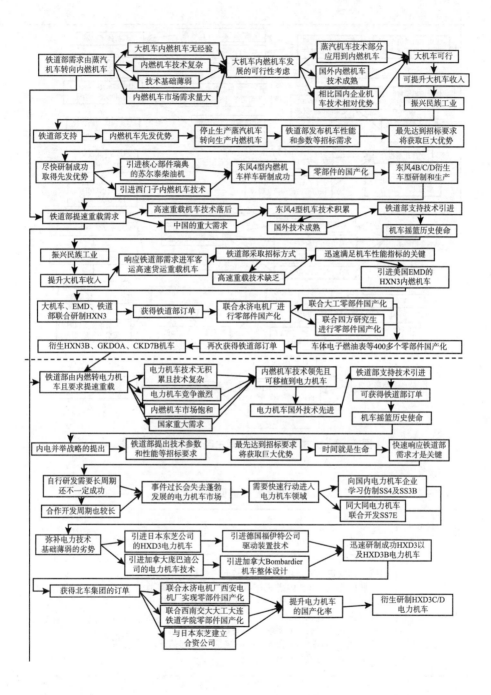

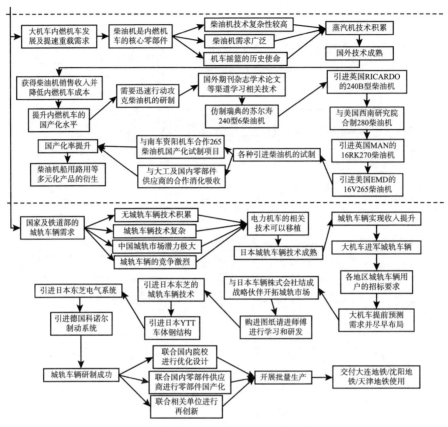

图 5-2　大机车的机车创新生态圈构建认知地图

表 5-3　　　　　　　　　大机车认知地图关键回路及其特征

| 族群 | 分析层面 | 回路 | 特征 |
|---|---|---|---|
| 族群一：内燃机车族群 | 组织目标 | 回路一：铁道部需求由蒸汽机车转向内燃机车→大机车内燃机车无经验/内燃机车技术复杂/技术基础薄弱/内燃机车市场需求量大→……→停止生产蒸汽机车转向生产内燃机车<br>回路二：铁道部提速重载需求→高速重载内燃机车技术落后/中国的重大需求→……→响应铁道部需求进军客运高速货运重载机车 | 机会识别：识别蒸汽机车向内燃机车转变以及内燃机车提速重载的机会 |

| 族群 | 分析层面 | 回路 | 特征 |
|---|---|---|---|
| 族群一：内燃机车族群 | 核心发展路径 | 回路一：大机车停止生产蒸汽机车转向生产内燃机车→……→尽快研制成功取得先发优势<br>回路二：响应铁道部需求进军客运高速货运重载机车→……→迅速满足机车性能指标是关键 | 快速行动：大机车快速行动是把握住蒸汽向内燃机车转变以及提速重载机会的关键 |
| | 战略行动方式 | 回路一：尽快研制成功取得先发优势→引进核心部件瑞典的苏尔泰柴油机/引进西门子内燃机车技术→东风4型内燃机车样车研制成功→零部件的国产化→东风4B/C/D衍生车型研制和生产<br>回路二：迅速满足机车性能指标是关键→引进美国EMD的HXN3内燃机车→……→再次获得铁道部订单→衍生HXN3B、GKD0A、CKD7B机车 | 以实现目标为导向的即兴行为：大机车通过国外内燃机车先进技术的引进和国内联合消化吸收再创新实现内燃机车的研制和生产 |
| 族群二：电力机车族群 | 组织目标 | 铁道部由内燃转电力机车且要求提速重载→电力机车技术无积累且技术复杂/电力机车竞争激烈/内燃机车市场饱和/国家重大需求→内燃机车技术领先且可移植到电力机车→……→内电并举战略的提出 | 机会识别：识别内燃机车向电力机车转变及提速重载的机会 |
| | 核心发展路径 | 内电并举战略的提出→铁道部提出技术参数和性能等招标要求→最先达到招标要求将获取巨大优势→时间就是生命→……→时间过长会失去蓬勃发展的电力机车市场→需要快速行动进入电力机车领域 | 快速行动：大机车提出内电并举的战略并通过快速研发和生产电力机车才能够把握住机会 |
| | 战略行动方式 | 需要快速行动进入电力机车领域→向国内电力机车企业学习仿制SS4及SS3B/同大同电力机车联合开发SS7E→弥补电力机车基础薄弱的劣势→……→提升电力机车的国产化率→衍生研制HXD3C/D电力机车 | 以实现目标为导向的即兴行为：大机车通过国外电力机车先进技术引进和国内联合消化吸收再创新的方式实现电力机车的研制和生产 |
| 族群三：柴油机族群 | 组织目标 | 大机车内燃机车发展及提速重载需求→柴油机是内燃机车核心零部件→柴油机技术复杂性较高/柴油机需求广泛/机车摇篮的历史使命→蒸汽机技术积累→……→提升内燃机车的国产化水平→进入柴油机领域 | 机会识别：大机车识别内燃机车快速发展带来的柴油机需求机会 |
| | 核心发展路径 | 进入柴油机领域→柴油机技术是内燃机车核心技术→柴油机是获取铁道部内燃机车订单关键→内燃机车的招标需求需快速满足→迅速行动研制柴油机 | 快速行动：大机车快速行动是实现柴油机研制的关键 |

| 族群 | 分析层面 | 回路 | 特征 |
|---|---|---|---|
| 族群三：柴油机族群 | 战略行动方式 | 迅速行动研制柴油机→国外学术论文学习技术→仿制瑞典的苏尔寿240柴油机→引进英国RICARDO的240B型柴油机→与美国西南研究院合制280柴油机→……→国产化率提升→船用路用柴油机等多元化产品的衍生 | 以实现目标为导向的即兴行为：大机车通过国外柴油机先进技术引进和国内联合消化吸收再创新实现柴油机的研制和生产 |
| 族群四：城轨车辆族群 | 组织目标 | 国家及铁道部的城轨车辆需求→无城轨车辆技术积累/城轨车辆技术复杂/中国城轨市场潜力极大/城轨车辆的竞争激烈→……→城轨车辆实现收入提升→大连机车进军城轨车辆 | 机会识别：大机车识别中国城轨车辆需求巨大的机会 |
| | 核心发展路径 | 大机车进军城轨车辆→各地区城轨车辆用户的招标要求→大连机车提前预测需求并尽早布局 | 快速行动：大机车快速满足用户需求是把握机会的关键 |
| | 战略行动方式 | 大连机车提前预测需求并尽早布局→与日本车辆株式会社结成战略伙伴开拓城轨市场→……→联合国内院校进行优化设计/联合国内零部件供应商进行零部件国产化/联合相关单位进行再创新→开展批量生产→交付大连地铁/沈阳地铁/天津地铁使用 | 以实现目标为导向的即兴行为：大机车通过国外先进城轨车辆技术引进和国内联合消化吸收再创新实现城轨车辆的研制和生产 |

注：……表示篇幅限制省略中间内容，完整内容请查看图5－2。

表5－4　　　　　　　　大机车的机车创新生态圈典型事件分析

| 维度 | 典型证据举例 | 分析提炼 | 特征 |
|---|---|---|---|
| 外部情境动因 | 铁道部决定"十五"期间铁路运输由内燃机车为主转为电力机车为主，在一些老干线和新建线路上要基本实现电气化。大机车先后接受江泽民、胡锦涛、李克强等领导人考察，并提出"像大连机车这样的企业，是关系到国计民生和国家经济战略安全的骨干企业，是'国家队'，承担着振兴民族工业的历史重任"。国内机车技术落后，机车研制不是大机车一家单位能完成的，因此大机车形成了"引进先进技术，联合设计生产，打造中国品牌"战略，与国外多家企业建立技术合作关系，同时承担了内燃机车和电力机车两大产品的引进消化吸收再创新项目 | 国家政策领导视察领导指示技术复杂技术落后 | 制度情境表现出正式制度机会引导性和非正式制度压力驱动性特征；技术情境表现出技术复杂性和技术后发性特征 |

续表

| 维度 | 典型证据举例 | 分析提炼 | 特征 |
|---|---|---|---|
| 内部情境动因 | 通过对内燃机车行业及大机车优势的分析，认识到蒸汽机车部分技术可以移植并且国外技术成熟，更重要的是进入到内燃机车可以为大机车带来可观的铁道部订单，越早进入就越能够获得铁道部的支持，获得先发优势和行业话语权。此外，大机车作为中国机车摇篮，承担着振兴民族工业的历史重任，必须有所作为，因此大机车决定进入到内燃机车领域 | 收入提升行业话语权先发优势 | 具有获取收益的经济性认知及获得资源和行业话语权的非经济性认知 |
| 组织目标 | 2006 年，客货车速度偏慢重载能力不足制约经济发展。铁道部机车牵引要从 3 000 吨增加到 5 000 ~ 10 000 吨。《铁路机车车辆工业科技发展"十五"计划纲要》也提出，要采用国外流行的交流传动技术，研制最高速度 120 km/h 的货运电力机车。鉴于此，大机车明确"内电并举"战略，重点发展高速/重载电力机车 | 大机车识别电力机车提速/重载带来的机会 | 以机会识别为特征的组织目标，以快速行动为特征的核心发展路径，以实现目标为导向的即兴行为为特征的战略行动方式构成了机会逻辑的内涵，主导大机车构建机车创新生态圈 |
| 核心发展路径 | 大机车决定进军电力机车以后，需面对发展电力机车的核心技术缺失问题，大机车电力机车的核心技术储备近乎于零。无论是自行研发还是合作开发，都需要一定的周期，这可能导致失去蓬勃发展的电力机车市场。这是由于铁道部根据订单规模和机车的技术参数进行招标，越早试出达到要求的机车越可能获得订单。因此，时间就是生命 | 大机车快速行动是把握机会的关键 | |
| 战略行动方式 | 大机车的一名高层管理人员认识到"光靠我们自己闭门造车根本不行"，于是展现了"借梯登高"式的智慧和魅力。一方面，从美国 EMD 引进内燃机车、从日本东芝和加拿大庞巴迪引进电力机车、从英国 MAN 公司引进柴油机等。另一方面，为了快速实现消化吸收，联合永济电机厂、大工等国内单位快速消化吸收再创新，从而迅速做出来产品，获得铁道部的订单 | 通过国外技术引进和国内联合消化吸收迅速完成机车研制和生产 | |

（3）构建逻辑形成机理分析。综合认知地图和典型事件分析的结果，对大机车主导的机车创新生态圈的构建逻辑形成机理进行分析。大机车主导的机车创新生态圈的构建逻辑的起点是构建动因。从外部情境动因来分

析，构建动因一方面显现出技术情境上的技术后发性和技术复杂性特征。例如，大机车的电力机车技术落后不得不引进日本东芝的 HXD3 机车，以及电力机车技术复杂需要联合永济电机厂等国内单位消化吸收再创新。构建动因另一方面显现出制度情境上的正式制度机会引导性和非正式制度压力驱动性特征。例如，内燃机车转电力机车的政策导向和国家领导人的关怀，而这是由于大机车独特的国有企业身份及垄断性竞争所带来的结果。从内部情境动因来分析，构建动因主要表现在企业家的经济性和非经济性认知。例如，大机车识别电力机车能够带来收入增加、铁道部资源支持及行业话语权。因此，大机车主导的机车创新生态圈的构建主要受到制度情境上的正式制度机会引导性和压力驱动性、技术情境上的技术复杂性和技术后发性驱动的影响。

在上述构建动因作用下，大机车形成了机会逻辑来主导机车创新生态圈的构建。首先，从组织目标来看，机会逻辑的前提在于机会的识别，这是由于机会的精准识别才能够确定组织的目标[239]，进而寻找合适的合作主体并靶向搜集和配置资源。例如，大机车通过对所在行业的制度、技术环境的，以及大机车内部优劣势的梳理分析识别出电力机车的提速重载是大机车的机会。其次，从核心发展路径来看，通过机会识别确定组织目标后，机会逻辑的关键在于确定快速行动的核心发展路径。这是由于机会通常是转瞬即逝的[240]，必须通过快速行动才能够相比竞争对手更有效地抓住机会。例如，大机车确定借梯登高的战略相比竞争对手更快更好地满足铁道部需求并获取订单。最后，从战略行动方式来看，确定快速行动的战略行动路径后，机会逻辑的核心在于形成以实现目标为导向的即兴行为的战略行动方式。机会通常是在动态的环境中产生的，因此拘泥于原有成熟的战略行动方式反而不利于动态环境中新机会的把握[241]，需要结合当前企业的内外部环境采取创造性的方式来抓住机会。例如，对于技术落后的大机车而言，在内燃机车、电力机车、柴油机、城轨车辆迅猛发展之时，大机车均采用国外技术引进和国内联合消化吸收再创新的方式来进行产品研制和生产，从而获取铁道部的订单。综上所述，机会逻辑以"组织目标：机会识别→核心发展路径：快速行动→战略行动方式：以实现目标为导向的即兴行为"的过程机理，来促进大机车主导的机车创新生态圈的构建，即大机车通过识别内燃机车、电力机车、柴油机、城轨车辆发展过程中的机会，以快速行动为核心原则，通过国外技术引进和国内联合供应商、用户、科研院所消化吸收的方式把握机会，在此过程中构建了围绕四大产品平台的机车创新生态圈。大机车主导的机车创新生态圈机会构建逻辑形成机理如图 5 - 3 所示。

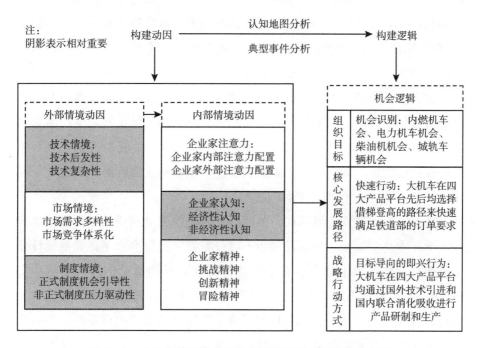

**图 5 - 3　大机车的机车创新生态圈机会构建逻辑形成机理**

### 5.5.2　瓦轴集团的轴承创新生态圈构建逻辑分析

（1）认知地图分析。遵循前文提到的认知地图的绘制步骤，形成了瓦轴集团的轴承创新生态圈构建的认知地图如图 5 - 4 所示。一方面，进行族群分析。从认知图上可以看出，瓦轴集团的认知地图可划分为三个族群。三个族群用黑体虚线划开，族群一为设计开发族群，族群二为检测试验族群，族群三为基础理论族群，这三个族群分别代表了瓦轴集团在轴承创新生态圈中基于优势的制造生产技术，补充设计开发、检测试验、基础理论的不足，形成轴承创新生态圈的构建历程，为本研究更加清晰地展现瓦轴集团主导的轴承创新生态圈的构建逻辑提供了支持。另一方面，进行回路分析。在三个族群内部，分别对认知地图进行回路分析。以设计开发族群为例，首先，设计开发族群存在着一条回路"瓦轴轴承生产装备引进→瓦轴多次工艺升级→轴承制造生产水平领先→以高性价比实现工业装备和轨道交通轴承的市场第一→成为国内轴承行业的领头羊→大量企业涌入/低价格低端竞争激烈/中高端汽车风电轴承难以取得优势→中国轴承行业产能过剩→中国装备制造业发展规划→轴承是装备制造的关键零部件→政府重视轴承产业→轴承产品种类多需求个性化/轴承竞争激烈→低端产品是对瓦轴制造生产水平的浪费→瓦轴需充分利用其轴承制造生产能力生产中高端轴承"，这条回路表征瓦轴集团的组织目标，展现出识别并利用优势资源的特征，即瓦轴集团识别制造生产技术的优势资源并决定充分利用该优势资源生产中高端轴承产品。

其次，设计开发族群存在一条回路"瓦轴需充分利用其轴承制造生产能力生产中高端轴承→中高端轴承不仅仅需要制造生产水平还需要设计开发检测试验基础理论能力→瓦轴设计开发能力早期通过国外产品模仿实现/当前主要通过不断试错完成设计开发→当前设计开发体系未建立→瓦轴设计开发能力不足→瓦轴的检测试验主要通过成熟检测设备的引进→瓦轴检测试验人员素质较低→瓦轴检测试验能力不足→瓦轴关注产品的制造生产不关注基础理论→瓦轴基础理论积累不足→设计开发、检测试验和基础理论自我提升很难→确定外脑战略来补充提升设计开发、检测试验和基础理论能力"，这条回路表征瓦轴集团的核心发展路径，展现出构建优势资源与互补资源组合的特征，即瓦轴集团确定外脑战略来构建制造生产优势资源与设计开发互补资源的组合。

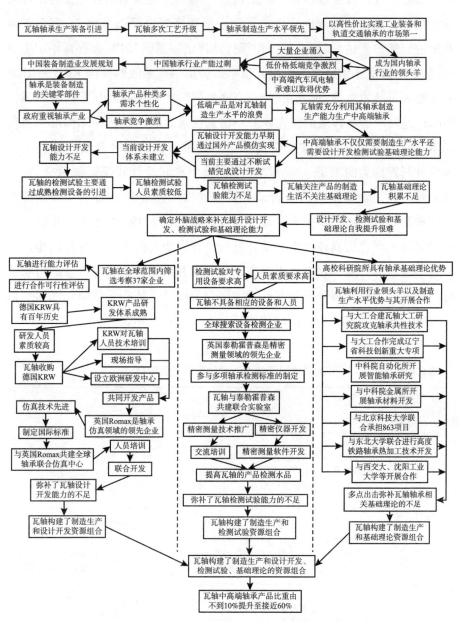

**图 5 - 4　瓦轴集团的轴承创新生态圈构建认知地图**

　　最后，设计开发族群存在一条回路"确定外脑战略来补充提升设计开发、检测试验和基础理论能力→瓦轴在全球范围内筛选考察37家企业→瓦轴进行能力评估/瓦轴进行合作可行性评估→德国KRW具有百年历史→KRW产品研发体系成熟→研发人员素质较高→瓦轴收购德国KRW→KRW对瓦轴人员技术培训/现场指导/设立欧洲研发中心→共同开发产品→英国Romax是轴承仿真领域的领先企业→仿真技术先进→制定国际标准→与英国Romax共建全球轴承联合仿真中心→人员培训→联合开发→弥补了瓦轴设计开发能力的不足→瓦轴构建了制造生产和设计开发资源组合"，这条回路表征瓦轴集团的战略行动方式，展现出搜寻并补充互补资源的特征，即瓦轴通过考察多家企业最终选择收购德国KRW和与英国Romax共建全球轴承联合仿真技术中心来弥补设计开发能力的不足。在瓦轴集团的试验检测族群和基础理论族群存在同样的以利用优势资源为特征的组织目标回路、以构建优势资源与互补资源组合为特征的核心发展路径回路、以搜集并补充互补资源为特征的战略行动方式回路，如表5－5所示。

表5－5　　　　　　　　　瓦轴集团认知地图关键回路及其特征

| 族群 | 分析层面 | 回路 | 特征 |
|---|---|---|---|
| 族群一：设计开发族群 | 组织目标 | 瓦轴轴承生产装备引进→瓦轴多次工艺升级→轴承制造生产水平领先→……→瓦轴需充分利用其轴承制造生产能力生产中高端轴承 | 识别并利用优势资源：识别瓦轴在制造生产技术上的优势资源并决定充分利用该优势资源 |
| | 核心发展路径 | 瓦轴需充分利用其轴承制造生产能力生产中高端轴承→……→设计开发、检测试验和基础理论自我提升很难→确定外脑战略来补充提升设计开发、检测试验和基础理论能力 | 构建优势资源和互补资源的组合：瓦轴通过制造生产的优势资源来撬动补充设计开发、检测试验和基础理论互补资源 |
| | 战略行动方式 | 确定外脑战略来补充提升设计开发、检测试验和基础理论能力→……→瓦轴构建了制造生产和设计开发资源组合 | 搜集并补充互补资源：考察多家企业最终收购德KRW和与英Romax共建联合仿真中心弥补设计开发能力不足 |

续表

| 族群 | 分析层面 | 回路 | 特征 |
|---|---|---|---|
| 族群二：检测试验族群 | 组织目标 | 瓦轴轴承生产装备引进→瓦轴多次工艺升级→轴承制造生产水平领先→……→瓦轴需充分利用其轴承制造生产能力生产中高端轴承 | 识别并利用优势资源：识别瓦轴在制造生产技术上的优势资源并决定充分利用该优势资源 |
| | 核心发展路径 | 瓦轴需充分利用其轴承制造生产能力生产中高端轴承→……→设计开发、检测试验和基础理论自我提升很难→确定外脑战略来补充提升设计开发、检测试验和基础理论能力 | 构建优势资源和互补资源的组合：瓦轴通过制造生产的优势资源来撬动补充设计开发、检测试验和基础理论互补资源 |
| | 战略行动方式 | 确定外脑战略来补充提升设计开发、检测试验和基础理论能力→检测试验对专用设备要求高……→弥补了瓦轴检测试验能力的不足→瓦轴构建了制造生产和检测试验资源组合 | 搜集并补充互补资源：瓦轴通过与精密测量领域领先企业英国泰勒霍普森共建联合实验室补充检测试验能力不足 |
| 族群三：基础理论族群 | 组织目标 | 瓦轴轴承生产装备引进→瓦轴多次工艺升级→轴承制造生产水平领先→……→瓦轴需充分利用其轴承制造生产能力生产中高端轴承 | 识别并利用优势资源：识别瓦轴集团在制造生产技术上的优势资源并决定充分利用该优势资源 |
| | 核心发展路径 | 瓦轴需充分利用其轴承制造生产能力生产中高端轴承→……→设计开发、检测试验和基础理论自我提升很难→确定外脑战略来补充提升设计开发、检测试验和基础理论能力 | 构建优势资源和互补资源的组合：瓦轴通过制造生产的优势资源来撬动补充设计开发、检测试验和基础理论互补资源 |
| | 战略行动方式 | 确定外脑战略来补充提升设计开发、检测试验和基础理论能力……→瓦轴构建了制造生产和基础理论资源组合 | 搜集并补充互补资源：瓦轴通过与大工、中科院、东北大学等高校科研机构通过多种方式补充基础理论的不足 |

注：……表示篇幅限制省略中间内容，完整内容请查看图 5-4。

（2）典型事件分析。在上述瓦轴集团的轴承创新生态圈构建的认知地图分析基础之上，借助 Atlas. ti 辅助搜索相关的 55 件典型事件，对认知地图提炼的关键变量表现特征及其关系进行进一步分析和确认，瓦轴集团的轴承创新生态圈典型事件分析如表 5-6 所示。

表 5 – 6 瓦轴集团的轴承创新生态圈典型事件分析

| 维度 | 典型证据举例 | 分析提炼 | 特征 |
|---|---|---|---|
| 外部情境动因 | "中国制造 2025 提出后，轴承是众多装备制造业的关键零部件，因此从国家到地方各级都给予了政策支持。"瓦轴集团副总经理说。例如，瓦轴 2014 年就获得政府技术创新到位资金 1 067 万元。瓦轴是中国民族轴承工业的脊梁，瓦轴集团一直引领着行业发展的潮流。瓦轴被社会誉为国家功勋企业，被党和国家领导人称为"中国轴承之乡"。中国轴承产业竞争激烈，单单瓦房店地区规模以上轴承企业达 341 家，年销售总额达 200 亿元，可生产几万种轴承产品。伴随着中国装备制造业的发展，轴承的需求质量越来越高，个性化定制已经成为趋势 | 国家政策基金扶持领导关怀功勋企业产品定制需求个性化 | 制度情境表现出正式制度机会引导性和非正式制度压力驱动性特征；市场情境表现出市场需求多样性特征 |
| 内部情境动因 | "通过与 KRW 的联合研发促使中高端产品开发，这会让我们跳出低价竞争泥潭，提升利润率。而且我们的研发是系统性的劣势，单纯靠自己研发不出来或研发成本太高。"副总经理说。<br>"中国轴承低端产能过剩，作为龙头企业，以购并、联合等方式走高端化国际化会得到国家相关部门的政策、财政支持，进而获得行业内的话语权"，技术部部长说。 | 企业利润率提升降低研发成本行业话语权 | 具有获取收益和降低成本的经济性认知及获得资源和行业话语权的非经济性认知 |
| 组织目标 | "中国的很多制造业企业面临着相同的窘境：与国际领先企业相比，瓦轴的'硬件'并不差，差距体现在以技术与人才为核心的'软件'上。"董事长孟伟颇为感慨。因此，瓦轴为了避免其轴承制造生产水平的浪费，并充分利用该优势资源，瓦轴推动其轴承产品由低端为主向中高端产品为主转型 | 识别并利用制造生产技术的优势资源 | 以识别和利用优势资源为特征的组织目标、以构建优势资源与互补资源组合为特征的核心发展路径、以搜集并补充互补资源为特征的战略行动方式构成了杠杆逻辑的内涵，主导瓦轴集团构建轴承创新生态圈 |
| 核心发展路径 | 瓦轴的"硬件"并不差，却输在了以技术和人才为核心的"软件"上，"买智""引智"势在必行。因此确定了"外脑"战略，即基于瓦轴的先进制造生产工艺，希望达到"四两拨千斤"的效果，联合外部领先企业、高校、科研院所进行产品设计、检测、实验等，在此过程中弥补"软件"上的不足，这是瓦轴能够最大效果利用其制造生产能力并实现产品中高端的关键 | 构建优势资源和互补资源的资源组合 | |
| 战略行动方式 | 瓦轴先后与中科院、大工、四产方所、杭州检测中心等 88 家高校科研院所加强合作，完成产学研合作项目 18 项。联合世界知名企业，成立了美国工程中心、欧洲研发中心，建立瓦轴 – 泰勒联合实验室等。例如，瓦轴对全球 37 家企业筛选决定收购 KRW 来弥补设计开发能力的不足 | 筛选并补充设计开发、检测实验和基础理论的互补资源 | |

（3）构建逻辑形成机理分析。综合认知地图和典型事件分析的结果，对瓦轴集团主导的轴承创新生态圈的构建逻辑形成机理进行分析。瓦轴集团主导的轴承创新生态圈的构建逻辑起点是构建动因。从外部情境动因来分析，构建动因一方面显现出市场情境上的市场需要多样性特征。例如，轴承产品的多样性和定制化。构建动因另一方面显现出制度情境上的正式制度机会引导性和非正式制度压力驱动性特征。例如，国家装备制造业发展的政策导向、瓦轴的历史使命，以及国家领导人的关怀。从内部情境动因来分析，构建动因主要表现在企业家的经济性和非经济性认知。例如，瓦轴识别出通过互补资源的搜集补充能够提升中高端产品比例和利润率，降低产品研发成本，获得国家支持和行业话语权。因此，瓦轴集团主导的轴承创新生态圈的构建主要受到市场情境上的市场需求多样性、制度情境上的正式制度机会引导性和非正式制度压力驱动性的影响。

在上述构建动因作用下，瓦轴集团形成了杠杆逻辑来主导轴承创新生态圈的构建。首先，从组织目标来看，杠杆逻辑的基础在于识别并利用优势资源，这是因为企业的优势资源是企业竞争力的核心体现[242]，是企业区别于竞争对手的基础。例如，瓦轴集团识别其经过多年的设备引进和工艺升级实现了在轴承制造生产水平上的领先。其次，从核心发展路径来看，基于优势资源，构建优势资源与互补资源的资源组合是发挥优势资源效应的关键所在。这是由于优势资源的发挥通常需要互补资源提供支持[243]。例如，瓦轴集团确定了基于外脑战略补充轴承设计开发、检测试验、基础理论的互补资源。最后，从战略行动方式来看，基于构建资源组合的路径，杠杆逻辑的核心在于形成搜集和补充互补资源的战略行动方式。通过搜集并补充互补资源能够迅速发挥核心资源的优势。例如，瓦轴集团通过筛选选择了收购 KRW，以及与英国 Romax 共建全球联合仿真计算技术中心来弥补设计开发能力的不足。综上所示，杠杆逻辑以"组织目标：确定并利用优势资源→核心发展路径：构建优势资源和互补资源的组合→战略行动方式：搜集并补充互补资源"的过程机理，来促进瓦轴集团主导的轴承创新生态圈的构建，即瓦轴集团经过多年设备引进和工艺升级实现了轴承制造生产水平上的领先，为了充分发挥瓦轴轴承制造成产水平的优势，从领先企业、高校科研院所等搜集并补充轴承设计开发、检测试验、基础理论的互补资源，打造了中高端轴承产品，在此过程中构建了围绕轴承设计开发、制造生产、检测试验和基础理论的轴承创新生态圈。瓦轴集团主导的轴承创新生态圈杠杆逻辑形成机理示意图如图 5-5 所示。

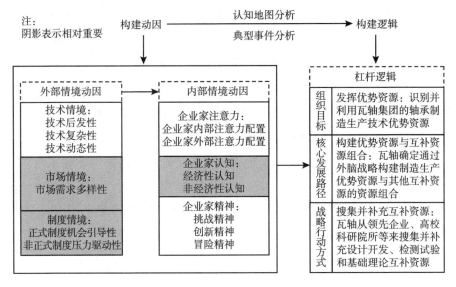

图 5-5    瓦轴集团的轴承创新生态圈杠杆构建逻辑形成机理

### 5.5.3   三一重工的工程机械创新生态圈构建逻辑分析

（1）认知地图分析。遵循前文提到的认知地图的绘制步骤，形成了三一重工的工程机械创新生态圈构建的认知地图如图 5-6 所示。一方面，进行族群分析。从认知图上可以看出，三一重工的认知地图可划分为两个族群（黑体虚线划开），族群一为产品族群，族群二为服务族群，这两个族群分别代表了三一重工在工程机械创新生态圈中围绕工程机械混凝土拖泵的产品定位，进行产品研制和服务开发，形成工程机械创新生态圈的构建历程，为本研究更加清晰地展现三一重工主导的工程机械创新生态圈的构建逻辑提供了支持。另一方面,进行回路分析。在两个族群内部,分别对认知地图进行回路分析。以产品族群为例,首先,产品族群存在着一条回路"梁稳根辞职下海创业→尝试贩羊/尝试卖酒/尝试玻璃纤维→均以创业失败告终→进入焊接材料行业→一穷二白下尝试研制焊接材料→几十次试验改进依然质量不过关→寻求母校翟登科教授帮助→研制成功→投入生产并大获成功→焊接材料市场狭小/所在地区涟源偏僻→谋求转型→高科技行业风险太大/工程机械技术成熟且稳定/中国基建热潮/工程机械市场空间大/中国工程技术人才廉价→选择进入工程机械行业→民营企业资金实力弱/进入非国家垄断的产品/技术积累不多/有一定技术复杂性但不能太高→舍弃热门的挖掘机选择混凝土拖泵产品",这条回路表征三一重工的组织目标,展现出明确企业定位的特征,即三一重工通过对工程机械行业的市场空间及混凝土拖泵产品的分析确定了三一重工进入工程机械行业并生产混凝土拖泵的企业定位。

其次,产品族群存在一条回路"舍弃热门的挖掘机选择混凝土拖泵产品→中国混凝土拖泵市场存在两类产品→国外品牌产品和国内品牌产品→国外品牌产品品质好价格非常高/国内品牌产品品质差价格低→客户更加关注混凝土拖泵的品质而对价格不十分敏感→现有产品没有满足用户需求→现在存在一个进口替代市场→品质好价格适中的混凝土拖泵能够满足用户需求",这条回路表征三一重工的核心发展路径,展现出以用户需求满足为宗旨的特征,即三一重工确立了以混凝土拖泵用户的高品质、价格适中需求为后续产品研制的关键。

最后,产品体系族群存在一条回路"品质好价格适中的混凝土拖泵能够满足用户需求→民企身份难以实现技术引进/三一重工当前技术积累缺乏/与国外建立合资企业不现实→三一重工确定开放式资源获取策略→引进中国液压专家易小刚/整合国内廉价的工程技术人才/引进并学习通用性机械技术/采购标准件→完成了混凝土拖泵的研制→打造了三一重工的核心产品优势",这条回路表征三一重工的战略行动方式,展现出拼凑可行资源协同响应的特征,即三一重工通过关键人才、通用技术、标准件等非最优资源的拼凑来满足用户需求。在三一重工的服务体系族群存在同样的以确定企业定位为特征的组织目标回路、以用户需求满足为宗旨为特征的核心发展路径回路、以拼凑可行资源协同响应为特征的战略行动方式回路，如表 5 - 7 所示。

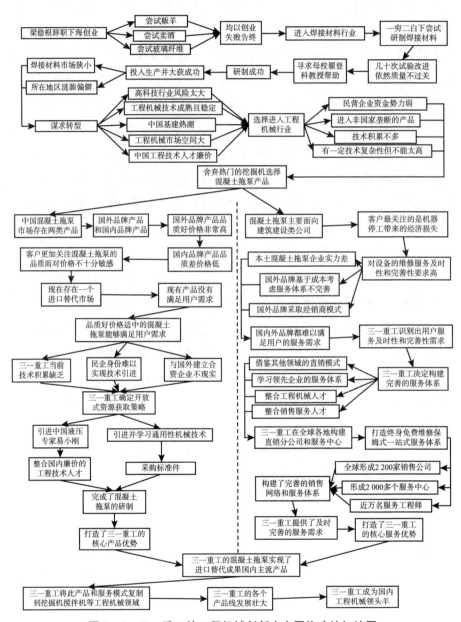

图 5 - 6　三一重工的工程机械创新生态圈构建认知地图

**表 5 – 7**　　　　　　　　　　　三一重工认知地图关键回路及其特征

| 族群 | 分析层面 | 回路 | 特征 |
|---|---|---|---|
| 族群一：产品族群 | 组织目标 | 梁稳根辞职下海创业→尝试贩羊/尝试卖酒/尝试玻璃纤维→均以创业失败告终→进入焊接材料行业→……→民营企业资金实力弱/进入非国家垄断的产品/技术积累不多/有一定技术复杂性但不能太高→舍弃热门的挖掘机选择混凝土拖泵产品 | 确定企业定位：通过对工程机械行业的市场空间以及混凝土拖泵产品的分析确定了三一重工进入工程机械行业并生产混凝土拖泵的企业定位 |
| | 核心发展路径 | 舍弃热门的挖掘机选择混凝土拖泵产品→中国混凝土拖泵市场存在两类产品→国外品牌产品和国内品牌产品→……→现有产品没有满足用户需求→现在存在一个进口替代市场→品质好价格适中的混凝土拖泵能够满足用户需求 | 以用户需求满足为宗旨：三一重工确立了以混凝土拖泵用户的高品质、价格适中需求为后续产品研制的关键 |
| | 战略行动方式 | 品质好价格适中的混凝土拖泵能够满足用户需求→民企身份难以实现技术引进/三一重工当前技术积累缺乏/与国外建立合资企业不现实→……→打造了三一重工的核心产品优势 | 拼凑可行资源协同响应：三一重工通过关键人才、通用技术、标准件等非最优资源的拼凑来满足用户需求 |
| 族群二：服务族群 | 组织目标 | 梁稳根辞职下海创业→尝试贩羊/尝试卖酒/尝试玻璃纤维→均以创业失败告终→进入焊接材料行业→一穷二白下尝试研制焊接材料→……→选择进入工程机械行业→民营企业资金实力弱/进入非国家垄断的产品/技术积累不多/有一定技术复杂性但不能太高→舍弃热门的挖掘机选择混凝土拖泵产品 | 确定企业定位：通过对工程机械行业的市场空间以及混凝土拖泵产品的分析确定了三一重工进入工程机械行业并生产混凝土拖泵的企业定位 |
| | 核心发展路径 | 舍弃热门的挖掘机选择混凝土拖泵产品→混凝土拖泵主要面向建筑建设类公司……→国内外品牌都难以满足用户的服务需求→三一重工识别出用户服务及时性和完善性需求 | 以用户需求满足为宗旨：三一重工确立了以混凝土拖泵用户的服务及时完善需求为后续产品研制的关键 |
| | 战略行动方式 | 三一重工识别出用户服务及时性和完善性需求→三一重工决定构建完善的服务体系→借鉴其他领域的直销模式/学习领先企业的服务体系/整合工程机械人才/整合销售服务人才→……→三一重工提供了及时完善的服务需求→打造了三一重工的核心服务优势 | 拼凑可行资源协同响应：三一重工通过人才、服务体系、销售模式等非最优资源的拼凑来满足用户需求 |

注：……表示篇幅限制省略中间内容，完整内容请查看图 5 – 6。

（2）典型事件分析。在上述三一重工的工程机械创新生态圈构建的认知地图分析基础之上，借助 Atlas. ti 辅助搜索相关的 51 件典型事件，对认知地图提炼的关键变量表现特征及其关系进行进一步分析和确认，三一重工的工程机械创新生态圈典型事件分析如表 5 – 8 所示。

表 5 – 8　　　　　　三一重工的工程机械创新生态圈典型事件分析

| 维度 | 典型证据举例 | 分析提炼 | 特征 |
|---|---|---|---|
| 外部情境动因 | 中国工程机械制造企业存在技术基础薄弱、核心技术缺失的问题，整体处于后发追赶状态。同时行业内竞争者较多，企业较难形成独领风骚的垄断性局面。中国混凝土拖泵市场三种竞争势力：一是具有较强的资本、品牌和技术实力的国外企业；二是拥有政府背景的国有企业，具有一定的资本实力或政策支持；三是三一重工这类民营企业，通常不具有雄厚资本和技术实力，但是具有很强的市场经验和商业模式，战略灵活性和动态学习能力较强 | 基础薄弱技术复杂技术落后顾客需求多竞争体系 | 技术情境表现出技术复杂性和技术后发性特征；市场情境表现出市场需求多样性特征和市场竞争体系化特征 |
| 内部情境动因 | 三一重工在挖来的中国液压专家易小刚的主导下，开放式地获取通用技术和标准件实现了混凝土拖泵研制，以此绕开了国外的技术壁垒及核心技术的封锁，降低了研发成本，相比国内稍高的价格避免了价格战，提高了利润率。更为重要的是，三一重工的高性价比的产品的研制，尤其是在没有采用国外技术引进消化吸收情况下完成的，这能够帮助其获得一定的行业话语权 | 企业利润率提升研发成本降低行业话语权 | 具有获取收益和降低成本的经济性认知及获得资源和行业话语权的非经济性认知 |
| 组织目标 | 梁稳根认为焊接材料行业市场容量太小发展空间有限，为了打破企业做大做强瓶颈，梁决定选择发展空间更广阔的新行业。工程机械行业技术成熟，通过长期投入可以跨过技术壁垒。鉴于改革开放释放的需求潜力，在其他人眼中的夕阳产业恰恰是"朝阳产业"。作为民营企业，资金实力技术等不具有优势，因此应选择有难度但三一可攻克的产品，多次比较后确定混凝土拖泵产品 | 确定三一重工进入工程机械行业和生产混凝土拖泵产品的定位 | 以确定企业定位为特征的组织目标、以满足用户需求为特征的核心发展路径、以拼凑可行资源协同响应为特征的战略行动方式构成了定位逻辑的内涵，主导三一重工构建工程机械创新生态圈 |
| 核心发展路径 | 工程机械行业的特点是客户更为关注机器的技术和质量，对于价格并不十分敏感。而中国混凝土拖泵市场存在两类产品：国外品牌产品和国内品牌产品，国外品牌产品品质好价格非常高，国内品牌产品品质差价格低，但是现有产品却难以在品质和价格都满足用户需求，因此客观上存在一个进口替代市场，因此三一重工决定研制品质好价格适中的混凝土拖泵满足用户需求 | 三一重工确立以满足用户高品质价格适中的产品定位为关键 | |
| 战略行动方式 | 梁稳根听说有一个湖南老乡是行业专家，于是托人安排见面。梁很快与向文波会见易小刚，1995 年，梁说服易加盟。在梁和易主持下，采取开放式的技术学习和产品技术模式，整合本土丰富廉价的工程技术人才，利用通用性技术原理，根据产品功能进行自主设计，通过采购通用标准件，绕开国外企业设置的技术专利壁垒，实现了混凝土拖泵的研制 | 三一重工通过开放式获取人才、技术、标准件的方式来完成混凝土拖泵的研制 | |

（3）构建逻辑形成机理分析。综合认知地图和典型事件分析的结果，对三一重工主导的工程机械创新生态圈的构建逻辑形成机理进行分析。三一重工主导的工程机械创新生态圈的构建逻辑的起点是构建动因。从外部情境动因来分析，构建动因一方面显现出技术情境上的技术复杂性和技术后发性特征。例如，混凝土拖泵产品技术落后并且技术复杂，需通过不断学习才能够弥补劣势。构建动因另一方面显现出市场情境上的市场需求多样性和市场竞争体系化特征。例如，混凝土拖泵产品存在国内和国外多个品牌，客户需求多样竞争激烈。从内部情境动因来分析，构建动因主要表现在企业家的经济性和非经济性认知。例如，混凝土拖泵技术的开放式获取能够降低研发成本、提升收益率并且获得行业话语权。因此，三一重工主导的工程机械创新生态圈的构建主要受到技术情境上的技术复杂性和技术后发性、市场情境上的市场需求多样性和市场竞争体系化的影响。

在上述构建动因作用下，三一重工形成了定位逻辑来主导工程机械创新生态圈的构建。首先，从组织目标来看，定位逻辑的前提在于明确企业定位，这是因为企业定位的明晰是后续企业行为的基础，尤其是在企业资源受限的情况下，精准的企业定位能够帮助企业打开市场找到突破口[244]。例如，三一重工通过对工程机械行业的市场空间及混凝土拖泵产品的分析确定了三一重工进入工程机械行业并生产混凝土拖泵的企业定位。其次，从核心发展路径来看，明确企业定位后，定位逻辑的关键在于确定满足用户需求为宗旨的核心发展路径。这是由于企业确定行业及产品后，产品能够满足用户的需求是取得竞争优势的关键所在[245]。例如，三一重工确立了以满足混凝土拖泵用户的高品质、价格适中、服务及时完善的需求为后续产品研制和服务的关键。最后，从战略行动方式来看，定位逻辑的核心在于形成拼凑可行资源协同响应的战略行动方式。企业资源的有限性决定了企业难以完全拥有所有资源来满足用户需求，因此需要尽可能开发可行但非最优的资源，构建资源系统来满足用户全方位的需求。例如，三一重工通过关键人才、通用技术、标准件、服务体系、销售体系等非最优资源的开放式获取来满足用户需求。综上所述，定位逻辑以"组织目标：明确企业定位→核心发展路径：满足用户需求为宗旨→战略行动方式：拼凑可行资源协同响应"的过程机理，来促进三一重工主导的工程机械创新生态圈的构建，即三一重工明确了进入工程机械行业生产混凝土拖泵产品的企业定位后，通过对现有产品的性能、价格和用户需求的分析来清晰识别用户的价格适中、品质好、服务及时完善的需求，进而通过开放式获取人才、通用技术、标准件、服务体系等资源研制形成高性价比的混凝土拖泵产品和提供全方位的服务体系来满足用户需求，并进一步将这一模式复制到相关的产品研发和服务开发中，从而促使三一重工成为国内工程机械领域的领头羊，在此过程中围绕三一重工的产品和服务两大核心优势形成了工程机械创新生态圈。三一重工主导的工程机械创新生态圈定位构建逻辑形成机理示意图如图 5-7 所示。

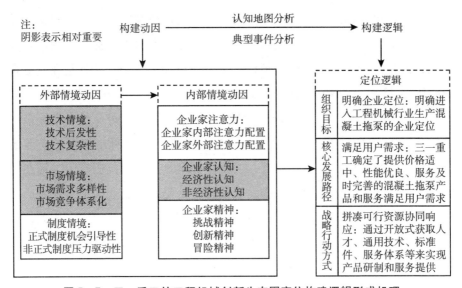

**图 5-7 三一重工的工程机械创新生态圈定位构建逻辑形成机理**

### 5.5.4 核心企业主导的开放式创新生态系统构建逻辑形成机理

基于上述装备制造业的三家企业的分析，本部分进一步对核心企业主导的开放式生态系统的构建逻辑和构建动因进行归纳解剖，核心企业主导的开放式创新生态系统构建逻辑的形成机理模型得以涌现（见图5-8）。

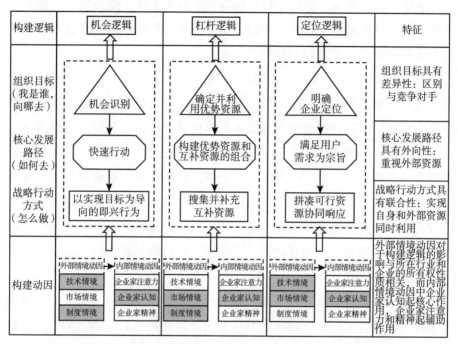

**图5-8 核心企业主导的开放式创新生态系统构建逻辑形成机理**

注：阴影表示相对重要。

（1）构建逻辑及其形成机理的讨论。

从构建逻辑来看，在围绕"组织目标（我是谁，向哪去）→核心发展路径（如何去）→战略行动方式（怎么做）"三个方面对核心企业主导的开放式创新生态系统构建逻辑内涵和特征进行探讨的基础之上，进一步对机会逻辑、杠杆逻辑和定位逻辑基于三个维度进行解剖归纳分析。

首先，从组织目标（我是谁，向哪去）维度看，组织目标确定了企业的发展目标、战略意图的基本使命。机会逻辑的机会识别、杠杆逻辑的优势资源识别和利用、定位逻辑的企业定位确定，都促使企业资源配置有了方向，三者组织目标的本质在于与竞争对手的差异性。大机车通过识别竞争对手难以识别的机会、瓦轴集团通过发掘并利用相比竞争对手具有优势的轴承制造生产技术资源、三一重工通过确定竞争对手忽略的企业工程机械行业中混凝土拖泵产品的定位，均与竞争对手实现了差异化，从而为企业的生存和发展提供了特有的空间，这为企业后续核心发展路径和战略行动方式的明晰奠定了基础和指明了方向。

其次，从核心发展路径（如何去）维度看，核心发展路径明确了企业整体战略框架，明晰了企业发展的基本路径。机会逻辑下确定了快速行动的核心发展路径、杠杆逻辑下确定了构建优势资源和互补资源组合的核心发展路径、定位逻辑下确定了满足用户需求的核心发展路径，三者核心发展路径的本质在于外向性。大机车基于借梯登高战略实现快速行动、瓦轴集团基于外脑战略实现优势资源和互补资源的组合、三一重工基于开放式资源获取战略实现用户需求的满足，核心发展路径均体现了重视外部资源的特征，从而为企业组织目标的实现明确了可行的路径，也为后续的战略行动方式提供了指导原则。

最后，从战略行动方式（怎么做）维度看，战略行动方式是企业具体的实现方式。机会逻辑下确定了目标导向的即兴行为的战略行动方式、杠杆逻辑下确定了搜集并补充互补资源的战略行动方式、定位逻辑下确定了拼凑可行资源协同响应的战略行动方式，三者战略行动方式的本质均是联合性。大机车通过国外技术的引进和国内的联合消化吸收再创新来实现产品的研制，瓦轴集团通过领先企业、高校科研院所的联合实验室和产品开发等方式来搜集并补充互补资源，三一重工通过关键人才、工程技术人员、通用技术、标准件、服务体系的拼凑和学习来协同响应用户的需求，三者战略行动方式均体现了自身与外部资源的联合利用的特征，从而在各自核心发展路径的指导下实现组织目标。

综上所述，尽管机会逻辑、杠杆逻辑和定位逻辑在组织目标（我是谁，向哪去）、核心发展路径（如何去）和战略行动方式（怎么做）上具有区别，但是三类构建逻辑却在三个维度上存在着共性特征，即组织目标具有寻求与竞争对手的差异性，核心发展路径具有重视外部资源的外向性，战略行动方式具有实现自身和外部资源同时利用的联合性。

进一步地，构建逻辑所体现出来的差异性、外向性和联合性特征分别反映了核心企业主导的开放式创新生态系统的开放式创新特征、资源基础观悖论和竞争优势来源。一方面，构建逻辑上外向性和联合性体现了核心企业主导的开放式创新生态系统的核心要义——开放式创新行为特征，即企业有价值的资源不仅产生于公司内部，也可以来自公司外部[1]。在核心企业开放式创新战略的导向下，促使系统完成了开放式创新生态系统的构建。同时，经典的资源基础观（resource based view）强调企业拥有有价值的、稀有的、独特的、不可替代的资源能给企业带来竞争优势[246]，而当前核心企业主导的开放式创新生态系统构建逻辑的外向性和联合性所体现出来的对外部资源的重视和利用特征，表现出这些有价值的、稀有的、独特的、不可替代的资源在"为我所有"之外，实现这些资源的"为我所用"也能够为企业带来竞争优势。

另一方面，构建逻辑的差异性可以从行为速度和产品质量两个方面进行分析（见图 5-9）。机会逻辑是以行为速度作为企业差异性造就的核心竞争优势来源，而杠杆逻辑是以产品质量作为企业差异性造就的核心竞争优势来源，定位逻辑是以行为速度和产品质量的综合平衡作为企业差异性造就的核心竞争优势来源。对于采取机会逻辑的大机车而言，其通过国外技术引进和国内联合消化吸收的方式快速实现机车产品的研制和生产，从而获得铁道部的订单，这构成了其通过"行为速度"产生的竞争优势。然而，在此过程中由于引进的技术水平（通常并非国外最先进技术而是接近淘汰的技术）和消化能力的差异性导致机车"产品质量"会打折扣。对于采取杠杆逻辑的瓦轴集团而言，作为国内行业领头羊，其为了跳出国内低端轴承竞争的泥潭，充分利用其高水平的制造生产能力并补充设计开发、实验检测、基础创新不足来生产中高端轴承，而放弃追求不同种类产品的快速产出去抢夺市场，因此这构成了瓦轴集团通过"产品质量"而非"行为速度"来获得竞争优势。对于采取定位逻辑的三一重工而言，其混凝土拖泵产品的质量和价格介于国内国有企业产品和国际领先企业的产品之间,"产品质量"既非最优也非最差。同时,作为民营企业的三一重工相比国外领先企业成熟的研发体系不具有优势,而相比国内的国有企业具有灵活性的优势,因此其在产品研制和生产时"行为速度"处于中间水平。最终,其通过提供质量较好、价格适中、服务完善的混凝土拖泵产品来形成竞争优势。

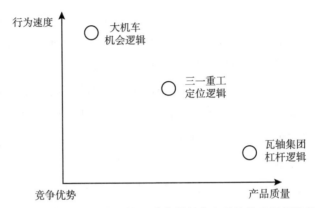

**图 5 - 9 核心企业主导的开放式创新生态系统构建逻辑比较**

(2) 构建动因及其作用机理的讨论。

从构建动因来看,核心企业主导的开放式创新生态系统构建逻辑的起点是构建动因。在基于上一章节提炼的技术情境、市场情境、制度情境的外部情境动因,以及企业家注意力、企业家认知、企业家精神的内部情境动因基础之上,进一步对内外部情境动因在三类构建逻辑上的不同组合进行分析。

一方面,从外部情境动因维度看,机会逻辑主要受到技术情境和制度情境显现的构建动因影响,杠杆逻辑主要受到市场情境和制度情境显现的构建动因影响,定位逻辑主要受到技术情境和市场情境显现的构建动因影响,这一发现验证了上一章发现的外部情境特征并不需要全部显现,某一类特征显现即可以促使核心企业主导的开放式创新生态系统的构建。进一步,针对技术情境、市场情境和制度情境上的不同构建动因组合成因进行分析。首先，技术情境构建动因显现特征越明显越容易引起开放式创新生态系统的构建。例如，大机车的机车技术和三一重工的工程机械技术比瓦轴集团的轴承技术更具有复杂性，因此大机车的机会逻辑和三一重工的定位逻辑都受到技术情境显现的构建动因的显著影响，而瓦轴集团的杠杆逻辑来自技术情境构建动因的影响并不是那么显著。其次，市场情境构建动因的显现特征越明显越容易引发开放式创新生态系统的构建。例如，瓦轴集团的轴承产品和三一重工的工程机械产品非国家垄断行业，其客户群体分散，产品种类多，市场竞争激烈。而相比而言大机车的机车产品基本上以铁道部为唯一用户，其客户群体单一，产品种类少。因此，瓦轴集团的杠杆逻辑和三一重工的定位逻辑都受到市场情境显现的构建动因的显著影响，而大机车的机会逻辑来自市场情境构建动因的影响并不是那么显著。最后，制度情境构建动因的显现特征越明显越容易引发开放式创新生态系统的构建。例如，作为中国机车摇篮的大机车是机车行业的重点国有企业，作为轴承发源地的瓦轴集团是轴承行业的国家重点龙头国有企业，二者来自国家政策、领导人等的引导较多，而三一重工是工程机械领域的民营企业，来自正式和非正式制度的影响较少。因此，大机车的机会逻辑和瓦轴集团的杠杆逻辑都受到制度情境显现的构建动因的显著影响，而三一重工的定位逻辑来自制度情境构建动因的影响并不是那么显著。综上所述，外部情境构建动因对于构建逻辑的影响与所在行业和企业的所有权性质相关。

另一方面，从内部情境动因维度看，机会逻辑、杠杆逻辑和定位逻辑均主要受到企业家认知层面的经济性认知和非经济性认知的影响，而企业家注意力层面和企业家精神层面的构建动因起辅助作用。而这一点也验证了上一章提出的企业家认知层面上的经济性认知和非经济性认知是系统构建诱发的核心动力的观点。综上所述，核心企业主导的开放式创新生态系统的机会逻辑、杠杆逻辑和定位逻辑的构建逻辑的形成受到来自外部的技术情境、市场情境和制度情境和内部的企业家注意力、企业家认知和企业家精神六个层面上十四种构建动因的影响。这一点验证了上一章提到的构建动因的来源层面和显现特征的发现。进一步地，核心企业主导的开放式创新生态系统的机会逻辑、杠杆逻辑和定位逻辑的构建动因沿着"技术、市场和制度情境动因层面→企业家注意力层面→企业家认知层面→企业家精神层面"的传导路径显现，并且外部情境和内部情境构建动因的显现具有差异性，这一点验证了上一章提到的构建动因传导路径的发现。因此，核心企业主导的开放式创新生态系统构建逻辑的发现是上一章构建动因显现架构研究的验证和延伸。

## 5.6 本章小结

本章采用探索性多案例研究方法、认知地图分析法、典型事件分析法和文献分析法组成的混合研究方法，以大机车主导的机车创新生态圈、瓦轴集团主导的轴承创新生态圈、三一重工主导的工程机械创新生态圈为案例研究对象，对核心企业主导的开放式创新生态系统构建逻辑进行研究，具体结论如下。

（1）核心企业主导的开放式创新生态系统构建逻辑包括机会构建逻辑、杠杆构建逻辑和定位构建逻辑。其中，机会构建逻辑存在"组织目标：机会识别→核心发展路径：快速行动→战略行动方式：以实现目标为导向的即兴行为"的过程机理，杠杆构建逻辑存在"组织目标：确定并利用优势资源→核心发展路径：构建优势资源和互补资源的组合→战略行动方式：搜集并补充互补资源"的过程机理，定位构建逻辑存在"组织目标：明确企业定位→核心发展路径：满足用户需求为宗旨→战略行动方式：拼凑可行资源协同响应"的过程机理。

（2）核心企业主导的开放式创新生态系统构建逻辑在组织目标、核心发展路径和战略行动方式上具有区别，同时机会逻辑、杠杆逻辑和定位逻辑在三个维度上存在着共性特征，即组织目标本质上具有与竞争对手的差异性，核心发展路径本质上具有重视外部资源的外向性，战略行动方式本质上具有实现自身和外部资源同时利用的联合性。其中，构建逻辑的外向性和联合性是核心企业主导的开放式创新生态系统的开放式创新行为和资源基础观悖论的体现，而构建逻辑的差异性是核心企业主导的开放式创新生态系统竞争优势的关键所在。

（3）核心企业主导的开放式创新生态系统构建动因是构建逻辑的起点。核心企业主导的开放式创新生态系统的机会逻辑、杠杆逻辑和定位逻辑的构建逻辑的形成受到来自外部的技术情境、市场情境和制度情境和内部的企业家注意力、企业家认知和企业家精神六个层面上十四种构建动因的影响。其中，机会逻辑是在构建动因沿着"技术情境和制度情境层面→企业家注意力层面→企业家认知层面→企业家精神层面"路径作用下形成的。杠杆逻辑是在构建动因沿着"市场情境和制度情境层面→企业家注意力层面→企业家认知层面→企业家精神层面"路径作用下形成的。定位逻辑是在构建动因沿着"技术情境和市场情境层面→企业家注意力层面→企业家认知层面→企业家精神层面"路径作用下形成的。外部的技术情境、市场情境、制度情境的构建动因的显现特征由于核心企业的特征而具有不同组合，而内部情境动因中企业家的经济性和非经济性认知始终是构建逻辑形成的关键，而企业家注意力和企业家精神层面的构建动因始终发挥着辅助作用。

# 第6章

## 核心企业主导的开放式创新生态系统构建过程研究

第4章和第5章核心企业主导的开放式创新生态系统构建动因和构建逻辑的厘清为本章的开展奠定了基础。本章将聚焦于"核心企业主导的开放式创新生态系统构建过程"进行探讨。具体来看，本章采用纵贯式单案例研究方法、内容分析法、典型事件分析法和文献分析法组成的混合研究方法，以核心企业主导的开放式创新生态系统的典型代表光洋科技主导构建的高端数控机床创新生态圈为案例研究对象，基于系统构建的阶段性，遵循"逻辑—行为—结果"的基本思路，从构建逻辑、构建行为和构建结果三个维度来探讨核心企业主导的开放式创新生态系统构建过程。

## 6.1 问题提出

尽管现有文献对开放式创新生态系统的概念内涵和基本特征等"是什么"进行了研究，但是由于缺乏对其"如何"构建的具象化探讨，导致开放式创新生态系统的研究难以有实质性发展。进一步地，现有研究对于开放式创新生态系统"是什么"的探讨多从静态视角开展的[38,40]，缺乏动态视角的深入解剖。而系统"如何"构建本身就是一个动态发展的过程，因此也适合采用动态演化的视角去探讨。这也顺应了 Langley 等所强调的要想深入分析组织管理中的最根本的问题需要基于动态过程的视角开展[247]。综上所述，本研究在已有研究对开放式创新生态系统的概念内涵和基本特征的"是什么"研究基础之上，基于动态构建的阶段性视角来深入探讨核心企业主导的开放式创新生态系统是"如何"构建的，即构建过程。

本研究选取光洋科技主导的高端数控机床创新生态圈进行纵贯式单案例研究，对核心企业主导的开放式创新生态系统构建过程进行探讨。首先，基于文献综述中开放式创新生态系统、创新生态系统构建等相关研究的回顾，提出核心企业主导的开放式创新生态系统构建过程的一般分析框架。其次，综合运用内容分析和典型事件分析，识别核心企业主导的开放式创新生态系统构建的阶段性特征，分析不同阶段的构建逻辑，构建主体、构建要素、构建机制的构建行为，以及边界拓展构建结果。最后，基于构建全过程识别分析核心企业主导的开放式创新生态系统的构建路径与演化特征。

## 6.2　构建过程的分析框架

基于前文关于创新生态系统构建的相关研究，发现现有文献对于创新生态系统构建的探讨由于研究视角不同，关注重点各异，整体上处于碎片化的状态，缺乏系统性框架下的深入研究。尽管如此，本研究经过对创新生态系统构建的相关研究进行梳理，发现创新生态系统的构建需要以一系列具有互补性创新要素的创新主体间的协作为基础[20]，各主体基于不同目的通过阶段性的协同整合机制[248]，形成技术研发与创新产出的生态系统，边界拓展则是不同阶段成员间关系形成与演化的重要表征[175]。

　　核心企业主导的开放式创新生态系统是企业开放式创新范式推动创新生态系统的新发展，是创新生态系统的子概念[7,33,34]，其研究虽然属于对新现象的探索性研究，但现有对创新生态系统构建的相关研究仍可为本研究分析框架的提出提供参考和借鉴。因此，本研究在梳理创新生态系统构建研究基础之上，沿着"逻辑—行为—结果"的基本思路基于"构建逻辑—构建行为—构建结果"来探讨核心企业主导的开放式创新生态系统构建过程。其中，构建逻辑是核心企业主导的开放式创新生态系统构建的主导原则。而构建行为是核心企业主导的开放式创新生态系统构建的主要行为表现，具体包括：构建主体是系统的主要参与者，构建要素是系统的基本构成，构建机制是维持系统稳定和发展的核心内容。构建结果即边界拓展是核心企业主导的开放式创新生态系统发展演化的外在表征。进一步地，针对开放式创新生态系统的概念内涵和基本特征的探讨多从静态视角开展的缺陷[38,40]，本章基于系统构建的阶段性，沿着"逻辑—行为—结果"的基本思路基于"构建逻辑—构建行为—构建结果"路径，来探讨核心企业主导的开放式创新生态系统构建过程，本研究形成如图6-1所示的核心企业主导的开放式创新生态系统构建过程的一般性分析框架。

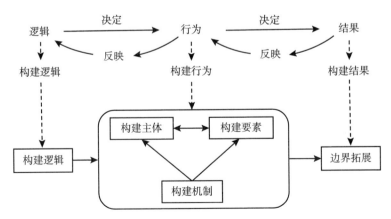

**图6-1　核心企业主导的开放式创新生态系统构建过程的分析框架**

# 6.3 研究设计

根据第 3 章的"3.2 方法选择"和"3.3 案例选择"可知，子研究三核心企业主导的开放式创新生态系统构建过程采用纵贯式单案例研究方法、内容分析法、典型事件分析法和文献分析法组成的混合研究法。根据产业典型性、企业典型性、内容适配性和数据可获得性的原则，选择了光洋科技主导的高端数控机床创新生态圈为案例研究对象。基于此，本章确定了如下的数据收集和数据分析策略，并对关键概念进行了描述与界定。

（1）数据收集。

本研究的案例数据主要包括一手资料和二手资料两种类型，由于本书的研究主题为核心企业主导的开放式创新生态系统，因此相关资料主要通过核心企业收集，少量通过相关合作对象收集。具体而言：一方面，一手资料。由于本章的研究对象是光洋科技主导的高端数控机床创新生态圈，与第 4 章的研究对象相同，在一手资料的访谈过程中依然采取半结构访谈和非正式访谈。而访谈对象依然是针对光洋科技的董事长、总经理、董事长助理、技术部部长、市场部部长、普通员工等进行了 13 次访谈，具体分三个阶段执行，包括概括性访谈初步确定访谈框架、深度访谈厘清案例事实、补充验证访谈实现数据交叉验证。而此过程与第 3 章的针对光洋科技高端数控机床创新生态圈构建动因的访谈过程相一致，这两个主题的访谈是并行开展的。在每次访谈中，在针对核心企业主导的开放式创新生态系统构建动因的访谈（详细请参考"4.2 研究设计"小节中的数据收集内容描述）完成后，会继续针对核心企业主导的开放式创新生态系统构建过程进行访谈，关于构建过程的访谈内容如表 6-1 所示。此外，还针对光洋科技的开放式创新对象大机车、瓦轴集团、大连理工大学等开展了少量访谈进行双向验证。

**表 6 - 1**　　　　　　　　　　　　光洋科技访谈内容

| 访谈对象 | 访谈内容 | 访谈次数 |
|---|---|---|
| 董事长 | 光洋科技高端数控机床创新生态圈每个阶段发展详述，包括参与单位、各单位资源供给等；各个阶段光洋科技战略行为的核心逻辑是什么；光洋科技主导的高端数控机床创新生态圈发展壮大历程 | 3 |
| 总经理 | 光洋科技高端数控机床创新生态圈每个阶段发展详述，包括参与单位、各单位资源供给等；各个阶段光洋科技战略行为的核心逻辑是什么；光洋科技高端数控机床创新生态圈发展壮大历程 | 3 |
| 董事长助理 | 光洋科技高端数控机床创新生态圈每个阶段发展详述，包括参与单位、各单位资源供给等；各个阶段光洋科技战略行为的核心逻辑是什么；光洋科技高端数控机床创新生态圈发展壮大历程 | 3 |
| 技术部部长 | 光洋科技高端数控机床创新生态圈中有哪些研发单位参与、具体的职能分工；光洋科技高端数控机床技术的积累过程、技术体系、研发体系的构建过程 | 2 |
| 市场部部长 | 光洋科技高端数控机床在后期市场化过程中哪些单位给予了支持、具体的职能分工；光洋科技高端数控机床市场化过程梳理 | 1 |
| 普通员工 | 光洋科技高端数控机床创新生态圈每个阶段发展详述包括参与单位、各单位资源供给等 | 1 |
| 合计 | | 13 |

　　另一方面，二手资料。关于构建过程的二手材料收集与第 3 章关于构建动因的二手材料收集依然并行开展，包括新闻报道、档案资料（企业宣传手册、内部档案等）、学术论文和官方网站。在对光洋科技构建动因的案例信息检索和筛选的同时，也对光洋科技构建过程的案例信息进行检索和筛选。通过百度、行业相关网站等收集光洋科技的新闻报道 67 篇，通过实地调研收集光洋科技档案资料 19 份，通过中国知网数据库、谷歌学术数据库和各大期刊官网收集到光洋科技相关的学术论文 11 篇，同时在其官方网站上收集光洋科技相关材料（注：这些资料与构建动因的部分资料是重复的）。二手资料的收集先于访谈调研并伴随一手资料收集全程，对二手资料中相互矛盾的数据，在访谈中同相关人员予以求证，确保信息

的准确性。此外，本研究还尽可能地通过光洋科技合作对象的官方网站收集数据，从而针对从光洋科技收集的相关资料进行验证。

不同来源的案例信息交叉验证，避免了共同方法偏差[56]。在具体分析中，本研究依然以一手资料作为主要案例信息，二手资料获取的案例信息作为验证和补充，同时启发研究团队索引和核实关键数据信息。最终，获得初始案例资料共计 467 页，逾 33 万字，经过整理后的有效案例信息计 138 页，近 15 万字。

（2）数据分析。

本研究遵循"分析性归纳"的质性研究原则，参考许庆瑞等[58]、吕一博等[59]的案例研究流程，对案例数据进行如下处理和分析：①作者通过对案例信息的反复阅读与研讨，识别与研究主题相关的里程碑事件、典型性事件及相关背景数据。事件的典型性由作者、导师及另一位团队成员综合一手资料和二手资料所获得的信息确认，对不确定的信息，进行当面或电话回访。②参考布伦纳和安博斯的方法[219]，借助 Atlas. ti 对收集的定性案例素材进行渐进的三级编码，抽离、提炼与研究主题相关构念及构念的关系。本书通过系统的三级编码确保从大量的定性案例素材中有效地提炼与研究主题相关的构念[249]。在具体实施过程中，作者与另一位小组成员各自独立开展三级编码，采用评分者间信度检验（inter – rater reliability）来确保编码过程的信度[250]，并且在编码过程中注意产生的新构念。③根据本研究提出的构建过程分析框架，整合对编码结果的内容分析及典型事件的分析，提炼本研究的新发现，并与已有研究进行对比，寻找差异点和相同点，从而发现潜在的理论涌现[57]。

（3）关键概念界定及描述。

案例研究并不是"另起炉灶"的研究，而是在现有的研究范式下，对已有理论研究的补充、完善和发展。因此，在开展案例分析之前通过对本研究涉及的构念及其测度变量进行界定和说明来搭建与现有研究的对话桥梁。

第一，构建逻辑。构建逻辑是促使核心企业主导的开放式创新生态系统构建的具体化战略目标、框架和成功预期的一系列清晰原则和假设[251]。综合前文提炼的机会逻辑、杠杆逻辑和定位逻辑三类构建逻辑，以及赖纳茨[27]、Borgh 等[71]、梅亮等[70]、奥梅利亚内科[42]、欧阳桃花等[44]等人对于创新生态系统构建动因和主导逻辑的研究，本研究从机会逻辑、杠杆逻辑和定位逻辑三个维度对核心企业主导的开放式创新生态系统构建逻辑进行考察。其中，机会逻辑即是指通过简单规则的设定、快速行动的即兴行为来更快更有效地抓住稍纵即逝的机会[252]。杠杆逻辑是指通过识别优势资源和收集互补性资源，从而构建和开发优势资源和互补资源的组合来生产质优价廉的产品[253,254]。定位逻辑是指根据用户需求将丰富的、平凡的资源构建紧密联系且相互强化资源配置组成行动系统从而占据一个独特、有价值的市场定位[255]。

第二，构建行为。构建行为是指核心企业主导的开放式创新生态系统构建的主要行为表现，本研究从构建主体、构建要素、构建机制三个方面进行考察。

构建主体是参与从基础研究到创新成果商品化等创新全过程的相关组织，包括企业、大学、科研院所、政府、中介机构等[37,147]，主要可以分为创新生产者和创新消费者两类[153]。遵循这一思路，本研究将开放式创新生态系统的构建主体界定为创新生产者和创新消费者两类。其中，创新生产者是指利用各种资源进行创新的主体，而创新消费者则是指吸收、使用创新成果的各种主体[21,153]。

构建要素是指技术、信息、人才、资金等维系创新系统存在和发展的基本构成[37]。杰克逊将创新生态系统的构建要素分为物质资源和人力资本两大类[21]。张震宇和陈劲的研究指出，开放式创新模式下的创新要素包括人、财、物、技术和信息五项[154]。综上所述，本研究拟从技术、人力、资金和信息考察创新生态系统的构建要素。其中，技术要素主要是指在创新产品研发和产业化过程中所需的各种工艺程序、操作方法、技能技巧的总和；人力要素是创新所需的人力资源，包括创新产生、创新吸收、创新使用等方面人才；资金要素是指直接应用于创新产品研发及产业化，以及各类创新支持性基础设施所需的资金；信息要素是指创新产品开发和创新产品市场化所需的各类信息资源。

构建机制是由企业、高校、科研院所、政府等主体及各基础支撑要素在市场需求和自身战略等的共同驱动和配置下，促使创新生态系统构建的方式[171]，其涉及系统内各主体和要素的相互联系和作用，如同系统的调节器，促进系统的有序构建。本研究遵照上述定义并结合现有文献对创新生态系统构建机制的研究，拟从利益共享机制、联盟机制和专家主导机制来测度核心企业主导的开放式创新生态系统构建机制。其中，利益共享机制是指通过在系统内形成、发现、培育和分享共同利益从而促进系统稳定有序运行的机制，主要表现为组织间的利益分配和风险共担[256]。联盟机制体现为研发联合体、战略联盟、技术联盟，并且通过在联盟内部制定相关的技术标准，签订协议、合同等明确定义规范、目标、任务和组织管理来保证不同主体间的行为一致[21,40,146]。专家主导机制即通过明星科学家协调下的人员互动来保证共享理念和共同行动得以发生[257]。

第三，构建结果。构建结果主要体现在系统边界拓展，是核心企业主导的开放式创新生态系统发展演化的外在表征。综合创新生态系统的相关边界拓展文献，地理边界[173]、组织边界[171]和知识边界[174]是创新生态系统边界拓展的主要维度。地理边界的拓展包括本地边界拓展、国内边界拓展和国际边界拓展三个层面。其中，本地边界拓展主要是指企业所在地的合作，国内边界拓展表现为国内的超本地合作，而国际边界拓展指的是跨国际的合作[176]。组织边界的拓展包括组织内部边界拓展和跨组织边界拓展两个层面[258]。其中，组织内部边界拓展表现为组织内的部门撤销、合并、新建等，跨组织边界拓展表现为联合实验室、技术联盟等。知识边界的拓展是指整合和利用组织外部相似或不同知识基的创新活动，包括同质性知识边界拓展和异质性知识边界拓展两个方面。其中，同质性知识边界拓展表现为相似知识的累加促使知识的复杂度和专业化程度提升，而异质性知识边界拓展表现为组织之间的优势互补和技术集成，促使相关知识领域的扩展[77]。

# 6.4 案例描述及数据编码

## 6.4.1 案例描述

光洋科技是国内为数不多能够自主研制、生产和销售高端数控机床的企业，其高端五轴数控机床已经批量应用于国内的航天、航空、能源等领域的导弹、航空发动机、大飞机、核电叶片、精密刀具等高精尖产品的制造线，自 2014 年起已连续 5 年成为国内五轴数控机床年产销量最大企业。当前光洋科技旗下控股公司包括大连科德数控有限公司、大连光洋伺服电机有限公司、大连光洋自动化液压系统有限公司、大连光洋传感器有限公司、大连光洋铸石床身有限公司等高端数控机床完整产业链的 11 家子公司。光洋科技是高新技术企业、国家创新型企业，设有高档数控机床控制集成技术国家工程实验室，承担了国际科技合作计划、国家科技支撑计划、国家高档数控机床科技重大专项等十余项国家级课题。主持制定数控系统现场总线国家标准，参与制定国家标准 7 项。因此光洋科技已经发展成为高端五轴数控机床领域领先企业。

光洋科技最初从电气工程零部件加工起家，随后逐步实现硬件产品（CPU 主板）和软件产品（智能化液晶触摸式监控系统）的研发和设计，实现了工业控制产品的研制和生产。从 2000 年开始，创始人于德海考虑到中国数控产业良好的发展前景，以及出于"数控领域和工控领域都是软硬件产品"的想法，带领光洋科技逐渐进入数控机床行业。光洋科技初期以中国市场紧缺的数控系统的引进为切入点，联合高校科研机构迅速实现了数控系统的引进消化吸收，并研制出了光洋科技自己的数控系统，因此这也让其成为中国为数不多能够生产数控系统的企业，为其后续发展奠定了基础。随后，在进一步研制和优化数控系统的同时，光洋科技重点通过与机床整机厂商、关键功能部件厂商、高校科研院所等构建联盟联合申报国家级科研项目来着重弥补短缺的关键功能部件技术、机床整机技术，从而将光洋打造为掌握数控机床"数控系统—关键功能部件—机床整机"完整创新链条的企业。在完成创新链条的打造后，光洋科技选择了高端五轴数控机床作为核心的产品定位，围绕用户的定制化产品构建分布式的产品创新平台和跨创新链的整合性创新平台，以用户的产品需求信息倒逼光洋科技通过整个创新链条的相关主体的协同创新来响应，从而为用户提供高端五轴数控机床（光洋科技高端数控机床创新生态圈里程碑事件线见第 4 章 "4.3.1 案例描述"小节中的图 4－1）。在此过程中，光洋科技通过开放式创新战略构造了以自身数控机床的全技术链和全产业链为核心的高端五轴数控机床创新生态圈（见第 4 章 "4.3.1 案例描述"小节中的图 4－1）。

在纵向案例研究中，阶段划分是后续分析的基础[249]，划分依据是导致研究构念发生巨变的关键事件和转折点[259]。借鉴吕一博等开放式创新生态系统构建中核心成员聚集阶段、基本框架搭建阶段、系统动态发展阶段的划分方式[37]，结合光洋科技主导的高端数控机床创新生态圈发展历程里程碑事件的回溯和分析，本研究将光洋科技主导的高端数控机床创新生态圈的构建过程划分为：核心企业成长阶段、基本框架搭建阶段和系统整合形成阶段三个阶段（见表 6－2）。

**表 6－2　　　　光洋科技高端数控机床创新生态圈三阶段发展历程**

| 阶段 | 核心企业成长阶段 | 基本框架搭建阶段 | 系统整合形成阶段 |
|---|---|---|---|
| 时间 | 2000～2005 年 | 2005～2013 年 | 2013～2018 年 |
| 目标 | 光洋科技以弥补中国高端数控系统的市场空白为目标，快速完成数控系统的开发 | 光洋科技利用数控系统的核心优势，迅速吸收关键功能部件、机床整机技术来完成数控机床完整创新链的构建 | 确定高端五轴数控机床产品定位，围绕用户需求通过创新链条上相关主体协同创新来响应 |

续表

| 阶段 | 核心企业成长阶段 | 基本框架搭建阶段 | 系统整合形成阶段 |
|---|---|---|---|
| 时间 | 2000~2005 年 | 2005~2013 年 | 2013~2018 年 |
| 构建过程 | √2001 年，以 350 万元引进德国 INDEX 的 6 轴 5 联动数控机床<br>√2002 年，以 200 万引进日本大隈公司数控机床<br>√2003 年，光洋科技联合国家科技部、大连市沙河口区政府成立"中国大连国际工控技术转移中心"<br>√2004 年，光洋科技与华中科技大学合作成立"嵌入式数控系统联合研发中心"<br>√2005 年，光洋科技以 250 万美元，从德国 PA 公司引进数控系统…… | √2005 年，与辽宁省科技厅成立"装备工业数控伺服传动工程技术研究中心"<br>√2007 年，与清华大学在第一代数控系统基础之上，实现了全数字总线数字通信技术上的突破，第二代数控系统研制成功<br>√2008 年，联合四家数控机床企业成立"中国数控系统现场总线标准技术联盟"<br>√2009 年，与大工等联合申报 14 轴 5 联动高速精密卧式机床国家科技重大专项<br>√2010 年，成立数控研究院<br>√2011 年，与大连电机达成战略联盟合作协议…… | √2013 年，与无锡透平叶片联合研制 KTurboM3000 五轴卧式叶片专用铣削机床<br>√2014 年，同 24 家企业、学研机构共建高档数控机床控制集成技术国家工程实验室<br>√2016 年，与日本上智大学及荣华商事株式会社联合设立"中日精密数控机床检测控制技术研究中心"<br>√2018 年，为上海航天精密机械研究所提供定制化机床…… |
| 结果 | 光洋科技通过引进国外数控系统，联合清华、哈工大等学研机构进行反向工程，实现了数控系统的消化吸收，开发了属于自己的高端数控系统，实现了核心企业的快速成长，为其后续构建高端数控机床创新生态圈奠定了基础 | 光洋科技在进一步优化数控系统的同时，重点通过与机床整机厂商、关键功能部件厂商、学研机构等构建联盟联合申报国家级项目来弥补短缺的关键功能部件和机床整机技术，从而将其打造为掌握"数控系统—关键功能部件—机床整机"完整创新链条的企业，实现基本框架搭建 | 光洋科技围绕用户的高端五轴数控机床产品需求，构建分布式产品创新平台和跨创新链的整合性创新平台，促使创新链条的相关主体协同创新来满足用户需求，从而促进高端数控机床创新生态圈整合形成 |

注：……表示篇幅限制未全部列出。

（1）核心企业成长阶段。

成立于 1993 年的光洋科技初期以工业控制产品起家，而产品的生产需要进口国外的高端数控机床。在设备进口过程中，国外企业对高端数控机床的使用设定了种种限制。这是由于数控机床最为核心技术的数控系统一直掌握在德国、日本的少数企业手中，这让它们在获取高额利润的同时，还拥有话语权。但是由于数控系统的技术复杂性高，国内一直没有形成有实力的数控系统生产企业。创始人于德海不仅看到了中国数控系统的市场空白，他还考虑到数控系统与工业控制产品的核心技术均是控制技术和执行技术。而光洋科技多年的技术积累，促使其形成了包括嵌入式操作系统、通信总线技术、嵌入式硬件研发技术等技术的优势。因此，于德海决定带领光洋科技进入数控系统领域。

数控系统涉及通信、电子、控制、软件等众多技术，复杂程度高。而为了能够快速实现数控系统的研制，于德海遵循"别从零开始"和"站在巨人的肩膀上"的指导原则，通过开放式创新战略实现数控系统技术的快速积累。具体来看，一方面，从 2001 年开始，光洋科技陆续从德国 IN-DEX 公司、PA（Power Automation）公司、日本大限公司引进数控机床和系统。另一方面，尽管光洋科技在数控系统核心的控制和执行技术方面具有一定的技术积累，但是其数控系统人才依然不足。因此，从 2002 年开始，光洋科技与科技部、国家人事部、大连理工大学、大连海事大学、华中科技大学等成立大连光洋数控系统工程研究中心、博士后工作站、嵌入式数控系统联合研发中心、大连国际工控技术转移中心等合作组织，实现数控系统人才的迅速聚集，从而有效推动了光洋科技数控系统反向工程的实现。

为了保证数控系统快速、高效地引进消化吸收，技术出身的于德海亲自带领光洋科技研发人员同数控系统知名学者开展数控系统技术联合攻关。2005 年，在光洋科技和众多合作单位的努力下，第一代 GTP8000E 高档开放式数控系统诞生，这让光洋科技成为中国为数不多能够生产数控系统的企业，这为光洋科技成为高端数控机床创新生态圈的核心企业奠定了基础（见图 6－2）。

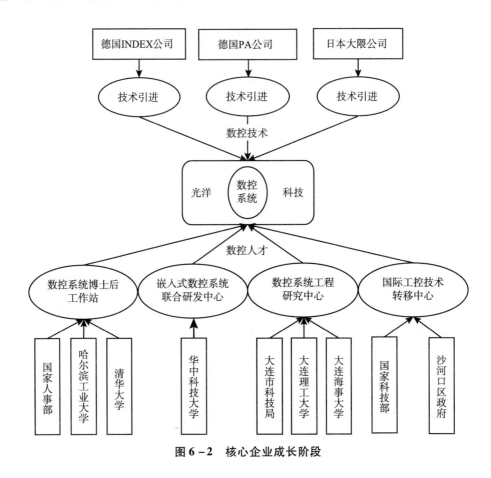

图 6 - 2  核心企业成长阶段

（2）基本框架搭建阶段。

在完成第一代数控系统研制后，这让光洋科技在业内声名鹊起，随之而来的就是政府部门、同行企业的支持和关注。为了进一步强化数控系统这一优势资源，光洋科技会同高校科研院所、同行企业等持续优化，增强系统稳定性。而更重要的是，数控机床在数控系统之外还涉及关键功能部件和机床整机技术。于是于德海就利用数控系统的优势资源，与机床整机厂商、国内外零部件供应商、高校科研机构等单位构建研发联盟，吸收关键功能部件技术和机床整机技术，从而完成"数控系统—关键功能部件—机床整机"完整创新链条的构建。

　　光洋科技在开放式创新战略的指引下，通过与外部相关单位合作进行数控系统的优化和关键功能部件技术及机床整机技术的弥补。具体而言：第一，对于关键功能部件，2005 年，光洋科技联合哈尔滨工业大学、辽宁省科技厅等相关优势单位组建成立装备工业数控伺服传动工程技术研究中心、运动技术工程化联合实验室等合作机构，并且 2009 年开始联合国内外零部件供应商、机床生产企业、高校科研院所申报国家科技重大专项开展数控万能铣头、力矩电机及驱动、直驱式双轴转台等功能部件的研制和生产。第二，对于机床整机，光洋科技从 2007 年开始联合政府部门、沈阳机床集团、大连重工起重集团、大连高金数控、北京航空航天大学等组建技术联盟，联合承担国家科技重大专项 6 轴 5 联动车铣复合加工机床、14 轴 5 联动高速精密卧式车铣复合机床、11 轴 5 联动立式复合机床等的研发。第三，对于数控系统，光洋科技联合清华大学成立"数控技术工程化联合实验室"，共同对第一代数控系统存在的问题进行持续改进，2007 年形成第二代数控系统 GDS2007，实现了全数字总线通信技术上的突破，提高了数控机床的精度和稳定性。此外，光洋科技还与武汉华中数控、浙大数控、广州数控、沈阳高精数控联合组建"中国数控系统现场总线技术标准联盟"，主持制定中国数控系统现场总线技术国家标准。

　　在上述合作过程中，光洋科技与相关单位形成合作联盟，同时在联盟内部制定了相应的制度规范，明确每个单位的职能分工、权利、义务等各项职责。同时，还制定相关国家或者行业标准 7 项，完成数控系统源代码国家测试认证，从而保证联盟内的成员能够在同一标准体系内进行技术开发，确保联盟内部能够平稳地运行。光洋科技通过在创新链的各个环节内分散式地构建技术联盟，完成了数控系统、关键功能部件和机床整机完整创新链的构建，从而完成光洋科技高端数控机床创新生态圈的基本框架搭建（见图 6 - 3）。

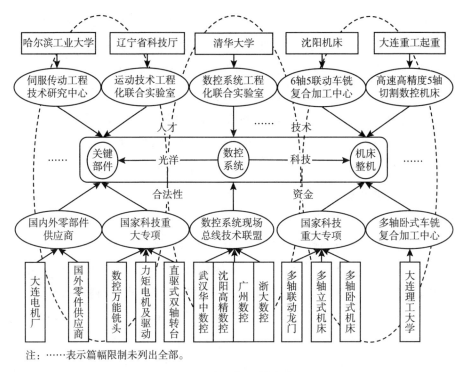

注：……表示篇幅限制未列出全部。

图 6 – 3　基本框架搭建阶段

（3）系统整合形成阶段。

光洋科技在完成"数控系统—关键功能部件—机床整机"搭建后，于德海选择生产高附加值的高端五轴数控机床，而放弃低附加值的低端数控机床。而高端数控机床就要求用户定制化，因此光洋科技围绕用户产品需求，通过构建分布式产品创新平台和跨创新环节的整合性创新平台，促使创新链条的相关主体协同创新来满足用户需求，从而推动高端数控机床创新生态圈的整合形成。

光洋科技通过与用户，以及创新链条上的各个创新主体之间协同创新来满足用户的需求。具体而言：一方面，光洋科技根据用户的产品需求构建分布式的产品创新平台。例如，为了响应北京动力机械研究所的航天装备加工需求，构建了航天装备机床平台。2013 年，光洋科技与北京机械研究所开始合作。在合作初期，光洋科技首先向研究所提供了两台五轴联动立式铣车复合加工中心，而研究所基于多年的进口高端航天装备机床的使用经验和弹用发动机制造工艺技术积累，对设备提出改进建议 47 项，共计 200 多页的问题。而光洋科技根据研究所提出问题，与清华大学、哈尔滨工业大学、华中数控等单位就问题一一优化改进，经过两年的设备优化，产品达到了研究所的要求，最终为其提供高端数控加工设备 22 台。在此过程中光洋科技与研究所开展深入联合验证和迭代研发。此外，为了响应无锡透平叶片有限公司、株洲钻石切削刀具股份有限公司数十家公司的需求，光洋科技分别构建了五轴叶片加工专用机床平台、五轴刀具加工专用机床平台等多个产品创新平台。另一方面，光洋科技为了进一步打通数控机床创新链条的各个环节构建了整合性的创新平台。例如，2014 年光洋科技与 24 家企业、高校科研院所组建"高档数控机床集成技术国家工程实验室"，该实验室设在光洋科技，这是我国数控机床及研究领域首个国家工程实验室，实验室致力于研究成果向工程技术转化，最终将其打造为数控机床行业相关技术的支撑平台。2016 年，光洋科技又与日本上智大学及日本荣华商事株式会社，联合设立"中日精密数控机床检测控制技术研究中心"。研究中心通过引进激光干涉测控技术进一步强化数控机床的精准度和稳定性，通过将机器人融入数控机床领域，实现未来数控机床的引领。

在此过程中，光洋科技与用户和相关创新主体实现了"共同创新，共同提升，共同受益"，分布式的产品创新平台和跨创新环节的整合性创新平台促使光洋科技的高端数控机床创新生态圈内实现了收益共享、风险共担，强化了用户、光洋、各个创新主体之间的交流反馈，促进了高端数控机床创新生态圈的整合形成。最终，光洋科技通过用户需求倒逼创新链条的各个环节打通，实现技术、人才等要素的自由流动，完成高端数控机床创新生态圈的构建（见图 6-4）。

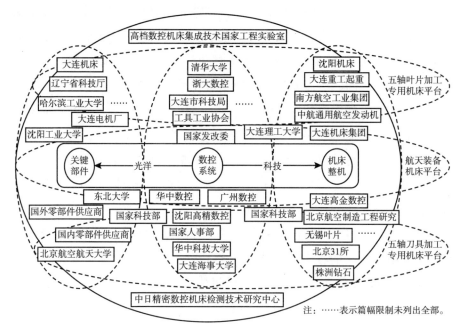

图 6 - 4  系统整合形成阶段

## 6.4.2 数据编码

首先，根据数据来源将整理后的相关案例数据开展一级编码。其中，将不同来源的重复数据进行合并处理，以及相同来源的重复数据进行归一化处理。基于案例数据的一级编码，得到包含 531 条引文的一级引文库，各个来源的引文数汇总如表 6 - 3 所示。其中，给予每条引文对应的编号，如 $S_2$ - 6 代表来源为档案资料（$S_2$）的 6 号引文。

表 6 - 3                         一级编码引文库表

| 数据来源 | 数据分类 | 编码 | 引文数目 |
| --- | --- | --- | --- |
| 一手资料 | 半结构访谈 | $I_1$ | 241 |
|  | 非正式访谈 | $I_2$ | 79 |

续表

| 数据来源 | 数据分类 | 编码 | 引文数目 |
|---|---|---|---|
| 二手资料 | 新闻报道 | $S_1$ | 78 |
| | 档案资料 | $S_2$ | 31 |
| | 学术论文 | $S_3$ | 63 |
| | 官方网站 | $S_4$ | 39 |
| 合计 | | | 531 |

　　其次，对一级引文库中的引文进行阶段和事件的关联标记，完成二级编码。经过作者、导师及团队成员的反复研讨，确定典型事件 85 件（$E_x$），按一级引文库的引文描述内容与阶段/事件的关联性，给予每条引文单一的关联标记（见表 6 - 4），最终形成 545 条二级引文。通过二级编码，实现了引文与阶段/事件的关联标记，如 $P_2E_{26}I_1 - 5$ 表示 $I_1 - 5$ 号引文与第二阶段（$P_2$）的事件 $E_{26}$ 具有关联性。

表 6 - 4　　　　　二级编码阶段和事件关联引文库表

| 阶段 | 典型事件 | 关联引文 | 关联引文 |
|---|---|---|---|
| 核心企业成长阶段 | ①以 350 万元购买德国 INDEX 的 6 轴 5 联动数控机床，通过反求工程进行数控系统的消化吸收 | 4 | 108 |
| | ②以 200 万购买日本大隈公司数控机床，了解和引进国外的数控系统技术 | 5 | |
| | ③光洋科技联合大连市发改委和科技局、大连海事大学、大连理工大学建立"大连光洋数控系统工程研究中心"，围绕数控系统开展技术研究，工程化和产业化开发 | 7 | |
| | …… | …… | |

| 阶段 | 典型事件 | 关联引文 | 关联引文 |
|---|---|---|---|
| 基本框架搭建阶段 | ①光洋科技与辽宁省科技厅成立"装备工业数控伺服传动工程技术研究中心",致力于伺服电机相关技术的研发 | 3 | 166 |
| | ②在科技部支持下,光洋科技与大连机床集团、大连高金数控、大连理工大学等联合承担14轴5联动高速精密卧式车铣复合机床的国家科技重大专项 | 7 | |
| | ③光洋作为工作组组长单位,牵头武汉浙大数控、广州数控、沈阳高精数控、华中数控组建"中国数控系统现场总线标准技术联盟",一同制定我国数控系统现场总线技术的国家标准 | 6 | |
| | …… | …… | |
| 系统整合形成阶段 | ①光洋科技与无锡透平叶片有限公司合作研制叶片加工的KTurboM3000五轴卧式叶片铣削加工专用机床 | 8 | 271 |
| | ②光洋科技与北京动力机械研究所合作研制航天装备加工的五轴联动立式铣车复合机床 | 9 | |
| | ③光洋科技与24家企业、高校科研院所联合组建"高档数控机床集成技术国家工程实验室" | 6 | |
| | …… | …… | |
| 合计 | | 545 | 545 |

最后,对二级引文库中的引文进行概念标签化,形成三级编码库。参考前期构建逻辑、构建行为和构建结果的相关研究,遴选出若干预设关键词对相应构念进行测度。在实施过程中,借助 Atlas. ti 开展编码:①作者及团队成员,参考构念及测度变量的界定,分别对引文逐条进行关键词标注;②两位成员交换编码形成的关键词并进行互审,经讨论后对于无法达成一致的关键词同导师进行研讨以确定其保留或删除,经过此环节共形成1 628条三级编码条目(见表6-5);③两位编码人员将标注的关键词与预设的关键词进行比对,根据语义相同或相近分别将标

注的关键词条目分配到构建逻辑、构建行为和构建结果的构念测度变量下（见表6-6）。

表6-5　　　　　　　　　　　　　编码过程示例

| 引文编号 | 引文内容 | 关键词 |
|---|---|---|
| $P_1E_5I_1-5$ | 光洋科技董事长助理说："我们以350万引进德国PA公司的数控系统，然后于德海董事长带领光洋的技术人员进行反向工程，在此过程中，解决光洋科技数控系统研发问题，这为光洋的第一代数控系统研制成功起到了关键作用。" | 反向工程<br>技术引进<br>消化吸收 |
| $P_2E_{26}S_1-132$ | 作为中华人民共和国成立后生产出中国首台数控机床的高校，清华大学的精密仪器学在数控领域的科研水平处于国内乃至世界先进水平。但是清华大学却面临着与其他高校同样的问题，即技术成果难以产业化。而光洋虽然在数控领域是一个初级的进入者，但在经过前期的探索已经完成第一代数控系统的研发，其在数控系统软、硬件开发和产品的工程化技术方面具有优势，实现与清华大学的优势互补 | 资源整合<br>优势互补 |
| $P_3E_{50}S_2-10$ | 光洋科技与北京动力机械研究所在2013年开展首次合作，就两台五轴联动立式铣车复合加工中心联合开展设备优化及工艺适应性研究工作，北京动力机械研究基于多年的进口高端设备使用经验和弹用发动机制造工艺技术积累，对设备提出改进建议47项，共计200多页的问题，2014～2015年这两年研究所协助科德数控解决设备故障缺陷100多项，完善设备配置20多项，优化数控系统8个版本，设备可靠性、稳定性大幅提升，逐步达到国际先进水平，双方也形成了良好的联合研发合作模式 | 用户反馈<br>协同创新 |

注：$P_2E_{26}S_1-132$ 表示 $S_1-132$ 号引文与第二阶段（$P_2$）的典型事件 $E_{26}$ 具有关联性。

表6-6　　　　　　　　三级编码所形成的构念测度变量

| 基本思路 | 相关构念 | 测度变量 | 编码 |
|---|---|---|---|
| 构建逻辑 | 构建逻辑（L） | 机会逻辑 | $L_1$ |
| | | 杠杆逻辑 | $L_2$ |
| | | 定位逻辑 | $L_3$ |

| 基本思路 | 相关构念 | 测度变量 | | 编码 |
|---|---|---|---|---|
| 构建行为 | 构建主体（A） | 创新生产者 | | $A_1$ |
| | | 创新消费者 | | $A_2$ |
| | | 分解者 | | $A_3$ |
| | 构建要素（F） | 技术要素 | | $F_1$ |
| | | 人力要素 | | $F_2$ |
| | | 资金要素 | | $F_3$ |
| | | 信息要素 | | $F_4$ |
| | | 合法性要素 | | $F_5$ |
| | | 平台要素 | | $F_6$ |
| | 构建机制（M） | 专家主导机制 | | $M_1$ |
| | | 联盟机制 | | $M_2$ |
| | | 利益共享机制 | | $M_3$ |
| | | 无形机制 | | $M_4$ |
| 构建结果 | 边界拓展（B） | 知识边界拓展（$B_1$） | 同质性知识边界拓展 | $B_{11}$ |
| | | | 异质性知识边界拓展 | $B_{12}$ |
| | | 组织边界拓展（$B_2$） | 组织内部边界拓展 | $B_{21}$ |
| | | | 跨组织边界拓展 | $B_{22}$ |
| | | 地理边界拓展（$B_3$） | 本地地理边界拓展 | $B_{31}$ |
| | | | 国内地理边界拓展 | $B_{32}$ |
| | | | 国际地理边界拓展 | $B_{33}$ |

其中，构建逻辑（L）的测度变量包括机会逻辑（$L_1$）、杠杆逻辑（$L_2$）和定位逻辑（$L_3$），构建主体（A）的测度变量包括创新生产者（$A_1$）和创新消费者（$A_2$），构建要素（F）的测度变量包括技术要素（$F_1$）、人力要素（$F_2$）、资金要素（$F_3$）和信息要素（$F_4$），构建机制（M）的测度变量包括专家主导机制（$M_1$）、联盟机制（$M_2$）和利益共享机制（$M_3$），边界拓展（B）的测度变量包括知识边界拓展（$B_1$）、组织

边界拓展（$B_2$）和地理边界拓展（$B_3$）。对于无法归入上述变量范畴的概念，综合考虑编码过程中的新构念现象，笔者与研究团队的两位成员讨论形成 4 个新的变量范畴，用以补充测度构建主体、构建要素和构建机制，分别命名为分解者（$A_3$）、合法性要素（$F_5$）、平台要素（$F_6$）和无形机制（$M_4$）。分解者即如同自然生态系统中的连接生产者和消费者的分解者功能定位一样，开放式创新生态系统中的分解者主要发挥连接创新生产者和创新消费者的功能，为生产者的创新生产和消费者的创新消费提供辅助支撑，如政府、金融机构、中介机构等[37,41,260]。合法性要素即利益相关者对于组织的认可[261]，而这本身也是企业的一种资源[262,263]，能够帮助企业提高可信性[264]，获得上下游利益相关者的认可和支持[265,266]，还能为企业撬动其他资源。平台要素能够为开放式创新生态系统内的其他成员提供服务、工具或者技术来提升他们的绩效[40]。无形机制即为了系统地构建和发展以核心企业为核心的相关主体通过明确愿景、加强沟通、建立信任等方式促进系统内各个创新主体的联系和要素的流动，从而确保生态系统参与者关于系统目标和需求的理解一致[198,267]。

作者和另一位小组成员通过双盲方式决定条目的范畴归属，本研究借助 Marques 和 McCall 提出的混淆矩阵（confusion matrix）[268]对关键词整理分类结果进行评分者间信度检验（见表 6 - 7），从而确保编码过程的信度。其中，在矩阵的 $X_{ij}$ 中，$i$ 的数字表示作者归入相应范畴的条目数，$j$ 的数字表示另一位小组成员归入相应范畴的条目数，而对角线上数字表示作者和小组成员编码结果一致的数量。当两位编码人员针对条目的归属出现分歧时，选择与导师讨论决定，删除仍然无法形成一致意见的编码，最终确定了有效三级编码条目数为 1 479 条，评分者间信度达到 1 479/1 628 = 90.8%。

表 6 - 7　三级编码混淆矩阵

| 编码 | \multicolumn{23}{c}{编码成员一的编码结果} | 结果汇总 |
| --- | L₁ | L₂ | L₃ | A₁ | A₂ | A₃ | F₁ | F₂ | F₃ | F₄ | F₅ | F₆ | M₁ | M₂ | M₃ | M₄ | B₁₁ | B₁₂ | B₂₁ | B₂₂ | B₃₁ | B₃₂ | B₃₃ | 结果汇总 |
| L₁ | 66 | 0 | 0 | 0 | 0 | 0 | 0 | 0 | 0 | 0 | 0 | 0 | 0 | 0 | 0 | 0 | 0 | 0 | 0 | 0 | 0 | 0 | 0 | 66 |
| L₂ | 0 | 72 | 0 | 0 | 0 | 0 | 0 | 0 | 0 | 0 | 0 | 0 | 0 | 2 | 0 | 0 | 1 | 2 | 0 | 3 | 0 | 0 | 0 | 80 |
| L₃ | 0 | 0 | 65 | 0 | 0 | 0 | 0 | 0 | 0 | 0 | 0 | 0 | 0 | 0 | 0 | 0 | 0 | 0 | 0 | 0 | 0 | 0 | 0 | 65 |
| A₁ | 1 | 0 | 0 | 106 | 0 | 2 | 0 | 0 | 0 | 0 | 0 | 0 | 0 | 0 | 0 | 0 | 0 | 0 | 1 | 0 | 0 | 0 | 0 | 110 |
| A₂ | 0 | 0 | 0 | 2 | 101 | 3 | 0 | 0 | 0 | 0 | 0 | 0 | 1 | 0 | 0 | 0 | 0 | 1 | 0 | 1 | 0 | 0 | 0 | 109 |
| A₃ | 0 | 0 | 0 | 4 | 5 | 66 | 0 | 0 | 0 | 0 | 0 | 1 | 0 | 0 | 0 | 0 | 0 | 0 | 0 | 0 | 0 | 0 | 0 | 76 |
| F₁ | 0 | 0 | 2 | 0 | 0 | 0 | 68 | 1 | 0 | 1 | 0 | 0 | 0 | 0 | 0 | 0 | 0 | 0 | 0 | 0 | 0 | 2 | 0 | 74 |
| F₂ | 0 | 0 | 0 | 0 | 0 | 0 | 2 | 65 | 0 | 2 | 1 | 2 | 3 | 0 | 0 | 0 | 0 | 0 | 0 | 0 | 0 | 0 | 1 | 76 |
| F₃ | 0 | 0 | 0 | 1 | 0 | 0 | 0 | 0 | 61 | 0 | 0 | 0 | 0 | 0 | 0 | 0 | 3 | 0 | 0 | 0 | 1 | 0 | 0 | 66 |
| F₄ | 0 | 0 | 0 | 1 | 0 | 0 | 1 | 0 | 0 | 40 | 1 | 2 | 0 | 0 | 0 | 3 | 0 | 1 | 1 | 0 | 0 | 0 | 0 | 50 |
| F₅ | 0 | 0 | 2 | 0 | 0 | 0 | 0 | 0 | 0 | 1 | 57 | 0 | 0 | 1 | 0 | 0 | 0 | 0 | 0 | 0 | 1 | 0 | 0 | 62 |
| F₆ | 0 | 0 | 0 | 0 | 0 | 0 | 0 | 2 | 0 | 0 | 0 | 54 | 0 | 1 | 0 | 0 | 0 | 0 | 0 | 0 | 0 | 0 | 0 | 57 |
| M₁ | 0 | 0 | 0 | 0 | 0 | 0 | 0 | 0 | 0 | 0 | 0 | 0 | 64 | 0 | 0 | 3 | 0 | 0 | 0 | 0 | 0 | 0 | 0 | 67 |
| M₂ | 0 | 3 | 0 | 0 | 0 | 0 | 0 | 0 | 0 | 0 | 1 | 0 | 0 | 66 | 3 | 3 | 0 | 0 | 0 | 3 | 2 | 3 | 2 | 86 |
| M₃ | 0 | 0 | 2 | 0 | 0 | 0 | 0 | 0 | 0 | 0 | 0 | 4 | 0 | 3 | 62 | 1 | 0 | 0 | 0 | 0 | 0 | 0 | 0 | 72 |
| M₄ | 0 | 0 | 0 | 0 | 0 | 0 | 0 | 0 | 0 | 0 | 0 | 0 | 5 | 2 | 1 | 53 | 0 | 0 | 0 | 0 | 0 | 0 | 0 | 61 |
| B₁₁ | 0 | 4 | 0 | 0 | 0 | 0 | 0 | 0 | 0 | 0 | 0 | 0 | 0 | 0 | 0 | 0 | 62 | 0 | 0 | 0 | 0 | 1 | 3 | 70 |

续表

| 编码 | | L₁ | L₂ | L₃ | A₁ | A₂ | A₃ | F₁ | F₂ | F₃ | F₄ | F₅ | F₆ | M₁ | M₂ | M₃ | M₄ | B₁₁ | B₁₂ | B₂₁ | B₂₂ | B₃₁ | B₃₂ | B₃₃ | 结果汇总 |
|---|---|---|---|---|---|---|---|---|---|---|---|---|---|---|---|---|---|---|---|---|---|---|---|---|---|
| 编码成员一的编码结果 | B₁₂ | 0 | 4 | 4 | 0 | 0 | 0 | 0 | 0 | 0 | 0 | 2 | 0 | 4 | 0 | 0 | 0 | 0 | 63 | 0 | 0 | 0 | 0 | 0 | 74 |
| | B₂₁ | 0 | 0 | 0 | 0 | 0 | 0 | 0 | 1 | 4 | 1 | 0 | 0 | 0 | 0 | 0 | 0 | 0 | 0 | 38 | 0 | 0 | 0 | 0 | 44 |
| | B₂₂ | 0 | 0 | 1 | 1 | 0 | 0 | 0 | 0 | 0 | 0 | 0 | 0 | 0 | 0 | 0 | 0 | 0 | 0 | 3 | 75 | 3 | 1 | 1 | 85 |
| | B₃₁ | 0 | 0 | 0 | 0 | 0 | 0 | 0 | 0 | 0 | 0 | 0 | 0 | 0 | 1 | 1 | 1 | 0 | 1 | 0 | 0 | 50 | 0 | 0 | 53 |
| | B₃₂ | 0 | 0 | 0 | 0 | 0 | 0 | 0 | 0 | 0 | 0 | 0 | 0 | 0 | 0 | 0 | 0 | 0 | 0 | 0 | 0 | 0 | 70 | 0 | 70 |
| | B₃₃ | 0 | 0 | 0 | 0 | 0 | 0 | 0 | 0 | 0 | 0 | 0 | 0 | 0 | 0 | 0 | 0 | 0 | 0 | 0 | 0 | 0 | 0 | 55 | 55 |
| 结果汇总 | | 67 | 85 | 71 | 115 | 110 | 72 | 71 | 69 | 67 | 46 | 61 | 61 | 78 | 72 | 68 | 59 | 66 | 68 | 43 | 82 | 58 | 77 | 62 | 1 628 |

通过上述三级编码，完成了概念标签及其范畴归属，这成为核心企业主导的开放式创新生态系统构建逻辑、构建行为和构建结果的基本分析单元。不同构建阶段的条目及编码分布如表6-8所示，而形成的有效三级编码条目是本章后续案例分析的基础。

表6-8 编码结果

| 基本思路 | 构念 | 测度变量 | 关键词 | 有效编码数目分布 | | | 合计 |
| --- | --- | --- | --- | --- | --- | --- | --- |
| | | | | 核心企业成长阶段 | 基本框架搭建阶段 | 系统整合形成阶段 | |
| 构建逻辑 | 构建逻辑 | 机会逻辑 | 市场空白｜市场机会｜市场环境变化｜市场混乱｜市场落后｜市场不完善｜一家独大｜快速响应｜用户需求未满足｜市场垄断｜低成本大产出｜快速产出｜模仿借鉴｜即兴而为 | 31 | 12 | 23 | 66 |
| | | 杠杆逻辑 | 核心资源｜核心优势｜互补资源｜互补资产｜资源组合｜资源最大效果开发｜最大化利用｜资源整合｜资源撬动｜数控机床完整创新链｜技术链｜产业链 | 8 | 45 | 19 | 72 |
| | | 定位逻辑 | 市场定位｜产品定位｜高端产品｜低端产品｜高端机床｜低端机床｜用户需求｜定制化生产｜协同创新｜用户反馈 | 5 | 6 | 54 | 65 |
| 构建行为 | 构建主体 | 创新生产者 | 基础研究｜应用研究｜技术创新｜技术研发｜数控系统攻关｜关键功能部件技术合作研发｜机床整机技术合作研发｜新技术研发｜专利申请 | 41 | 28 | 37 | 106 |
| | | 创新消费者 | 技术应用｜商业化｜技术引进｜技术消化吸收｜创新成果使用｜使用新技术｜专利购买｜反向工程 | 24 | 39 | 38 | 101 |
| | | 分解者 | 政府部门｜行业协会｜金融机构｜风险投资公司｜专利申请机构｜技术标准协会｜资源对接｜牵线搭桥 | 18 | 13 | 35 | 66 |

| 基本思路 | 构念 | 测度变量 | 关键词 | 有效编码数目分布 | | | 合计 |
|---|---|---|---|---|---|---|---|
| | | | | 核心企业成长阶段 | 基本框架搭建阶段 | 系统整合形成阶段 | |
| 构建行为 | 构建要素 | 技术要素 | 基础技术｜共性技术｜应用技术｜专利技术｜非专利技术｜领先技术｜集成技术｜学科｜专业知识｜数控技术｜零部件技术｜整机技术 | 27 | 18 | 23 | 68 |
| | | 人力要素 | 人才｜教授｜学者｜院士｜博士后｜技术专家团队｜科技专家｜科研队伍｜专家｜于德海｜陈虎｜干中学｜交流学习｜培训｜攻坚团队｜业界专家｜技术人员｜知识产权工作者 | 24 | 21 | 20 | 65 |
| | | 资金要素 | 自有资金｜科研经费｜政府专项支持｜生产基金｜风险投资｜贷款｜研发支出｜开发成本 | 8 | 31 | 22 | 61 |
| | | 信息要素 | 技术信息｜市场信息｜数控系统研究前沿｜数控机床需求前沿｜产品需求信息｜顾客反馈信息｜市场行情信息｜用户投诉 | 6 | 8 | 26 | 40 |
| | | 合法性要素 | 社会认可｜政府认可｜供应商认可｜用户认可｜同行认可｜高校认可｜科研院所认可｜员工自豪感｜领导满意｜员工归属感 | 3 | 33 | 21 | 57 |
| | | 平台要素 | 联合实验室｜工程研究中心｜联合研发中心｜工程技术研究中心｜技术联盟｜国家工程实验室｜技术研究中心｜检测平台｜共享平台｜产品创新平台 | 4 | 5 | 45 | 54 |

续表

| 基本思路 | 构念 | 测度变量 | 关键词 | 有效编码数目分布 | | | 合计 |
|---|---|---|---|---|---|---|---|
| | | | | 核心企业成长阶段 | 基本框架搭建阶段 | 系统整合形成阶段 | |
| 构建行为 | 构建机制 | 专家主导机制 | 专家推动｜团队推进｜首席专家领衔｜教授推动｜专家协调｜学者牵头｜专家委员会｜首席专家制｜教授负责制｜学术委员会｜院士带头 | 34 | 13 | 17 | 64 |
| | | 利益共享机制 | 收入分成｜风险共担｜利益共享｜共同受益｜反馈调节｜双赢｜多赢｜共同提升｜ | 3 | 8 | 51 | 62 |
| | | 联盟机制 | 研发联合体｜战略联盟｜开发联盟｜合作研发｜联合研发｜联合创新｜联合申报项目｜行业技术标准｜数控系统技术联盟｜交叉授权许可｜合作协议｜订立合同｜联盟运作管理制度｜联盟章程｜联盟理事会｜任务分工｜签署协议｜制度保障 | 5 | 43 | 18 | 66 |
| | | 无形机制 | 愿景设定｜信任建立｜沟通交流｜达成共识｜共同目标｜相互认同｜分工明确 | 12 | 19 | 22 | 53 |
| 构建结果 | 知识边界拓展 | 同质性知识边界拓展 | 共同提升｜知识专业化｜知识复杂化｜相同知识积累｜强强联合｜数控技术水平提升｜数控系统优化 | 18 | 11 | 33 | 62 |
| | | 异质性知识边界拓展 | 优势互补｜技术集成｜相互学习｜优势整合｜技术互补｜跨学科创新｜不同知识基｜完整技术链｜完整创新链 | 3 | 29 | 31 | 63 |
| | 组织边界拓展 | 组织内部边界拓展 | 部门调整｜职能变更｜部门合并｜部门撤销｜层次调整｜组织结构调整 | 4 | 9 | 25 | 38 |
| | | 跨组织边界拓展 | 联合｜研发合作关系｜产学研联盟｜共建研究结构｜联合攻关｜共建联合实验室｜国外技术引进 | 15 | 26 | 34 | 75 |

续表

| 基本思路 | 构念 | 测度变量 | 关键词 | 有效编码数目分布 | | | 合计 |
| --- | --- | --- | --- | --- | --- | --- | --- |
| | | | | 核心企业成长阶段 | 基本框架搭建阶段 | 系统整合形成阶段 | |
| 构建结果 | 地理边界拓展 | 本地地理边界拓展 | 本地合作｜地区合作｜东北地区｜大连市｜省域合作平台｜本地熟悉单位 | 9 | 14 | 27 | 50 |
| | | 国内地理边界拓展 | 国内合作｜跨地区合作｜跨地域创新网络｜北京｜武汉｜广州 | 5 | 29 | 36 | 70 |
| | | 国际地理边界拓展 | 国际合作｜国际化资源配置｜海外技术引进｜日本｜德国 | 18 | 8 | 29 | 55 |
| 合计 | | | | 325 | 468 | 686 | 1 479 |

注：＊是 GERP 搜索中的通配符；｜在布尔搜索中表示"逻辑或"（下同）。

# 6.5　案例分析

从光洋科技主导的高端数控机床创新生态圈的构建历程来看，其具有典型的核心企业主导的开放式创新生态系统的特征。其构建经历了核心企业成长、基本框架搭建和系统整合形成三个较为明显的发展阶段。根据模式匹配的逻辑，按照前文提出的核心企业主导的开放式创新生态系统构建研究的一般分析框架，基于不同阶段的构建逻辑、构建行为和构建结果对其构建过程进行剖析。首先，通过编码结果分析，识别核心企业主导的开放式创新生态系统构建各阶段的构建逻辑、构建行为和构建结果；其次，通过典型事件分析，对各阶段构建逻辑、构建行为和构建结果的表现特征进行确认并提炼概念的指向关系；最后，对核心企业主导的开放式创新生态系统不同构建阶段的表现特征和关系进行分析，厘清构建过程。

### 6.5.1 核心企业成长阶段

（1）编码结果分析。由编码结果可知，核心企业主导的开放式创新生态系统在核心企业成长阶段的构建逻辑表现出机会逻辑主导；创新消费者是该阶段的核心构建主体；技术要素和人力要素是该阶段的主要构建要素；专家主导机制为该阶段的主导构建机制；构建结果表现为跨国跨组织的同质性知识边界拓展（该阶段的编码结果请参考表6-8）。

（2）典型事件分析。根据该阶段构建逻辑、构建行为和构建结果的表现特征，借助 Atlas. ti 辅助搜索对应的 108 条二级引文库原始文件以及对应的 15 件典型事件，按照"逻辑—行为—结果"的基本思路对核心企业主导的开放式创新生态系统构建逻辑、构建行为和构建结果的表现特征进行确认并提炼构念间的指向关系，从而探讨核心企业主导的开放式创新生态系统在核心企业成长阶段的构建过程（本阶段典型事件分析如表6-9所示）。

表6-9　　　　　　　　核心企业成长阶段典型事件分析

| 维度 | 典型证据举例 | 指向关系分析 | 阶段特征 |
|---|---|---|---|
| 构建逻辑 | 光洋科技董事长说："我们在工业控制品生产过程中，进口了大量数控机床，而外商对机床的使用提出了苛刻的要求。这种'卡脖子'感觉很难受，但也没办法，主要是因为中国一直没有像样的数控系统生产厂商，中国生产的数控机床一半左右的利润被数控系统厂商赚走了，而这就是我们的机会。更关键的是我认为我们有能力做出来，工业控制产品和数控系统的核心是控制技术和执行技术，两者是相通的。因此我就想，不管用什么方式，先做出来雏形，不好没关系，后期我们可以优化。" | — | 机会逻辑主导系统核心企业的成长 |

| 维度 | 典型证据举例 | 指向关系分析 | 阶段特征 |
|---|---|---|---|
| 构建主体 | 光洋科技董事长说:"数控系统的技术很复杂,要想快速完成数控系统的研制,按部就班地来肯定是不现实的。我遵循的原则就是'别从零开始,能借鉴别人的就借鉴别人的'。因此,2001 年开始光洋科技先后从德国 INDEX、PA、日本大隈引进了数控机床和系统,然后消化吸收。在此过程中,我们缺少专业技术人才。于是 2002 年在国家人事部支持下建立博后工作站,这样吸引哈工大、大连理工的博士来这里做博士后。与华科成立联合研发中心,吸引专业的人才过来。正是这种方式,帮助我们快速实现了第一代数控系统的开发。" | 核心企业扮演创新消费者角色主导 ↑ 机会逻辑 | 核心企业扮演创新消费者角色从扮演创新生产者角色的同行企业吸收技术,从而快速捕捉市场机会 |
| 构建要素 | 光洋科技技术部部长说:"数控系统涉及到通讯、电子、控制等方方面面的技术,而系统这种产品不需要关键的设备或者特有资源,最关键的就是技术和人才。光洋做工业控制品时,尽管在嵌入式硬件研发技术、通讯总线技术、定制嵌入式操作系统等技术方面形成良好的技术积累,但是距离数控系统还有很大差距。所以,我们才通过德国 INDEX、PA、日本大隈进行技术引进快速实现技术积累,而这些技术最终还要回归到专业的人来消化吸收,因此我们就通过与华科、哈工大、大工等高校合作招募人才,这样我们才能够做出属于自己的数控系统。" | 技术和人力要素发挥主导作用 ↑ 机会逻辑 | 技术要素和人力要素发挥主导作用,两大要素以向核心企业的单向流入为主,有效推动了核心企业把握机会,快速成长 |
| 构建机制 | 光洋科技董事长助理说:"我们在工业控制产品已经做到了行业领先地位,利润丰厚。因此,大部分光洋人对于董事长跨入到这种需要大量投入而不一定有效的数控系统研发中是很不解的。这就导致了在执行过程中,可能存在很多问题。为此,技术出身的于董事长,亲自带领光洋的研发团队,会同华科、大工等高校专家进行消化吸收。董事长还召开了动员大会,在会上足足讲了三个小时,让大家明白数控系统将是未来光洋的立身之本,同样也是民族振兴的需求。在于董事长的推动下,经过五年的时间,终于研制除了光洋第一代 GTP8000E 系列高档开放式数控系统。" | 专家主导机制为主愿景机制为辅发挥作用 ↑ 机会逻辑 | 专家主导机制为主愿景机制为辅协调核心企业创新消费者实现技术和人才要素吸收,促进核心企业成长,捕捉市场机会 |

续表

| 维度 | 典型证据举例 | 指向关系分析 | 阶段特征 |
|------|------------|------------|---------|
| 边界拓展 | 2001 年，光洋科技引进德国 INDEX 的 6 轴 5 联动数控机床。2002 年，引进日本大隈数控机床。2003 年，建立博士后工作站，从哈工大、清华大学、大连理工引进博士入站。2004 年，与大连市发改委和科技局、大连海事、大连理工，共建光洋数控系统工程研究中心。2004 年，光洋联合国家科技部、大连市沙河口区政府成立"中国大连国际工控技术转移中心"。2005 年，从德国 PA 公司引进数控系统。一系列的动作帮助光洋在原有的控制和执行相关的嵌入式硬件研发技术、通信总线技术、定制嵌入式操作系统等技术方面迅速向数控系统技术延伸 | — | 以捕捉机会为核心，核心企业在系统构建之初就实现了跨国跨组织的同质性知识边界拓展 |

（3）构建过程分析。综合编码结果和典型事件分析的结果，对该阶段的核心企业主导的开放式创新生态系统构建过程进行分析。在此阶段，核心企业以市场机会为契机，通过技术引进、反向工程等方式快速行动，从而高效捕捉市场机会，有效推动核心企业的成长，这为核心企业进行开放式创新生态系统的构建奠定了基础。如光洋科技基于中国数控系统的市场空白通过反向工程仅用 5 年的时间就开发出第一代高端数控系统。因此，机会逻辑主导了核心企业的成长。

在机会逻辑主导下，核心企业通过构建机制协调构建主体和构建要素快速行动，从而抓住稍纵即逝的市场机会，实现核心企业的成长。具体而言：从构建主体来看，扮演创新消费者角色的核心企业是系统构建初期的主要发起者，其在学研机构和政府部门的支持下，从扮演创新生产者角色的同行企业中吸收技术，从而来快速抓住市场机会。如光洋科技在高校、政府等的支持下从德国 PA 和 INDEX、日本大隈公司引进数控系统技术。从构建要素来看，技术要素和人力要素是核心企业主导的开放式创新生态系统构建初期的核心要素，而构建要素表现出向核心企业单向流动的特征。技术是企业成长和生存的根本，而人才是实现技术吸收和掌握的关键基础，只有技术和人力要素共同拥有才能够推动核心企业快速成长。进一步地，技术要素从扮演创新生产者的同行企业向核心企业流动，而人力要素是从扮演创新生产者的学研机构向核心企业流动，两大要素向核心企业的单向流动有力支持了核心企业的快速成长。如光洋科技从国外同行引进技术然后引进国内学研机构人才进行消化吸收。从构建机制来看，专家主导机制为主愿景机制为辅是核心企业主导的开放式创新生态系统初期构建得以实现的关键机制。在构建初期，核心企业不具有足够的合法性，难以获取相关组织的认可，而专家具有较高的声誉和被信任度，能够促使相关方的合作交流得以实现，保证共享理念和共同行动得以发生。因此，专家主导机制有效保证了扮演创新消费者角色的核心企业实现技术要素和人才要素的内向吸收。与此同时，愿景机制所设定的长远企业发展愿景进一步提升了创新消费者的积极性和能动性，加速了技术和人力要素的流动速度。因此，专家主导机制为主愿景机制为辅共同推动了核心企业的成长，为后续开放式创新生态系统基本框架的搭建奠定了基础。如技术专家于德海主导光洋联合高校对国外数控系统反向工程实现技术引进消化吸收，而同时数控系统的高收益和民族振兴的美好愿景提升了吸收效率。

从构建结果来看，核心企业主导的开放式创新生态系统在构建之初就同时实现了地理边界、组织边界和知识边界的拓展，具体表现在跨国跨组织的同质性知识边界拓展。在机会逻辑的主导下，以满足市场机会为核心目标，核心企业开放式创新战略推动在全球搜索相关资源，通过跨组织的联合研发，在原有的知识基础之上快速进行知识专业化和知识复杂化的知识深度的增加，从而实现了跨国跨组织的同质性知识边界拓展。如光洋科技从德国 INDEX、PA 公司和日本大隈引进数控系统，并联合华科等单位通过博后工作站、联合研发中心进行消化吸收。

综上，机会逻辑主导下，扮演创新消费者角色的核心企业，通过专家主导机制和愿景机制的协调，在学研机构和政府的人力要素支持下，对扮演创新生产者角色同行企业的技术要素进行吸收，实现了跨国跨组织的同质性知识边界的拓展，最终促进了核心企业的成长，为后续核心企业主导进行开放式创新生态系统基本框架的搭建奠定了基础（见图6-5）。

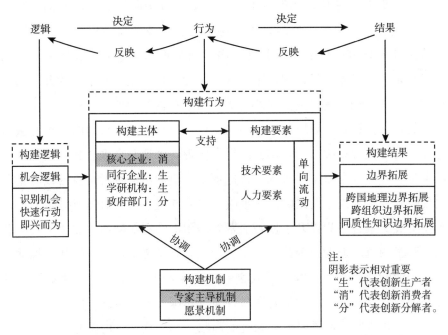

**图6-5　核心企业成长阶段核心企业主导的开放式创新生态系统构建过程**

### 6.5.2　基本框架搭建阶段

（1）编码结果分析。由编码结果可知，核心企业主导的开放式创新生态系统在基本框架搭建阶段的构建逻辑表现出杠杆逻辑主导；创新生产者和创新消费者是该阶段的核心构建主体；合法性、资金、技术、人力要素是该阶段的主要构建要素；联盟机制为该阶段的主导构建机制；构建结果表现为国内跨组织的异质性知识边界拓展（该阶段的编码结果请参考表6-8）。

（2）典型事件分析。根据该阶段构建逻辑、构建行为和构建结果的表现特征，借助Atlas. ti辅助搜索对应的166条二级引文库文件和对应的29件典型事件，按照"逻辑—行为—结果"的基本思路对核心企业主导的开放式创新生态系统构建逻辑、构建行为和构建结果的表现特征进行确认并提炼构念间的指向关系，从而探讨核心企业主导的开放式创新生态系统在基本框架搭建阶段的构建过程（见表 6 – 10）。

表 6 – 10　　　　　　　　　基本框架搭建阶段典型事件分析

| 维度 | 典型证据举例 | 指向关系分析 | 阶段特征 |
|---|---|---|---|
| 构建逻辑 | 光洋科技董事长说："我们第一代数控系统研制成功在行业内引起了巨大反响，很多业内企业都不信我们能开发出来，迫不得已我们进行了数控系统源代码国家测试认证，大家才信了。此后，数控系统成为了我们的优势资源。后来发现数控系统需要与机床联合设计开发，才能保证系统的精准性，单纯卖系统竞争力有限。而王众托院士的系统工程理论启发我构造数控机床的完整创新链。因此，利用我们优势的数控系统资源，来撬动其他的关键功能部件和机床整机技术资源，迅速打造'数控系统 – 关键功能部件 – 机床整机'的完整创新链，这帮助我们可以生产出质优价廉的数控机床。" | — | 杠杆逻辑主导系统基本框架的搭建 |
| 构建主体 | 2007 年开始，光洋科技与沈阳机床、大连重工、大连高金数控等联合承担 14 轴 5 联动高速精密卧式车铣复合机床等机床整机的国家科技重大专项。同时与关键功能部件供应商以及其他相关单位联合申报数控万能铣头等关键功能部件的国家科技重大专项。另外，光洋科技联合清华大学成立"数控技术工程化联合实验室"，共同对第一代数控系统存在的问题进行持续改进，2007 年形成第二代数控系统 GDS2007。光洋科技在和外部合作过程中，逐渐完成了关键功能部件和机床整机技术的消化吸收，同时也向相关合作单位提供数控技术。 | 核心企业扮演创新生产者和消费者双重角色主导<br>↑<br>杠杆逻辑 | 核心企业扮演创新生产者和消费者双重角色推动其他主体对应扮演消费者或生产者的单一或双重角色，来推动创新链条构建 |
| 构建要素 | 光洋科技董事长助理说："第一代数控系统让光洋声名鹊起，随之而来的是政府部门各位领导的关注，辽宁省省长陈政高、大连市市长夏德仁、科技部部长等十几位领导来光洋视察数控系统研制情况，这些领导所带来的无形影响是巨大的，比如资金、人脉、人才等。恰逢国家为了支持中国数控机床产业的发展，设立了专项基金。而我们凭借着数控系统上的优势，联合与沈阳机床、大连重工等单位承担了十余项国家级课题，这些课题都是机床关键功能部件、机床整机的。在此过程中，我们主要负责数控系统，合作单位负责关键零部件、整机技术，最后实现技术共享。" | 合法性、资金、技术和人力要素发挥主导作用<br>↑<br>杠杆逻辑 | 合法性要素推动技术、人力、资金要素在核心企业与其他主体间双向流动，从而促进核心企业通过优势资源撬动互补资源 |

| 维度 | 典型证据举例 | 指向关系分析 | 阶段特征 |
|------|------|------|------|
| 构建机制 | 光洋科技在国家发改委的支持下与武汉华中数控、沈阳高精数控、广州数控、浙大数控四家企业成立"中国数控系统现场总线技术标准联盟",光洋是工作组组长单位。光洋与四家企业一同制定我国数控系统现场总线技术国家标准。在联盟建立时,共同制定了《联盟章程》《运作管理条例》等相应的制度规范,设定每个单位的职能分工、权利、义务等各项职责。此外,光洋还与沈阳机床、大连重工、大连理工等一起联合申报科技部重大专项,在申报书中明确了各自任务分工,共同完成关键功能部件和机床整机的研制。光洋总经理说:"通过在联盟内部制定技术标准、制度规范,明确任务分工,这让成员之间形成了信任的基础,而成员间的信任又进一步强化联盟内的技术标准、制度规范等在联盟内的实施效果,这促使光洋与外部的合作更加顺畅。" | 联盟机制为主信任机制为辅发挥作用<br>↑<br>杠杆逻辑 | 联盟机制为主信任机制为辅协调扮演生产者和消费者双重角色的核心企业与其他主体间要素双向流动,促进了基于创新链条完成系统基本框架构建 |
| 边界拓展 | 2005年,光洋科技联合哈尔滨工业大学、辽宁省科技厅等相关优势单位组建成立装备工业数控伺服传动工程技术研究中心、运动技术工程化联合实验室。2009年,光洋科技联合大连理工大学、北京航空航天大学、沈阳机床集团、大连重工起重集团、大连高金数控等组建技术联盟承担10余项国家科技重大专项。<br>2008年,光洋科技与武汉华中数控、沈阳高精数控、广州数控、浙大数控四家企业成立"中国数控系统现场总线技术标准联盟",主持制定我国数控系统现场总线技术国家标准 | — | 以构建优势资源和互补资源的资源组合为目标,核心企业实现国内跨组织的异质性知识边界拓展 |

（3）构建过程分析。综合编码结果和典型事件分析的结果,对该阶段的核心企业主导的开放式创新生态系统构建过程进行分析。在此阶段,核心企业利用其优势资源,通过扫描、吸收互补资源,从而构建优势资源和互补资源的资源组合,完成核心企业主导的开放式创新生态系统的基本框架的搭建。如光洋科技通过优势数控系统技术撬动关键功能部件和机床整机技术,实现完整创新链的构建。因此,杠杆逻辑主导了基本框架的搭建。

在杠杆逻辑主导下,核心企业通过构建机制协调构建主体和构建要素进行完整创新链条的形成,从而完成基本框架的搭建。具体而言:从构建主体来看,扮演创新生产者和消费者双重角色的核心企业是系统构建的主要协调者。在其优势技术领域，核心企业扮演创新生产者角色与其他主体联合研发实现技术创新；在其互补技术领域，核心企业扮演创新消费者角色吸收其他主体的互补技术。而其他主体对应地形成单一或双重角色定位，同行企业扮演消费者和生产者的双重角色，学研机构、供应商扮演创新生产者，而政府扮演创新分解者，来推动核心企业完整创新链条的构建。如光洋科技联合清华大学进行数控系统优化，还与沈阳机床、大连重工等联合研制机床整机。从构建要素来看，合法性要素有效推动了技术要素、人力要素、资金要素在核心企业与系统内其他主体之间的定向双向流动，从而促进核心企业通过优势资源撬动互补资源。技术、人力、资金要素是核心企业与其他相关主体之间主要的流动要素，而核心企业合法性要素的加入有效推动了核心企业利用自身的优势技术资源通过联合研制、组建联盟等方式形成优势资源和互补资源的资源组合。在此过程中，创新生产者和创新消费者双重角色的核心企业使得技术、人力、资金等要素在核心企业和其他创新主体之间流出和流入，实现双向流动。如光洋科技数控系统的核心优势助力其获得政府关注和国家课题，而在课题实施过程中实现了数控系统相关技术人才的对外输出和关键功能部件、机床整机技术人才的吸收。从构建机制来看，联盟机制为主信任机制为辅是核心企业主导的开放式创新生态系统基本框架得以搭建的关键机制。联盟有助于企业迅速获取技术资源实现优势互补[269]，而核心企业的成长帮助其获取了合法性和资金，从而为核心企业构建联盟提供了保障。在联盟内部，核心企业通过制定技术标准和制度规范，从而保证了联盟内具有多元身份的不同主体明确目标、任务、组织管理、责任分担等，促使技术和人才等要素的双向流动。与此同时，信任机制使得核心企业与其他创新主体之间的合作交流更加通畅，进一步降低了合作成本，从而促进了联盟内部的要素流动更加频繁。因此，联盟机制为主信任机制为辅共同推动了核心企业主导的开放式创新生态系统的基本框架得以形成。如光洋科技联合四家企业成立中国数控系统现场总线技术标准联盟，联合沈阳机床等申报国家课题，而内部之间的信任基础促使合作更加通畅。

从构建结果来看，国内的跨组织的异质性知识边界的拓展是本阶段的主要边界拓展特征。在杠杆逻辑主导下，以构建优势资源和互补资源的资源组合为目标，核心企业通过组建联盟的方式来在现有的知识基础之上，迅速在优势资源之外补充互补资源，实现知识宽度的增加，从而完成异质性知识边界的拓展。而在联盟机制和信任机制的推动下，核心企业在国内将"熟悉"的合作伙伴引入联盟，有利于实现技术和人才的高效双向流动，因此表现出国内的跨组织边界拓展。如光洋科技与哈尔滨工业大学、北航、广州数控等组建联盟制定标准或者申请国家科技重大专项。

综上所述，在杠杆逻辑主导下，扮演创新消费者和创新生产者双重角色的核心企业，通过联盟机制和信任机制的协调，在合法性要素的保障下，核心企业与对应扮演创新生产者或消费者单一或双重角色的其他创新主体间进行技术、人才和资金的定向双向流动，实现了国内跨组织的异质性知识边界的拓展，最终促进了完整创新链条的形成和核心企业主导的开放式创新生态系统基本框架的搭建（见图6-6）。

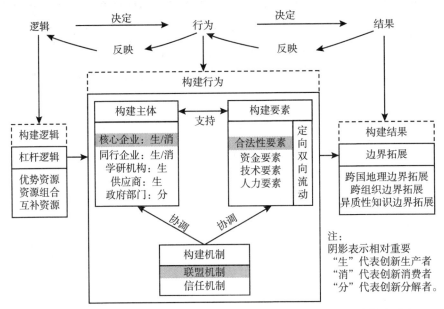

图6-6 基本框架搭建阶段核心企业主导的开放式创新生态系统构建过程

### 6.5.3　系统整合形成阶段

（1）编码结果分析。由编码结果可知，核心企业主导的开放式创新生态系统在系统整合形成阶段的构建逻辑表现出定位逻辑主导；创新生产者、消费者和分解者是该阶段的核心构建主体；平台是该阶段的主要构建要素；利益共享机制为该阶段的主导构建机制；构建结果表现为高度渗透的地理组织知识边界（该阶段的编码结果请参考表6－8）。

（2）典型事件分析。根据该阶段构建逻辑、构建行为和构建结果的表现特征，借助 Atlas. ti 辅助搜索对应的215条二级引文库文件和对应的53件典型事件，按照"逻辑—行为—结果"的基本思路对核心企业主导的开放式创新生态系统构建逻辑、构建行为和构建结果的表现特征进行确认并提炼构念间的指向关系，从而探讨核心企业主导的开放式创新生态系统在系统整合形成阶段的构建过程（见表6－11）。

表6－11　　　　　　　　系统整合形成阶段典型事件分析

| 维度 | 典型事件 | 指向关系分析 | 阶段特征 |
|---|---|---|---|
| 构建逻辑 | 光洋科技董事长说："基本完成'数控系统－关键功能部件－机床整机'的创新链条三个环节的技术积累后，我们需要做的就是将这些技术产品化。而我们选择了生产高附加值的高端五轴数控机床，而放弃低附加值的低端数控机床。而高端五轴数控机床通常要求用户定制化，因此我们就围绕着每个用户的定制化产品，形成产品创新平台，在此平台上我们根据用户的产品需求信息，通过数控系统、关键功能部件、机床整机的各个环节的创新主体来协同响应，这样通过用户的需求就倒逼光洋科技与其他创新主体之间合作更加紧密。" | — | 定位逻辑主导系统的整合形成 |

| 维度 | 典型事件 | 指向关系分析 | 阶段特征 |
|---|---|---|---|
| 构建主体 | 光洋科技市场部部长说:"我们为无锡透平叶片公司提供了叶片专用加工机床,无锡叶片具备多年的国外叶片专用机床的使用经验,通过与我们产品进行对比,提出了几十项问题,针对这些问题,我们都需要解决。如在数控系统精准性上存在的问题,我们联合清华大学、大工等单位一起改正。当然,有些问题需要我们联合零部件生产企业和整机企业共同来解决。通过与无锡叶片的反复沟通交流,先后投入5 000万元,研制出了成KTurboM3000五轴卧式叶片铣削加工机床,达到了国际领先水平。另外,我们还联合24家单位共建高档数控机床控制集成技术国家工程实验室,该实验室将建设成为应用研究成果向工程技术转化的有效渠道、产业技术自主创新的重要源头和提升企业创新能力的支撑平台,能够更好地响应用户需求。" | 核心企业扮演创新生产者、消费者、分解者三重角色主导<br>↑<br>定位逻辑 | 核心企业扮演创新生产者、消费者和分解者三重角色协调其他创新主体对应扮演单一或者多重角色,共同响应用户需求,从而促进系统整合形成 |
| 构建要素 | 2013年,光洋科技开始为北京动力机械研究所生产定制化的航天设备加工专用机床。光洋以此为契机,构建了航天设备加工专用机床产品创新平台,围绕平台光洋与机械研究所,以及联合相关技术环节的各个创新主体,开展深入联合验证和迭代研发。研究所充分发挥在数控加工领域积淀的深厚工艺技术能力,和多年进口高端设备使用经验和弹用发动机制造工艺技术积累,对光洋提供的初期设备提出改进建议200多项。2014~2015年历时两年,光洋协同研究所及其相关单位对这些问题逐一解决,最终弥补设备故障缺陷100多项,完善设备配置20项,优化数控系统8个版本,提高了国产高端五轴航天设备加工机床的可靠性、稳定性,逐步达到国际先进水平 | 平台要素发挥主导作用<br>↑<br>定位逻辑 | 平台要素推动了信息、技术、人力、资金等要素在系统内不同创新主体之间进行非定向的双向流动,从而促进系统整合形成 |
| 构建机制 | 光洋科技总经理说:"在光洋科技,大家有一个共识,就是'凡是五轴数控机床,其本质上都是专用定制机床',因此所有的机床我们都需要用户、各个创新环节上的合作单位来共同响应,这就使得我们和用户、各个创新主体之间不是单纯的买卖关系,而是'共同创新、共同提升、共同受益'战略合作关系,有钱大家一起赚,风险一起担,一根绳上的蚂蚱。而为了了解用户的需求,与用户之间的充分沟通交流是明确需求的必要条件,而同时为了满足用户需求,与创新环节上的各个主体之间的沟通交流也是必不可少。因此,我们在每个产品平台上形成了定期周会的制度,当然遇到重大技术问题,一周可能好几次,只有这样才能让我们围绕数控机床形成一个整体。" | 利益共享机制为主沟通机制为辅发挥作用<br>↑<br>定位逻辑 | 利益共享机制为主沟通机制为辅协调扮演生产者、消费者和分解者三重角色的核心企业和其他主体间开展信息、技术、人才、资金等要素的非定向双向流动,促进系统整合形成 |

续表

| 维度 | 典型事件 | 指向关系分析 | 阶段特征 |
|---|---|---|---|
| 边界拓展 | 2013 年，光洋科技与株洲钻石切削刀具股份有限公司合作研制五轴刀具磨床，依托此项目形成五轴刀具磨床创新平台。2013 年，光洋为北京动力机械研究所生产定制化的航天设备加工专用机床。依托此项目形成航天设备加工专用机床产品创新平台。2014 年，光洋与 24 家企业、高校成立"高档数控机床集成技术国家工程实验室"，实验室致力于研究成果向工程技术转化，将其打造为数控机床行业相关技术的支撑平台。2016 年，与日本上智大学及日本荣华商事株式会社，联合设立"中日精密数控机床检测控制技术研究中心"。研究中心通过引进激光干涉测控技术进一步强化数控机床的精准度和稳定性 | — | 以满足核心产品定位为导向，系统边界呈现出高度渗透和模糊的地理组织知识边界特征 |

（3）构建过程分析。综合编码结果和典型事件分析的结果，对该阶段的核心企业主导的开放式创新生态系统构建过程进行分析。在此阶段，核心企业根据基本成型的创新链条确定产品定位，然后围绕用户需求构建分布式的产品创新平台，同时核心企业根据产品定位构建跨创新链的整合性创新平台，分布式产品创新平台和整合型创新平台促使创新链条的各个环节的相应创新主体协同创新，从而实现核心企业主导的开放式创新生态系统的整合形成。如光洋科技围绕高端五轴数控机床的定位构建了五轴刀具磨床等产品创新平台和国家工程实验室等整合型创新平台。因此，定位逻辑主导了系统的整合形成。

在定位逻辑主导下，核心企业通过构建机制协调构建主体和构建要素推动产品定位的确立，在此过程中倒逼生态系统的整合形成。具体而言：从构建主体来看，扮演创新生产者、消费者和分解者三重角色的核心企业依然是开放式创新生态系统构建的主要协调者和组织者。核心企业在优势技术领域扮演创新生产者角色而在互补技术领域扮演创新消费者角色。同时，核心企业还扮演创新分解者的角色，通过搭建分布式的产品创新平台和整合性的跨创新环节的创新平台整合生产者、消费者、分解者等各类主体，促进技术、人才、信息等要素在各个创新主体之间的自由流动。例如，光洋科技联合24家企业、科研院所、高校共建高档数控机床控制集成技术国家工程实验室。而其他主体对应地形成创新生产者、消费者、分解者多重角色，如同行企业、学研机构、供应商和用户同时扮演三重角色，这是由于伴随着分布式平台和整合性平台的构建促使要素实现非定向的双向流动，使得生产者、消费者、分解者功能泛化。从构建要素来看，平台要素推动了信息、技术、人力、资金等要素在系统内的不同主体之间实现了非定向的双向流动。核心企业基于不同用户的产品需求，构建产品创新平台，在该平台上围绕用户需求信息，推动不同技术、人力、资金等要素在不同创新主体之间非定向自由流动，从而能够满足用户的产品需求。如光洋科技基于北京动力机械研究所的需求构建航天设备专用机床产品创新平台。而跨创新环节的整合性创新平台进一步推动了要素在不同产品创新平台之间的非定向的双向流动。如光洋科技主导构建的高档数控机床控制集成技术国家工程实验室。从构建机制来看，利益共享机制和沟通机制是核心企业主导的开放式创新生态系统在系统整合的关键机制。伴随着核心企业及其他创新主体创新生产者、消费者和分解者身份的多元化，以及信息、技术、人力、资金等构建要素在不同主体之间的非定向双向流动，促使系统内部的信息高度畅通，既独立又相互依附。此时，系统内部急需通过利益共享机制，即在系统内形成、发现、培育和分享共同利益从而促进系统稳定有序运行的机制，实现系统内的利益共享和风险共担，这样才能保证系统实现动态整合形成。与此同时，沟通机制使得核心企业与其他创新主体，以及其他创新主体之间对于用户需求了解和响应，从而提升了系统的创新效率。如光洋科技与用户及各个创新主体形成了"共同创新、共同提升、共同受益"的战略合作关系。

从构建结果来看，系统内的地理边界、组织边界、知识边界在本阶段均呈现出高度模糊和渗透的趋势。在定位逻辑主导下，以满足核心产品定位为目标，核心企业通过分布式产品创新平台和跨创新环节的整合性创新平台促使整个创新链条协同创新，核心企业及其相关创新主体身份多元化，促使不同创新主体在系统内通过不同的方式或途径联合，成员的依赖性提升，技术、人才等要素的流动性不断增强，系统内的地理边界、组织边界、知识边界逐渐模糊和相互渗透。此时，不仅仅是核心企业实现了双向开放式创新，系统中的每个成员都处于开放式创新的环境中，使得每个成员都趋于实施开放式创新。例如，光洋科技同 24 家企业、科研院所、高校共建高档数控机床控制集成技术国家工程实验室，促进数控机床相关创新成果迅速产出和商业化。

　　综上所述，定位逻辑的主导下，扮演创新生产者、消费者和分解者三重角色的核心企业，通过利益共享机制和沟通机制的协调，在平台要素的支持下，推动系统内扮演多种角色的创新主体之间开展信息、技术、人力、资金等要素的非定向双向流动，呈现出高度渗透的地理边界、组织边界和知识边界特征，最终实现了核心企业主导的开放式创新生态系统的整合形成（见图 6 - 7）。

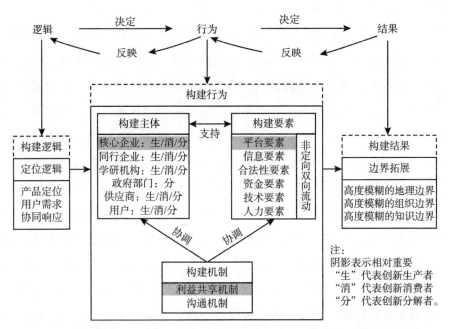

图 6 - 7　系统整合形成阶段核心企业主导的开放式创新生态系统构建过程

## 6.6　核心企业主导的开放式创新生态系统的构建演化路径

基于核心企业主导的开放式创新生态系统构建的阶段性，通过核心企业成长阶段、基本框架搭建阶段和系统整合形成阶段的纵向梳理和跨阶段的横向对比，从构建逻辑、构建行为和构建结果来解剖核心企业主导的开放式创新生态系统构建过程。

### 6.6.1　纵向梳理

（1）核心企业成长阶段。

核心企业的成长是核心企业主导的开放式创新生态系统得以构建的前提条件，因此此阶段的主要任务是核心企业形成优势快速成长。从构建逻辑来看，核心企业以机会逻辑为主导，通过开放式创新捕捉机会，实现核心资源能力的快速积累，完成核心企业的成长。从构建行为来看，在此机会逻辑主导下，核心企业扮演创新消费者角色，在学研机构和政府部门的人才支持下，从扮演创新生产者角色的同行企业中吸收技术。而专家主导机制和愿景机制规避了核心企业成长初期合法性缺失的缺陷，通过具有较高声誉和被信任度的专家，以及良好的发展愿景为扮演创新消费者的核心企业的技术和人才吸收提供保障，从而促进核心企业成长。从构建结果来看，核心企业以满足市场机会为核心目标，在开放式创新战略推动下从全球搜索相关资源，通过跨组织的联合研发，在原有的知识基础之上提升知识专业化和知识复杂化水平，从而实现了跨国跨组织的同质性知识边界拓展。核心企业的开放式创新战略促使核心企业主导的开放式创新生态系统在构建之初就跨越了地理、组织和知识边界，这也直接证实了卡拉雅尼斯和坎贝尔（Carayannis and Campbell）所提出的知识的聚集是跨越组织边界和地理边界的研究结论[172]。

　　因此，在机会逻辑主导下，扮演创新消费者角色的核心企业，通过专家主导机制和愿景机制的协调，在学研机构和政府的人力要素支持下，对扮演创新生产者角色的同行企业的技术要素进行吸收，实现了跨国跨组织的同质性知识边界的拓展，最终促进了核心企业的成长。而本阶段并未形成严格意义上的开放式创新生态系统，但是核心企业的成长为未来开放式创新生态系统的构建奠定了基础。

　　（2）基本框架搭建阶段。

　　基本框架的搭建是核心企业主导的开放式创新生态系统构建的关键阶段，此阶段的主要任务是核心企业基于其优势完成创新链条的搭建。从构建逻辑来看，核心企业以杠杆逻辑为主导，基于其优势资源，通过扫描、吸收互补资源从而构建优势资源和互补资源的资源组合，在不同的创新链环节组建联盟来进行开放式创新生态系统基本框架的搭建。从构建行为来看，在杠杆逻辑主导下，核心企业扮演创新消费者和创新生产者双重角色，在合法性要素保障下，在优势技术领域和非优势技术领域分别实现技术、人才、资金等要素的输出和输入。而联盟机制和信任机制利用核心企业的技术和合法性优势，通过组建联盟并在联盟内形成技术标准、制度规范、相互信任，促使扮演双重角色的核心企业与创新主体之间实现了技术、人力、资金要素的双向流动，从而推动了核心企业主导的开放式创新生态系统基本框架的形成。从构建结果来看，以构建优势资源和互补性资源的资源组合为目标，核心企业通过与国内"熟悉"的合作伙伴组建联盟的方式在现有的知识基础之上，补充互补资源，实现知识宽度的增加，从而呈现出国内跨组织的异质性知识边界拓展特征。一般情况下，大部分的企业在创新链条的构建通过国外技术并购来实现跨国边界拓展[176]，而核心企业由于有限的合法性和机床行业的国外技术封锁导致难以实现跨国并购。

　　因此，在杠杆逻辑主导下，扮演创新消费者和创新生产者双重角色的核心企业，通过联盟机制和信任机制的协调，在合法性要素的保障下，与对应扮演创新生产者或消费者单一或双重角色的其他创新主体间进行技术、人才和资金的定向双向流动，呈现出国内跨组织的异质性知识边界的拓展特征，最终促进了创新链条的初步形成和核心企业主导的开放式创新生态系统基本框架的搭建。

（3）系统整合形成阶段。

生态系统的整合形成是核心企业主导的开放式创新生态系统构建实现的最后阶段，此时系统呈现功能不断完善、开放式创新普遍化、创新成果产业化的特征。此阶段的主要任务是核心企业围绕定位用户的需求通过分布式产品创新平台和跨创新链的整合性创新平台实现核心企业主导的开放式创新生态系统的整合形成。从构建逻辑来看，核心企业以定位逻辑为主导，在企业的产品定位引导下，以用户的定制化产品需求构建分布式的产品创新平台，倒逼整个创新链条各环节的创新主体协同创新共同响应，同时核心企业围绕核心定位构建跨创新链条的整合性创新平台，从而促进核心企业主导的开放式创新生态系统的整合形成。从构建行为来看，在定位逻辑的主导下，核心企业扮演创新生产者、消费者和分解者三重角色，在优势技术领域扮演创新生产者和非优势技术领域扮演创新消费者分别实现技术、人才等要素的输出和输入，同时在分布式的创新平台和整合性创新平台的平台要素支持下，核心企业扮演创新分解者促进技术、人才、信息等要素在各个创新主体之间的非定向双向流动。而利益共享机制和沟通机制通过系统内的利益分配、风险共担、反馈沟通等，保证了扮演生产者、消费者、分解者三重角色的核心企业，以及其他创新主体之间实现信息、技术等要素的非定向双向流动，从而推动了核心企业主导的开放式创新生态系统的整合形成。从构建结果来看，伴随着核心企业根据产品定位来围绕用户需求构建分布式的产品创新平台和整合性的创新平台，核心企业及各个创新主体的地理边界、组织边界和知识边界不断渗透和模糊，技术、人才、信息等各要素透过可渗透的边界实现动态的流入流出，加速创意的产生、知识的创造与应用[90]。

因此，在定位逻辑主导下，扮演创新生产者、消费者和分解者三重角色的核心企业，通过利益共享机制和沟通机制的协调，在平台要素的支持下，推动系统内扮演多种角色的创新主体之间的信息、技术、人力、资金等要素的非定向双向流动，呈现出高度渗透的地理边界、组织边界和知识边界特征，最终实现了核心企业主导的开放式创新生态系统的整合形成。

## 6.6.2　横向对比

（1）构建逻辑的演化分析。

在核心企业主导的开放式创新生态系统构建过程中，核心企业根据对企业内外部情境的认知所生成的构建逻辑主导其构建行为。在不同的构建阶段，核心企业分别基于机会逻辑、杠杆逻辑和定位逻辑来主导开放式创新生态系统构建过程。在核心企业成长阶段，核心企业在机会逻辑主导下，以市场机会发掘为契机，通过即兴创造的方式快速行动，从而高效捕捉市场机会，有效推动核心企业的成长，这为核心企业进行开放式创新生态系统的构建奠定了基础。在基本框架搭建阶段，核心企业在杠杆逻辑主导下，利用其优势资源，通过扫描、吸收互补资源来构建优势资源和互补资源的资源组合，基于创新链完成核心企业主导的开放式创新生态系统基本框架的搭建。在系统整合形成阶段，核心企业在定位逻辑主导下，根据基本成型的创新链确定产品定位，然后围绕用户定制化的产品需求倒逼整个创新链各个环节的相应创新主体共同响应，协同创新，从而实现核心企业主导的开放式创新生态系统的整合形成。因此，核心企业主导的开放式创新生态系统的构建依次经历了机会逻辑主导核心企业成长、杠杆逻辑主导基本框架搭建、定位逻辑主导系统整合形成三个阶段才得以完成。

（2）构建主体的演化分析。

生态系统中创新生产者、消费者、分解者角色功能的泛化是核心企业主导的开放式创新生态系统构建主体的重要特征。创新生产者、创新消费者和分解者是核心企业主导的开放式创新生态系统的三类构建主体，且伴随着系统功能的完备，核心企业及其他创新主体同时扮演创新生产者、消费者、分解者多重角色。在核心企业成长阶段，扮演创新消费者角色的核心企业是系统构建初期的主要发起者，其在学研机构和政府部门的支持下，从扮演创新生产者角色的同行企业中吸收技术，从而快速抓住市场机会。在基本框架搭建阶段，扮演创新生产者和消费者双重角色的核心企业是系统构建的主要协调者。在其互补技术领域，核心企业扮演创新消费者角色吸收其他主体的互补技术。而在其优势技术领域，核心企业扮演创新生产者角色与其他主体共同完成创新产品的研发。而其他主体对应地形成单一或双重角色定位，同行企业扮演创新消费者和生产者的双重角色，学研机构、供应商扮演创新生产者，而政府扮演创新分解者，共同推动核心企业完成创新链条的搭建。在系统整合形成阶段，扮演创新生产者、消费者和分解者三重角色的核心企业依然是核心企业主导的开放式创新生态系统构建的主要协调者和组织者。与基本框架搭建阶段相同，核心企业在优势技术领域扮演创新生产者角色而在互补技术领域扮演创新消费者角色。同时，核心企业还衍生出分解者的角色，通过搭建创新平台整合生产者、消费者、中介等各类主体。而其他主体对应地形成创新生产者、消费者、分解者多重角色，如同行企业、学研机构、供应商和用户同时扮演三重角色，从而推动系统的整合形成。因此，伴随着核心企业消费者、生产者、分解者不同角色功能的衍生，其他主体也出现生产者、消费者、分解者多重角色，这一点与自然生态系统各主体通常扮演着单一的生产者、消费者或分解者的角色具有差异性[270]。这是由于核心企业开放式创新范式的实施促进了系统内其他主体普遍实施开放式创新，从而促使创意、研发成果在不同创新主体间的非定向流动，导致核心企业主导的开放式创新生态系统内的不同创新主体扮演生产者、消费者、分解者多重角色，而此现象进一步促使系统高效运行。

（3）构建要素的演化分析。

平台要素和合法性要素是核心企业主导的开放式创新生态系统成功构建的关键要素，正是平台和合法性要素的保障才促使了技术、人力、资金、信息等构建要素从定向单向流动到非定向双向流动得以实现。在核心企业成长阶段，技术要素和人力要素是核心企业主导的开放式创新生态系统构建初期的核心要素，而构建要素表现出向核心企业单向流动的特征，

从而促进了核心企业的快速成长。在基本框架搭建阶段，合法性要素有效
推动了技术要素、人力要素、资金要素在核心企业与系统内其他主体之间
的双向流动，从而促进核心企业通过优势资源撬动互补资源，实现系统基
本框架的搭建。在系统整合形成阶段，分布式的产品创新平台和跨创新链
的整合性创新平台推动了信息、技术、人力、资金等要素在系统内的不同
主体之间实现了非定向的双向流动，从而促进了系统的整合形成。综上所
述，尽管技术和人力两类要素贯穿于核心企业主导的开放式创新生态系统
构建的各个阶段，但是平台要素和合法性要素是保障技术、人才、信息、
资金等要素从定向单向流动到非定向双向流动的关键。因此，平台要素和
合法性要素才是核心企业主导的开放式创新生态系统成功构建的核心要素
和重要标志，而这一发现在一定程度上验证了利提出的开放式创新生态系
统存在创新平台集聚的特征[40]。同时，由于核心企业开放式创新推动，
构建要素从定向单向流动到非定向双向流动是核心企业主导的开放式创新
生态系统构建要素的显著特征。

（4）构建机制的演化分析。

核心企业主导的开放式创新生态系统的构建需要有形机制为主无形机
制为辅实现协同保障，其中，有形机制表现出专家主导机制、联盟机制和
利益共享机制，无形机制表现出愿景机制、信任机制和沟通机制的阶段演
化特征。在核心企业成长阶段，专家主导机制规避了核心企业初期合法性
缺失的缺陷，通过较高声誉的专家来促使核心企业扮演创新消费者从外部
创新主体吸收技术和人力要素，从而促进了核心企业的成长。而愿景机制
所设定的长远企业发展愿景进一步提升了创新消费者的积极性和能动性，
加速了技术和人力要素的流动速度。在基本框架搭建阶段，联盟机制充分
利用核心企业合法性优势，通过组建联盟并在联盟内形成技术标准、制度
规范促使扮演生产者和消费者双重角色的核心企业与创新主体之间实现技
术、人力、资金要素的双向流动，从而推动了核心企业主导的开放式创新
生态系统基本框架的形成。而信任机制使得核心企业与其他创新主体之间
的合作交流更加通畅，进一步降低了合作成本，从而促进了联盟内部的要

素流动更加频繁。在系统整合形成阶段，利益共享机制通过系统内的利益分配和风险共担，保证了扮演生产者、消费者、分解者三重角色的核心企业，以及其他创新主体之间实现信息、技术等要素的非定向双向流动，从而推动了核心企业主导的开放式创新生态系统的整合形成。而沟通机制使得创新主体之间对于用户需求的了解和响应实现了动态反馈，从而提升了系统的创新效率。因此，有形机制为主无形机制为辅的构建机制协同为核心企业主导的开放式创新生态系统的构建提供了保障。

（5）边界拓展的演化分析。

地理边界、组织边界、知识边界的不断拓展是核心企业主导的开放式创新生态系统构建过程的显现特征，而高度模糊和渗透的地理组织知识边界是核心企业主导的开放式创新生态系统构建完成的独特现象。在核心企业成长阶段，构建之初就同时实现了地理边界、组织边界和知识边界的拓展，具体表现在跨国跨组织的同质性知识边界拓展。在基本框架搭建阶段，国内的跨组织的异质性知识边界拓展是本阶段的主要边界拓展特征。在系统整合形成阶段，系统内的地理边界、组织边界、知识边界在本阶段均呈现出高度模糊和渗透的特征。从地理边界来看，大部分企业遵循本地、国内、全球边界拓展的发展顺序[176]，而核心企业主导的开放式创新生态系统中由于核心企业开放式创新战略的实施从构建之初就突破了本地地理边界的限制，实现了全球边界的拓展，而随后再进行国内边界的拓展。从组织边界来看，核心企业主导的开放式创新生态系统的核心企业一直以跨组织边界的方式进行拓展，这同样与核心企业开放式创新战略所倡导的将企业外部资源的利用与企业内部资源的利用置于同等重要的位置相关[1]。从知识边界来看，核心企业主导的开放式创新生态系统依次经历了同质性知识边界拓展、异质性知识边界拓展和渗透知识边界的阶段转变，这也验证了并深化了迪特勒尼（Dutrenit）指出企业能力的增强通常是以相同知识基的积累开始而逐渐补充不同知识基的过程[271]。现有研究缺少同时整合三种边界来探讨与创新生态系统的关系。然而，创新生态系统的构建本身就是边界不断拓展的过程。因此，本研究响应辛格的整合不同边界拓展方式进行研究的号召[177]，从地理边界、组织边界和知识边界拓展视角系统性地探讨核心企业主导的开放式创新生态系统的独特边界特征。

### 6.6.3　演化驱动力分析

从整个构建过程来看，核心企业准确把握不同构建阶段的需求特征，找准自身角色定位和职责范围，从而有效地推动核心企业主导的开放式创新生态系统的构建。具体来看，在核心企业成长阶段，核心企业形成其优势实现快速成长是进行系统构建的前提条件。因此，核心企业通过对市场机会的精准识别，以创新消费者的身份，通过专家主导机制和愿景机制推动其引进外部技术和人才，快速有效地促进了其自身资源和能力提升，形成核心优势，这为后续开放式创新生态系统的构建奠定了基础。在基本框架搭建阶段，围绕核心优势迅速拓展形成创新链，这是系统构建的基础框架。因此，核心企业通过扮演创新生产者角色进一步强化其核心优势，同时扮演创新消费者角色利用优势资源撬动和补充互补资源。而核心企业通过联盟机制和信任机制加速了技术、人力等创新要素在核心企业与其他创新主体之间的双向流动，有效推动了创新链条的形成，从而完成开放式创新生态系统的基本架构的搭建。在系统整合形成阶段，围绕产品定位促进创新链的各个创新环节进一步打通、创新要素的自由流动，是开放式创新生态系统构建的关键一步。因此，核心企业在上一阶段的优势技术领域扮演创新生产者和非优势技术领域扮演创新消费者的基础之上，衍生出创新分解者角色，围绕产品定位通过打造分布式产品创新平台和跨创新链的整合性创新平台，在利益共享机制和沟通机制的保障下，创新要素在创新链的不同环节的创新主体之间非定向双向流动，从而实现了系统的整合形成。

进一步地，核心企业在系统构建过程中一直发挥着主导和组织协调的作用，这是由于该开放式创新生态系统是基于核心企业的开放式创新实施而建立起来的微观创新生态系统，而且核心企业能够实现从技术的研发到市场化，发挥创新生产者、消费者和分解者多重角色。然而，对于大学驱动的开放式创新生态系统，尽管系统构建初期核心大学发挥承担组织协调任务，但是在系统构建后期核心大学的角色逐渐弱化，转而由各类创新平台、专业管理机构或者核心企业来承担组织协调角色[37]，这是由于大学市场化功能的缺失导致大学无法组织系统内创新主体实现市场化功能（见图6-8）。

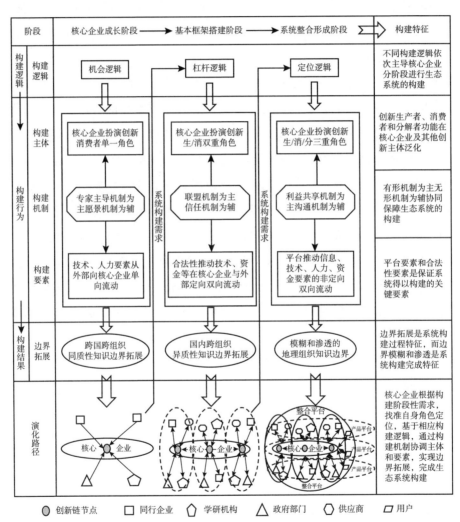

注："生"代表创新生产者；"消"代表创新消费者；"分"代表创新分解者。

**图6-8 核心企业主导的开放式创新生态系统构建过程**

# 6.7　本章小结

本章采用纵贯式单案例研究方法、内容分析法、典型事件分析法和文献分析法组成的混合研究方法，以光洋科技主导的高端数控机床创新生态圈为研究对象，基于系统构建的阶段性，遵循"逻辑—行为—结果"的基本思路，从构建逻辑、构建行为和构建结果三个维度来探讨核心企业主导的开放式创新生态系统构建过程。具体结论如下：

第一，核心企业主导的开放式创新生态系统的构建经历了核心企业成长、基本框架搭建、系统整合形成三个阶段。核心企业成长阶段是核心企业以市场机会为契机，通过开放式创新进行技术的引进消化吸收，从而迅速提升核心能力形成核心竞争优势，实现核心企业的成长，这是核心企业主导的开放式创新生态系统构建的前提条件。基本框架搭建阶段是核心企业基于其优势资源，通过扫描、吸收互补资源从而构建优势资源和互补资源的资源组合，并在不同的创新链环节组建联盟形成完整创新链，最终实现开放式创新生态系统基本框架的搭建，这是核心企业主导的开放式创新生态系统构建的关键阶段。系统整合形成阶段是核心企业根据创新链条确定企业的核心产品定位，然后围绕产品定位形成分布式的产品创新平台和跨创新链条的整合性创新平台，倒逼整个创新链条各环节的创新主体共同响应协同创新，打通创新链的各个环节，促进创新要素的自由流动，从而实现核心企业主导的开放式创新生态系统的整合形成。从整个构建过程来看，核心企业准确把握不同构建阶段的需求特征，找准自身角色定位和职责范围，从而有效地推动核心企业主导的开放式创新生态系统的构建。

第二，从构建逻辑来看，核心企业基于机会逻辑、杠杆逻辑和定位逻辑主导开放式创新生态系统不同阶段的构建过程。具体而言，核心企业成长阶段，机会逻辑主导核心企业迅速构建核心能力抢占市场机会。基本框架搭建阶段，杠杆逻辑主导核心企业基于优势资源吸收互补资源构建资源组合，形成完整创新链条从而完成生态系统基本框架的搭建。系统整合形成阶段，定位逻辑主导核心企业围绕用户需求构建分布式产品创新平台和跨创新链条的整合性创新平台，从而促进系统的整合形成。因此，机会逻辑主导核心企业成长、杠杆逻辑主导基本框架搭建、定位逻辑主导系统整合形成促成了核心企业主导的开放式创新生态系统的构建。

第三，从构建主体来看，创新生产者、创新消费者、创新分解者角色功能在核心企业及其他创新主体的泛化是核心企业主导的开放式创新生态系统构建主体的重要特征。创新生产者、创新消费者和分解者是核心企业主导的开放式创新生态系统的三类构建主体，且伴随着系统功能的完备，核心企业及其他创新主体扮演创新生产者、消费者、分解者多重角色。核心企业成长阶段，核心企业扮演创新消费者的单一角色，而其他主体相应扮演创新生产者或者创新消费者单一角色。基本框架搭建阶段，核心企业在创新消费者的角色基础之上，衍生出创新生产者角色，而其他主体也对应地扮演单一或双重角色。在系统整合形成阶段，核心企业在创新生产者和消费者的角色基础之上，衍生出创新分解者角色，而其他主体也出现生产者、消费者、分解者多重角色。因此，核心企业主导的开放式创新生态系统生产者、消费者、分解者角色功能的泛化是其核心特征。

第四，从构建要素来看，平台要素和合法性要素是核心企业主导的开放式创新生态系统成功构建的关键要素，二者推动了技术、人力、资金、信息等构建要素从定向单向流动到非定向双向流动得以实现。核心企业成长阶段，技术要素和人力要素是核心企业主导的开放式创新生态系统构建初期的核心要素，而构建要素表现出向核心企业单向流动的特征，从而促进了核心企业的快速成长。基本框架搭建阶段，合法性要素有效推动了技术要素、人力要素、资金要素在核心企业与系统内其他主体之间的双向流动，从而促进核心企业通过优势资源撬动互补资源，实现系统基本框架的搭建。系统整合形成阶段，平台要素推动了信息、技术等要素在系统内的不同主体之间实现了非定向的双向流动，从而促进了系统的整合形成。虽然技术和人力要素贯穿于核心企业主导的开放式创新生态系统构建的各个阶段，但是平台要素和合法性要素才是核心要素和重要标志，而构建要素从定向单向流动到非定向双向流动是构建要素的显著特征。

第五，从构建机制来看，核心企业主导的开放式创新生态系统的构建以有形机制为主无形机制为辅实现协同保障，其中，有形机制表现出专家主导机制、联盟机制和利益共享机制，无形机制表现出愿景机制、信任机制和沟通机制的阶段演化特征。核心企业成长阶段，核心企业存在初期合法性缺失的缺陷，专家主导机制为主和以愿景机制为辅保证了扮演创新消费者角色的核心企业实现技术和人力的吸收，促进企业的快速成长。基本框架搭建阶段，核心企业利用其快速成长所带来的合法性优势，通过联盟机制为主和信任机制为辅保证了扮演创新生产者和消费者双重角色的核心企业增强优势技术和补充互补技术，实现技术、人力、资金要素的双向流动，促进完整创新链条的形成。系统整合形成阶段，利益共享机制为主和沟通机制为辅通过系统内的利益分配、风险共担、动态反馈，保证了扮演生产者、消费者、分解者三重角色的核心企业以及其他创新主体之间实现信息、技术等要素的非定向双向流动，从而推动了核心企业主导的开放式创新生态系统的整合形成。因此，有形机制为主无形机制为辅协同为核心企业主导的开放式创新生态系统的构建提供了保障。

第六，从边界拓展来看，地理边界、组织边界、知识边界的不断拓展是核心企业主导的开放式创新生态系统构建过程的显现特征，而高度模糊和渗透的地理组织知识边界是核心企业主导的开放式创新生态系统构建完成的独特现象。核心企业成长阶段，构建之初就同时实现了地理边界、组织边界和知识边界的拓展，具体表现在跨国跨组织的同质性知识边界拓展。基本框架搭建阶段，国内的跨组织的异质性知识边界拓展是本阶段的主要边界拓展特征。在系统整合形成阶段，系统内的地理边界、组织边界、知识边界在本阶段均呈现出高度模糊和渗透的特征。

# 第7章

# 结 论 与 展 望

　　基于对现实现象的观察和提炼，结合相关理论研究的前沿情况，本书对核心企业主导的开放式创新生态系统构建机理进行了研究。具体而言：首先，采用探索性多案例研究方法、内容分析法、典型事件分析法和文献分析法组成的混合研究法，选取光洋科技主导的高端数控机床创新生态圈、大机车主导的机车创新生态圈、瓦轴集团主导的轴承创新生态圈和三一重工主导的工程机械创新生态圈为研究对象，提炼和归纳包括来源层面、显现特征和传导路径的核心企业主导的开放式创新生态系统构建动因显现架构；其次，采用探索性多案例研究方法、认知地图分析法、典型事件分析法和文献分析法组成的混合研究法，选取大机车主导的机车创新生态圈、瓦轴集团主导的轴承创新生态圈和三一重工主导的工程机械创新生态圈为研究对象，在内外部情境构建动因的基础上，剖析核心企业主导的开放式创新生态系统构建逻辑的类型和形成机理；最后，采用纵贯式单案例研究方法、内容分析法、典型事件分析法和文献分析法组成的混合研究法，选取光洋科技主导的高端数控机床创新生态圈为研究对象，探讨包括构建逻辑、构建行为和构建结果的核心企业主导的开放式创新生态系统构建过程。综合以上三个子研究，本书从核心企业主导的开放式创新生态系统"构建动因—构建逻辑—构建过程"三个维度完成了其构建机理的探讨。本章将在上述研究基础之上，总结三个子研究的研究结论、理论贡献和管理启示，并指出本书的研究局限及未来可能的研究方向。

# 7.1 研究结论

（1）核心企业主导的开放式创新生态系统构建动因的显现架构包括来源层面、显现特征和传导路径。具体而言：①核心企业主导的开放式创新生态系统构建动因来源于企业内外部的不同层面。其中，外部情境构建动因来源于技术情境层面、市场情境层面和制度情境层面；内部企业家构建动因来源于企业家注意力层面、企业家认知层面和企业家精神层面。不同来源层面显现不同特征时才能诱发核心企业主导的开放式创新生态系统的构建。②企业在内外部六个层面上显现十四类特征诱发核心企业主导的开放式创新生态系统的构建。在技术情境层面显现出技术复杂性、技术动态性和技术后发性三类特征；在市场情境层面上显现出市场需求多样性和竞争体系化两类特征；在制度情境层面显现出正式制度机会引导性和非正式制度压力驱动性两类特征；在企业家注意力层面显现出内部注意力配置与外部注意力配置两类特征；在企业家认知层面显现出经济性认知和非经济性认知两类特征；在企业家精神层面显现出挑战意识、创新意识和风险承担意识三类特征。③核心企业主导的开放式创新生态系统构建动因沿着"技术、市场和制度情境层面→企业家注意力层面→企业家认知层面→企业家精神层面"的传导路径显现特定特征驱动企业构建核心企业主导的开放式创新生态系统。其中，在"第一次序"的外部情境层面和"第三次序"的企业家认知层面并不需要全部特征显现，某一类特征显现即可完成核心企业主导的开放式创新生态系统构建动因的传导。而在"第二次序"的企业家注意力层面和"第四次序"的企业家精神层面需要同时显现所有特征才会完成核心企业主导的开放式创新生态系统构建动因的传导。

（2）核心企业主导的开放式创新生态系统构建逻辑包括机会逻辑、

杠杆逻辑和定位逻辑，其形成机理从"组织目标→核心发展路→战略行动方式"三个维度进行了解剖。具体而言：①核心企业主导的开放式创新生态系统构建逻辑包括机会构建逻辑、杠杆构建逻辑和定位构建逻辑。其中，机会构建逻辑存在"组织目标：机会识别→核心发展路径：快速行动→战略行动方式：以实现目标为导向的即兴行为"的过程机理，杠杆构建逻辑存在"组织目标：确定并利用优势资源→核心发展路径：构建优势资源和互补资源的组合→战略行动方式：搜集并补充互补资源"的过程机理，定位构建逻辑存在"组织目标：明确企业定位→核心发展路径：满足用户需求为宗旨→战略行动方式：拼凑可行资源协同响应"的过程机理。②核心企业主导的开放式创新生态系统构建逻辑在组织目标、核心发展路径和战略行动方式上具有区别，同时机会逻辑、杠杆逻辑和定位逻辑却在三个维度上存在着共性特征，即组织目标本质上具有与竞争对手的差异性，核心发展路径本质上具有重视外部资源的外向性，战略行动方式本质上具有实现自身和外部资源同时利用的联合性。③核心企业主导的开放式创新生态系统构建动因是构建逻辑的起点。核心企业主导的开放式创新生态系统的机会逻辑、杠杆逻辑和定位逻辑的形成受到来自外部的技术情境、市场情境和制度情境和内部的企业家注意力、企业家认知和企业家精神六个层面上十四种构建动因的影响。外部的技术情境、市场情境、制度情境构建动因的显现特征由于核心企业的特征而具有不同组合，而内部情境动因中企业家的经济性和非经济性认知始终是构建逻辑形成的关键，而企业家注意力和企业家精神层面的构建动因始终发挥着辅助作用。

（3）基于系统构建的阶段性，遵循"逻辑—行为—结果"的基本思路，从构建逻辑、构建行为和构建结果三个维度探讨了核心企业主导的开放式创新生态系统构建过程。具体而言：①核心企业主导的开放式创新生态系统的构建经历了核心企业成长、基本框架搭建、系统整合形成三个阶段。②核心企业通过机会逻辑、杠杆逻辑和定位逻辑依次主导开放式创新生态系统不同阶段的构建。③创新生产者、创新消费者、创新分解者角色功能在核心企业及其他创新主体的泛化是核心企业主导的开放式创新生态系统构建主体的重要特征。④平台要素和合法性要素是核心企业主导的开放式创新生态系统的核心要素和重要标志，而构建要素从定向单向流动到非定向双向流动是核心企业主导的开放式创新生态系统构建要素的显著特征。⑤有形机制为主无形机制为辅协同为核心企业主导的开放式创新生态系统的构建提供了保障，其中，有形机制表现出专家主导机制、联盟机制和利益共享机制，无形机制表现出愿景机制、信任机制和沟通机制的阶段演化特征。⑥地理边界、组织边界、知识边界的不断拓展是核心企业主导的开放式创新生态系统构建过程的显现特征，而高度模糊和渗透的地理组织知识边界是核心企业主导的开放式创新生态系统构建完成的独特现象。

## 7.2  理论贡献

（1）核心企业主导的开放式创新生态系统显现架构厘清了开放式创新生态系统的影响因素，系统化地探讨了核心企业主导的开放式创新生态系统"为什么"构建，弥补了当前开放式创新生态系统缺乏情境化分析的不足。尽管现有研究已经表明创新生态系统形成过程中政策支持[157]、资源获取[160]、价值溢出[71]等都起了重要的促进作用，而开放式创新实施受到了绩效提升[1,121]、分散风险和创新不确定性[11]、快速获取收益[122]等的诱导，但是这些研究部分通过实证研究只关注了单个或者少数几个影响因素，部分通过文献归纳或者逻辑推理缺乏足够的效度，尚未形成系统化的理论框架。而本书基于案例研究方法，从大量质性资料中识别了核心企业主导的开放式创新生态系统构建动因在六个来源层面上的十四种显现特征，构建了比较系统化的构建动因显现架构，这弥补了当前碎片化研究状态的不足。进一步，厘清了核心企业主导的开放式创新生态系统构建动因的传导路径。本书在已有研究认可情境因素对于企业行为影响的基础之上[53]，识别了外部情境动因与内部企业家动因之间具体的传导路径。这

215

一研究，验证了现有研究中开放式创新，以及创新生态系统情境复杂性的特征[70,103]，同时明晰了核心企业主导的开放式创新生态系统构建动因各个层面之间的关系，为企业有序开展开放式创新生态系统构建提供了理论支持。从构建动因显现架构整体上来看，由于针对开放式创新生态系统的研究本身还难以厘清，导致当前难以开展其全面的、系统的情境化的研究[49]。而本书在内外部情境中识别的构建动因六个情境来源层面、十四种显现特征及传导路径，构成了来源层面、显现特征和传导路径依次递进的"为什么"构建即构建动因的架构维度，弥补了当前开放式创新生态系统缺乏情境化分析的不足。

（2）基于主导逻辑视角揭示开放式创新生态系统构建的本质影响因素，同时基于动态过程视角来实现开放式创新生态系统具象化的探讨，整合构建逻辑和构建过程厘清了核心企业主导的开放式创新生态系统"如何"构建。一方面，虽然现有研究认可了核心企业的主导逻辑对于创新生态系统的构建和演化具有重要影响[42-44]，但是大多仅仅停留在碎片化地探讨内外部因素对于创新生态系统构建的影响上，而缺乏进一步深入探讨核心企业经过对内外部影响因素评估后所形成的构建主导逻辑这一本质层面的研究。而本书从"组织目标（我是谁，向哪去）→核心发展路径（如何去）→战略行动方式（怎么做）"三个维度剖析了机会构建逻辑、杠杆构建逻辑和定位构建逻辑三类构建逻辑的内涵特征和形成机理，这在一定程度上弥补了上述缺陷，同时这也响应了主导逻辑的提出者普拉哈拉德开展主导逻辑具象化和操作化研究的倡导。进一步地，三类构建逻辑还拓展了系统构建动因研究，同时为后续核心企业主导的开放式创新生态系统构建过程的探讨提供参考，最终搭建了开放式创新生态系统构建动因与构建过程有机连接的"桥梁"。此外，本书还发现组织目标本质上具有与竞争对手的差异性，核心发展路径本质上具有重视外部资源的外向性，战略行动方式本质上具有实现自身和外部资源同时利用的联合性，这为构建逻辑研究的深化和拓展研究提供了基础。

另一方面，现有研究对于开放式创新生态系统的探讨多从静态视角开展的[38,40]，缺乏动态视角的深入解剖。而本书发现核心企业主导的开放式创新生态系统的构建具体需要经历核心企业成长、基本框架搭建和系统整合形成三个阶段，而且基于这三个阶段从"构建逻辑—构建行为—构建结果"系统性分析了阶段性的差异转变，从而形成了核心企业主导的开放式创新生态系统的动态构建过程模型，这为后续基于动态视角探讨开放式创新生态系统提供了基础和参考依据。具体而言，从构建逻辑来看，验证了克里斯托弗和凯恩琳（Christopher and Kathleen）关于不同的主导逻辑在不同阶段会发生动态变化并且适用于不同的绩效目标的观点[255]。从构建行为来看，对于构建主体，在现有研究认可创新生态系统存在创新生产者和创新消费者两类主体[21,153]之外，挖掘发现创新分解者主体。对于构建要素，在已有研究认可创新生态系统的构建需要人力、资金等要素[154,165]基础上，本书发现平台要素和合法性要素在核心企业主导的开放式创新生态系统成功构建中所起到的特殊作用。同时系统内开放式创新行为从核心企业逐渐向其他创新主体蔓延，促进了构建要素由定向的单向流动向非定向的双向流动转变。对于构建机制，现有文献普遍认识到了创新生态系统的构建需要利益共享机制、联盟机制等的保障[21,40,146,168,169]，而本书发现在有形机制保障之外还需要愿景机制、信任机制、沟通机制等无形机制协助，有形机制和无形机制的协同保障有助于更高效地促进核心企业主导的开放式创新生态系统的构建。从构建结果来看，本书响应辛格的整合不同边界拓展方式进行研究的号召[177]，从地理边界、组织边界和知识边界拓展视角系统性地探讨核心企业主导的开放式创新生态系统的边界特征。

（3）将开放式创新生态系统的研究从"是什么"向"为什么"和"如何"构建深层次拓展，同时将开放式创新研究引向系统层面，并且深化创新生态系统的研究。首先，已有文献对于开放式创新生态系统的研究还处于概念探讨[38]及特征归纳[39-41]的"是什么"阶段，而缺少对"为什么"和"如何"构建的关注。本书遵循了"情境→认知→行为"的基本思路，系统性地从构建动因、构建逻辑、构建过程三个方面对核心企业主导的开放式创新生态系统的构建机理进行探讨，这一尝试拓展了开放式创新生态系统的研究，促使开放式创新生态系统研究从"是什么"的初级阶段向更深层次的"为什么"和"如何"构建的构建机理推进。其次，核心企业主导的开放式创新生态系统的探讨响应了博格斯等对于开放式创新在系统层面开展研究的号召[7]，以及切萨布鲁夫等深化研究创新生态系统的呼吁[33]。最后，核心企业主导的开放式创新生态系统的探讨也响应了学者们从微观视角来探讨创新生态系统的号召。由于现有对于创新生态系统的研究大多集中在宏观的国家层面及中观的产业或区域层面，学者们呼吁应该在宏观和中观层面创新生态系统研究之外，关注微观层面的创新生态系统，如企业层面的创新生态系统[272]。这是由于当前企业纷纷构建创新合作网络或创新生态系统以保持和强化其产品、服务和技术的竞争优势，宏观和中观层面的创新生态系统研究却难以进一步细化对其提供针对性的指导。本书响应了这一号召，研究核心企业主导的开放式创新生态系统，这为创新生态系统向微观层面的发展做出了有益的探索。

## 7.3 管理启示

随着信息技术的飞速发展和全球经济一体化发展的不断深化，产品和技术的复杂度不断提升、知识技术离散化、多元化和专有性不断加剧，需要注意企业的创新不再是单个组织的任务，而是横跨多个组织构成的创新生态系统的任务。与此同时，开放自身的创新过程在软件、电子、电信、医药、生物技术、装备制造等高技术产业中已经越来越流行，同时批发、零售、贸易、服务等低技术产业中的大批企业也在利用开放式创新，因此开放式创新已经不是某些企业的"专有权"，而是当前的普遍性、常态化的现象。在开放式创新生态系统中，强调对组织内部和外部的资源及市场化渠道的同时利用，这并非零和博弈，而是将整个系统的"蛋糕做大"，从而促进系统内的主体共同受益。因此，企业应该尝试构建以自身为核心的开放式创新生态系统。更重要的是，以往的开放式创新生态系统概念及其特征的相关研究多是基于国外企业或数据开展的，中国企业的相关研究匮乏。而中国独特的制度情境、企业内部管理模式的差异导致开放式创新生态系统的相关研究与西方具有差异性。基于此前提出发，本书关于核心企业主导的开放式创新生态系统包括构建动因、构建逻辑和构建过程三个方面的构建机理的探讨，对于系统构建最为关键的两大主体核心企业和政府部门具有一定的启示。

　　针对核心企业而言，核心企业在开放式创新生态系统构建中作为领导者，需要发挥组织协调、平台搭建、标准制定、伙伴选择、关键资源供给等一系列作用，其重要性无须多言，这一点已经得到了理论界和产业界的认同。尽管意识到核心企业在此过程中的重要性，但是由于开放式创新生态系统的构建是一项系统工程，需要核心企业通盘考虑相关的参与主体、要素、机制等，同时系统内各主体的分工与协同、业务边界的模糊性等使得开放式创新生态系统的构建无从下手。而针对政府部门而言，尽管核心企业发挥关键作用，但是由于涉及的主体种类较多，政府部门不仅仅作为一类参与主体还作为其他类型主体的上层管理者对各类主体具有影响。尤其在中国的转型经济背景下，政府及其政策是影响核心企业和开放式创新生态系统构建的关键因素。而本书形成的构建机理的研究结论，能够为核心企业管理者从构建的判断依据、构建的总体战略、构建具体过程三个方面依次提供一定的指导，能够为政府部门在营造合适的政策环境、引导形成适应性的构建总体战略、提供针对性的构建资源支持三个方面带来一定的启示。

　　（1）从核心企业主导的开放式创新生态系统构建动因显现架构来看，一方面，对于核心企业高层管理者而言，核心企业主导的开放式创新生态系统构建动因的来源层面和显现特征为其进行开放式创新生态系统构建的决策提供了分析依据。核心企业主导的开放式创新生态系统构建动因来源于内外部的六个层面，这为企业高层管理者提供了相应的企业内外部的观察方向；而在六个层面上的十四个显现特征为高层管理者提供了开放式创新生态系统构建必要性的判断标准。进一步地，核心企业主导的开放式创新生态系统构建动因的传导路径为核心企业高层管理者进行开放式创新生态系统构建提供了决策路径。企业高层管理者需要对企业外部的技术、市场和制度环境进行观察，当技术复杂性、市场竞争体系化等某些特征显现时，企业高层管理者需要对其注意力进行合理配置，并且根据高层管理者的认知判断开放式创新生态系统构建的必要性，最终选择具有企业家精神的高层管理者来领导企业构建开放式创新生态系统。

另一方面，对于政府部门而言，伴随着当前市场动荡性、技术复杂性等愈加盛行，核心企业主导的开放式创新生态系统的构建已经成为必然趋势。从企业外部来看，开放式创新生态系统构建受到外部技术、市场和制度情境的影响，而政府部门对于企业所在地的市场和制度均产生影响，尤其是对于制度情境的影响巨大。因此，政府部门应该根据系统构建动因中制度情境的显现特征，为企业营造针对性的制度环境来提供支持。从企业内部来看，企业家这一群体在核心企业主导的开放式创新生态系统构建过程中发挥着决定性作用，因此政府部门应该根据系统构建动因中企业家显现特征，针对企业家这一特定群体进行针对性的培训，从而促使核心企业主导的开放式创新生态系统的构建。

（2）从核心企业主导的开放式创新生态系统构建逻辑来看，一方面，对于核心企业高层管理者而言，核心企业主导的开放式创新生态系统构建逻辑的厘清为其进行开放式创新生态系统构建战略的制定提供了指导原则。本书的研究结论是通过装备制造业中的机车行业、轴承行业和工程机械行业的创新生态圈的大量案例素材分析提炼得出的，因此对于装备制造企业具有一定的指导意义。装备制造企业所固有的技术复杂性、产品定制化等特征，导致装备制造企业难以"独善其身"，与上下游企业、竞争对手、高校科研院所等开展多种形式的合作成为必要，而本书提炼的机会逻辑、杠杆逻辑和定位逻辑为装备制造企业构建以自身为核心的创新生态圈具有一定的启发。具体来看，机会逻辑为具有良好制度地位且能够前瞻性地识别国家关键行业机会的企业提供了参考，其在识别重大机会后，以实现目标为导向的打破常规采取创造性的即兴行为来快速行动才是抓住机会的关键，不同时间点机会的识别与抓取将为企业提供履带式的发展模式，从而让其保持持续的竞争优势。杠杆逻辑为在某一领域具有优势资源的企业提供了一定的启发，即需要识别并充分利用企业的优势资源，撬动互补资源来让优势资源最大效果地发挥作用，从而进一步强化其领先优势，在互补资源搜集并补充的过程中增强其综合实力。定位逻辑为不具备良好资源积累的企业提供了一条快速切入市场取得竞争优势的路径，这就需要企业高层管理者精准选择行业和产品，明确企业定位，进而围绕着用户需求的满足拼凑可行的资源来动员一切可以动员的力量协同响应，然后帮助产品迅速打开市场，而后遵循同样的模式开发行业内的相关产品，从而促使其竞争优势的逐渐积累。无论是机会逻辑以"行为速度"取得竞争优势，还是杠杆逻辑以"产品质量"取得竞争优势，以及定位逻辑以"行为速度＋产品质量"综合平衡取得竞争优势，都需要在执行过程中关注竞争优势并非完全来自资源的"为我所有"而更为重要的是资源的"为我所用"。

另一方面，对于政府部门而言，构建逻辑是核心企业主导的开放式创新生态系统构建的总体性指导原则，本书提炼出的机会逻辑、杠杆逻辑、定位逻辑受到外部情境动因和内部情境动因的影响。而政府部门尽管不能够对企业的战略行为产生直接影响，但是政府部门的政策会对制度环境、市场环境、技术环境、企业家认知等产生影响，因此政府部门需要注意不同的内外部情境上构建动因的不同组合会导致不同的构建逻辑和战略行为，因此政府部门可以通过调节不同的政策对内外部情境施加影响，进而促进不同产业遵循不同的逻辑构建开放式创新生态系统。

（3）从核心企业主导的开放式创新生态系统构建过程来看，一方面，对于核心企业管理者而言，核心企业应该通过以下五个方面做出努力促进开放式创新生态系统的构建。第一，如何根据系统构建的阶段性需求特征和自身的特色，实现角色定位和职责范围的转变，推动开放式创新生态系统的构建，是需要核心企业管理者重点考虑的问题。第二，核心企业的企业家根据企业内部的情境及自身认知形成合适的主导逻辑来统领核心企业主导的开放式创新生态系统的构建是有必要的。第三，核心企业要着重搭建分布式产品创新平台及跨创新环节的整合性创新平台，这对于促进核心企业技术、人力、信息等要素的流动至关重要，有利于基础研究、应用研究的打通和创新成果的商业化。第四，核心企业要学会通过各种渠道获取来自政府部门、行业组织赋予的合法性，这会为核心企业进行开放式创新生态系统的构建提供强有力的支撑。第五，核心企业在主导开放式创新生态系统的构建时，在注重通过知名专家、技术标准、制度规范、联盟等保证系统的规范性和创新主体集聚的同时，还要注重形成成员共认的发展愿景、加强沟通交流、建立相互信任，从而为系统的构建提供保障。

另一方面，对于政府部门而言，了解系统构建过程的阶段性和过程机理从而为核心企业管理者提供针对性的支持。在核心企业成长阶段，政府部门通过各种政策扶持核心企业的快速成长是关键，这成为后续核心企业主导的开放式创新生态系统得以构建的基础。在基本框架搭建阶段，政府部门通过为核心企业持续性地输入资源、荣誉等赋予其政府认可的"合法性"，这成为核心企业撬动外部资源实现基本框架搭建的关键。在系统整合形成阶段，政府部门应逐渐弱化自身的角色，减少对于核心企业及其创新生态圈的干预，促使其在具有充分自主权的情况下实现系统的整合形成。

## 7.4　不足与展望

尽管本书通过核心企业主导的开放式创新生态系统构建动因、构建逻辑和构建过程三个方面对其构建机理进行了探讨，有助于揭开核心企业主导的开放式创新生态系统构建的"黑箱"，但是还存在不足。一方面，本书以案例研究方法为主要研究方法，因此对于研究结论的适用性需要谨慎地对待。本书根据案例研究方法的"理论抽样"原则，即通过从具有相似特征的案例中选择具有代表性和典型性的案例开展研究，选择了装备制造企业主导的创新生态圈来开展研究，并且通过光洋科技的高端数控机床创新生态圈、大机车的机车创新生态圈、瓦轴集团的轴承创新生态圈、三一重工的工程机械创新生态圈各自的深入分析，以及四者之间的交叉验证，尽可能提升研究结论的有效性。因此，本书的研究结论对于具有类似技术复杂性高、供应商依赖性强、客户定制化多等特征的行业具有极大的借鉴价值。但是研究结论的推广需要谨慎对待。尽管遵循了规范的案例研究方法流程，但是由于案例研究方法固有的局限性，研究结论未来需要来自同一行业的企业和不同行业的企业的多案例研究进行验证，以及大样本实证研究进行检验，以提高结论的外部效度。另一方面，本书研究的主题为核心企业主导的开放式创新生态系统，因此数据的收集主要通过光洋科技、大机车、瓦轴集团、三一重工四家核心企业开展的。尽管本书针对相关的少量上下游相关单位进行了访谈或者通过合作对象的官方网站进行了验证，但是由于装备制造企业的创新链条较长，上下游同行等外部合作对象众多，本书未能开展针对相关的所有合作单位的深入访谈，实现资料的完全双向验证，这也构成了本研究的缺陷之一。

　　尽管本书针对核心企业主导的开放式创新生态系统构建机理进行了比较深入的研究，但是核心企业主导的开放式创新生态系统及相关研究是一项复杂的、系统的、庞大的研究主题。由于篇幅限制，本书仅仅实现了对关键问题的初步探索和尝试，未来这一主题还可以进行更加深入和广泛的探索。

　　第一，本书通过对三家案例企业的分析得出了机会逻辑、杠杆逻辑、定位逻辑三类构建逻辑，但是限于案例企业数量的有限性，并未进一步探讨其他类型的构建逻辑，因此后续研究可以针对更多的企业进一步提炼其他类型的构建逻辑。

　　第二，本书由于主要关注点在于构建逻辑、构建行为和构建结果的整体系统性构建过程的探讨，而缺乏针对构建逻辑、构建主体、构建要素、构建机制、构建结果等每个构念的进一步深入分析，因此后续研究可以在此基础之上，针对核心企业主导的开放式创新生态系统不同构建方面进行更加深入细致的研究。

第三，本书剖析了开放式创新生态系统的早期构建阶段，随着核心企业主导的开放式创新生态系统的不断发展，本书认为有必要持续对企业主导的创新生态圈进行长期跟踪调查，基于创新生态系统生命周期的视角，关注核心企业主导的开放式创新生态系统中后期演化的相关研究，初步发现系统的演化存在裂变、重构、聚合等多种演化路径。

第四，核心企业主导的开放式创新生态系统的构建是后续运行的基础。但是核心企业主导的开放式创新生态系统的构建与运行的关键节点是否存在？从初步研究和思考来看，系统的构建过程也是系统的运行过程，而系统的运行过程也是系统不断构建的过程，二者可能并不存在明显的界限。因此，未来可以更加深入地探讨这一主题，给予更加严谨的答案。

# 参 考 文 献

[1] Chesbrough H. W. The era of open innovation [J]. MIT Sloan Management Review, 2003, 44 (3): 35 – 41.

[2] Appleyard M. M. , Chesbrough H. W. The dynamics of open strategy: from adoption to reversion [J]. Long Range Planning, 2017, 50 (3): 310 – 321.

[3] 高良谋, 马文甲. 开放式创新: 内涵、框架与中国情境 [J]. 管理世界, 2014 (6): 157 – 169.

[4] West J. , Gallagher S. Challenges of open innovation: the paradox of firm investment in open source software [J]. R & D Management, 2006, 36 (3): 319 – 331.

[5] West J. , Salter A. , Vanhaverbeke W. et al. Open innovation: the next decade [J]. Research Policy, 2014, 43 (5): 805 – 811.

[6] Lichtenthaler U. Open innovation: past research, current debates, and future directions [J]. Academy of Management Perspectives, 2011, 25 (1): 75 – 93.

[7] Bogers M. , Zobel A. K. , Afuah A. et al. The open innovation research landscape: established perspectives and emerging themes across different levels of analysis [J]. Industry and Innovation, 2017, 24 (1): 8 – 40.

[8] Greco M. , Grimaldi M. , Cricelli L. Hitting the nail on the head: exploring the relationship between public subsidies and open innovation efficiency [J]. Technological Forecasting and Social Change, 2017 (118): 213 – 225.

225

[9] Kratzer J. , Meissner D. , Roud V. Open innovation and company culture: internal openness makes the difference [J]. Technological Forecasting and Social Change, 2017 (119): 128 – 138.

[10] Lee S. , Park G. , Yoon, B. et al. Open innovation in SMEs—an intermediated network model [J]. Research Policy, 2010, 39 (2): 290 – 300.

[11] Keupp M. , Gassmann O. Determinants and archetype users of open innovation [J]. R & D Management, 2009, 39 (4): 331 – 341.

[12] Lazzarotti V. , Manzini R. Different modes of open innovation: a theoretical framework and an empirical study [J]. International Journal of Innovation Management, 2009, 13 (4): 615 – 636.

[13] Laursen K. , Salter A. Open for innovation: the role of openness in explaining innovation performance among UK manufacturing firms [J]. Strategic Management Journal, 2006, 27 (2): 131 – 150.

[14] Wincent J. , Anokhin S. , Boter H. Network board continuity and effectiveness of open innovation in Swedish strategic small-firm networks [J]. R & D Management, 2009, 39 (1): 55 – 67.

[15] Lichtenthaler U. Outbound open innovation and its effect on firm performance: examining environmental influences [J]. R&D Management, 2009, 39 (4): 317 – 330.

[16] Belderbos R. , Faems D. , Leten B. et al. Technological activities and their impact on the financial performance of the firm: exploitation and exploration within and between firms [J]. Journal of Product Innovation Management, 2010, 27 (6): 869 – 882.

[17] Parida V. , Westerberg M. , Frishammar J. Inbound open innovation activities in high-tech SMEs: the impact on innovation performance [J]. Journal of Small Business Management, 2012, 50 (2): 283 – 309.

[18] Popa S. , Pedro S. A. , Isabel M. C. Antecedents, moderators, and

outcomes of innovation climate and open innovation: An empirical study in SMEs [J]. Technological Forecasting and Social Change, 2017 (118): 134 – 142.

[19] 李涛, 高良谋. "大数据" 时代下开放式创新发展趋势 [J]. 科研管理, 2016, 37 (7): 1 – 7.

[20] Adner R. Match your innovation strategy to your innovation ecosystem [J]. Harvard Business Review, 2006, 84 (4): 98 – 107.

[21] Jackson D. J. What is an innovation ecosystem? [EB/OL]. (2021 – 11 – 28), http: //www. erc – assoc. org/docs/innovation_ecosystem.

[22] Kayano F., Chihiro W. Japanese and US perspectives on the national innovation ecosystem [J]. Technology in Society, 2008, 30 (1): 49 – 63.

[23] Almirall E., Casadesus – Masanell R. Open versus closed innovation: a model of discovery and divergence [J]. Academy of Management Review, 2010, 35 (1): 27 – 47.

[24] Adner R., Kapoor R. Value creation in innovation ecosystems: how the structure of technological interdependence affects firm performance in new technology generations [J]. Strategic Management Journal, 2010, 31 (3): 306 – 333.

[25] 张运生, 邹思明, 张利飞. 基于定价的高科技企业创新生态系统治理模式研究 [J]. 中国软科学, 2011, (12): 157 – 165.

[26] 陈健, 高太山, 柳卸林, 等. 创新生态系统: 概念、理论基础与治理 [J]. 科技进步与对策, 2016, 33 (17): 153 – 160.

[27] Reinartz W., Dellaert B., Krafft M. et al. Retailing innovations in a globalizing retail market environment [J]. Journal of Retailing, 2011 (87): 53 – 66.

[28] Weil H. B., Sabhlok V. P., Cooney C. L. The dynamics of innovation ecosystems: a case study of the US biofuel market [J]. Energy Strategy Reviews, 2014 (3): 88 – 99.

[29] 项国鹏, 周洪仕, 罗兴武. 核心企业主导型创业生态系统构成

与运行机制：以杭州云栖小镇为例 [J]. 科技进步与对策，2019，36（22）：10 - 19.

[30] 胡京波，欧阳桃花，曾德麟，等. 创新生态系统的核心企业创新悖论管理案例研究：双元能力视角 [J]. 管理评论，2018，30（8）：290 - 304.

[31] 欧忠辉，朱祖平，夏敏. 创新生态系统共生演化模型及仿真研究 [J]. 科研管理，2017，38（12）：49 - 57.

[32] Curley M.，Formica P. Capitalizing on open innovation 2.0 [C]. The Experimental Nature of New Venture Creation，2013.

[33] Chesbrough H. W.，Kim S.，Agogino A. Chez panisse：building an open innovation ecosystem [J]. California Management Review，2014，56（4）：144 - 171.

[34] Gonzalo L. Analysis of university-driven open innovation ecosystems：the UPM case study [J]. R & D Management，2013，12（2）：321 - 336.

[35] Demil B.，Lecocq X. Neither market nor hierarchy nor network：the emergence of bazaar governance [J]. Organization Studies，2006，27（10）：1447 - 1466.

[36] Shah S. K. Motivation，governance，and the viability of hybrid forms in open source software development [J]. Management Science，2006，52（7）：1000 - 1014.

[37] 吕一博，韩少杰，苏敬勤，等. 大学驱动型开放式创新生态系统的构建研究 [J]. 管理评论，2017，29（4）：68 - 82.

[38] Rohrbeck R.，Hölzle K.，Gemünden H. G. Opening up for competitive advantage-how Deutsche Telekom creates an open innovation ecosystem [J]. R&D Management，2009，39（4）：420 - 430.

[39] Traitler H.，Watzke H. J.，Saguy I. S. Reinventing R&D in an open innovation ecosystem [J]. Journal of Food Science，2011，76（2）：62 - 68.

[40] Li Y. R. The technological roadmap of Cisco's business ecosystem

[J]. Technovation，2009，29（5）：379－386.

［41］吕一博，蓝清，韩少杰. 开放式创新生态系统的成长基因——基于 iOS、Android 和 Symbian 的多案例研究［J］. 中国工业经济，2015（5）：148－160.

［42］Omelyanenko V. A. Analysis of potential of international inter-cluster cooperation in high-tech industries［J］. International Journal of Econometrics and Financial Management，2014，2（4）：141－147.

［43］于超，朱瑾. 企业主导逻辑下创新生态圈的演化跃迁及其机理研究——以东阿阿胶集团为例的探索性案例研究［J］. 管理评论，2018，30（12）：285－300.

［44］欧阳桃花，胡京波，李洋，等. DFH 小卫星复杂产品创新生态系统的动态演化研究：战略逻辑和组织合作适配性视角［J］. 管理学报，2015，12（4）：546－557.

［45］Chesbrough H. W.，Appleyard M. M. Open innovation and strategy［J］. California Management Review，2007，50（1）：57－76.

［46］蒋石梅，吕平，陈劲. 企业创新生态系统研究综述——基于核心企业的视角［J］. 技术经济，2015，34（7）：20－25＋93.

［47］孙冰，徐晓菲，姚洪涛. 基于 MLP 框架的创新生态系统演化研究［J］. 科学学研究，2016，34（8）：1244－1254.

［48］钱堃，鲍晓娜，王鹏. 核心企业主导的创新生态系统新能力开发：一个嵌入式单案例研究的发现［J］. 科技进步与对策，2016，33（9）：53－61.

［49］王伟光，冯荣凯，尹博. 产业创新网络中核心企业控制力能够促进知识溢出吗？［J］. 管理世界，2015（6）：106－116.

［50］Terwal A. L. J.，Boschma R. Co-evolution of firms，industries and networks in space［J］. Regional Studies，2011，45（7）：919－933.

［51］Nambisan S.，Sawhney M. Orchestration processes in network-centric innovation：evidence from the field［J］. Academy of Management Perspectives, 2011, 25 (3): 40 –57.

[52] 王伟楠, 吴欣桐, 梅亮. 创新生态系统: 一个情境视角的系统性评述 [J]. 科研管理, 2019, 40 (9): 25 –36.

[53] Tsui A. S. Contextualization in Chinese management research [J]. Management and Organization Review, 2006, 2 (1): 1 –13.

[54] Yin R. K. Case study research: design and methods [M]. Sage Publications, 2013.

[55] Pan S. L. , Tan B. Demystifying case research: a structured-pragmatic-situational (SPS) approach to conducting case studies [J]. Information and Organization, 2011, 21 (3): 161 –176.

[56] Eisenhardt K. M. , Graebner M. E. Theory building from cases: opportunities and challenges [J]. Academy of Management Journal, 2007, 50 (1): 25 –32.

[57] Eisenhardt K. M. Building theories from case study research [J]. Academy of Management Review, 1989, 14 (4): 532 –550.

[58] 许庆瑞, 吴志岩, 陈力田. 转型经济中企业自主创新能力演化路径及驱动因素分析——海尔集团 1984 ~2013 年的纵向案例研究 [J]. 管理世界, 2013 (4): 121 –134.

[59] 吕一博, 韩少杰, 苏敬勤. 翻越由技术引进到自主创新的樊篱——基于中车集团大机车的案例研究 [J]. 中国工业经济, 2017 (8): 174 –192.

[60] 单国栋. 转型经济下装备制造企业的主导逻辑及其影响因素研究 [D]. 大连: 大连理工大学, 2017.

[61] Ginsberg A. Connecting diversification to performance: a sociocognitive approach [J]. Academy of Management Review, 1990, 15 (3): 514 –535.

[62] Barr P. S. , Stimpert J. L. , Huff A. S. Cognitive change, strategic action, and organizational renewal [J]. Strategic Management Journal, 1992,

13（1）：15－36.

［63］Jenkins M. Entrepreneurial intentions and outcomes：a comparative causal mapping study［J］. Journal of Management Studies，1997，34（6）：895－920.

［64］Eden C. On the nature of cognitive maps［J］. Journal of Management Studies，2007，29（3）：261－265.

［65］张凌，乔晓东. 基于组织认知地图的隐性知识共享的实现［J］. 情报理论与实践，2013（7）：85－88.

［66］苏敬勤，单国栋. 本土企业的主导逻辑初探：博弈式差异化——基于装备制造业的探索性案例研究［J］. 管理评论，2017，29（2）：255－272.

［67］彭辉，姚颉靖. 网络舆情传播规律与治理策略——基于对2013年度24件舆情典型事件的分析［J］. 河南社会科学，2014（2）：11－17.

［68］吴帅. 民族地区法治文化社会化探究——以贵州省近年来若干典型事件为视角［J］. 法学杂志，2018，39（6）：74－81.

［69］龙静，贾良定，孙佩. 技术创新驱动要素协同与能力构建——10家高科技企业典型事件分析法的案例［J］. 经济管理，2014，36（5）：45－59.

［70］梅亮，陈劲，刘洋. 创新生态系统：源起、知识演进和理论框架［J］. 科学学研究，2014，32（12）：1771－1780.

［71］Borgh M.，Cloodt M.，Romme A. et al. Value creation by knowledge-based ecosystems：evidence from a field study［J］. R & D Management，2012，42（2）：150－169.

［72］Chesbrough H. W. Open innovation：The new imperative for creating and profiting from technology［M］. Harvard Business Press，2006.

［73］Enkel E.，Gassmann O.，Chesbrough H. W. Open R&D and open innovation：exploring the phenomenon［J］. R & D Management，2009，39（4）：311－316.

[74] Freeman C. Networks of innovators: a synthesis of research issues [J]. Research Policy, 1991, 20 (5): 499 – 514.

[75] Mcqueeney D. F. IBM's evolving research strategy [J]. Research Technology Management, 2003, 46 (4): 20 – 27.

[76] Hastbacka M. Open innovation: what's mine is mine, what if yours could be mine, too? [J]. Technology Management Journal, 2004 (12): 1 – 3.

[77] Dahlander L., Gann D. M. How open is innovation? [J]. Research Policy, 2010, 39 (6): 699 – 709.

[78] Love J. H., Roper S., Vahter P. Learning from openness: the dynamics of breadth in external innovation linkages [J]. Strategic Management Journal, 2014, 35 (11): 1703 – 1716.

[79] John P., Walsh, Y. L., Sadao N. Openness and innovation in the US: collaboration form, idea generation and implementation [J]. Research Policy, 45 (8): 1660 – 1671.

[80] Bogers M., Nicolai J. F., Jacob L. The "human side" of open innovation: the role of employee diversity in firm-level openness [J]. Research Policy, 2018, 47 (1): 218 – 231.

[81] Trott P., Hartmann D. Why open innovation is old wine in new bottles [J]. International Journal of Innovation Management, 2009, 13 (4): 715 – 736.

[82] Stanko M. A., Fisher G. J., Bogers M. Under the wide umbrella of open innovation [J]. Journal of Product Innovation Management, 2017, 34 (4): 543 – 558.

[83] Kaulio M. A. Customer, consumer and user involvement in product development: a framework and a review of selected methods [J]. Total Quality Management, 1998, 9 (1): 141 – 149.

[84] Enkel E., Gassmann O. Creative imitation: exploring the case of cross-industry innovation [J]. R & D Management, 2008, 40 (3): 256 –

270.

［85］程露. 基于 CAS 理论的创新网络演化研究［D］. 大连：大连理工大学，2019.

［86］Van de Vrande V. , Jeroen P. J. , Vanhaverbeke W. et al. Open innovation in SMEs: trends, motives and management challenges［J］. Technovation, 2009, 29（6）: 423 – 437.

［87］Lettl C. , Herstatt C. , Gemuenden H. G. Users' contributions to radical innovation: evidence from four cases in the field of medical equipment technology［J］. R & D Management, 2006, 36（3）: 251 – 272.

［88］Chesbrough H. W. The logic of open innovation: managing intellectual property［J］. California Management Review, 2003, 45（3）: 33 – 58.

［89］Cassiman B. , Valentini G. Open innovation: are inbound and outbound knowledge flows really complementary?［J］. Strategic Management Journal, 2016, 37（6）: 1034 – 1046.

［90］Chesbrough H. W. , Crowther A. K. Beyond high tech: early adopters of open innovation in other industries［J］. R & D Management, 2006, 36（3）: 229 – 236.

［91］Cefis E. , Marsili O. Crossing the innovation threshold through mergers and acquisitions［J］. Research Policy, 2015, 44（3）: 698 – 710.

［92］Laursen K. , Salter A. Searching high and low: what types of firms use universities as a source of innovation?［J］. Research Policy, 2014, 33（8）: 1201 – 1215.

［93］Hu Y. , McNamara P. , McLoughlin D. Outbound open innovation in bio-pharmaceutical out-licensing［J］. Technovation, 2015（35）: 46 – 58.

［94］Lichtenthaler U. A note on outbound open innovation and firm performance［J］. R & D Management, 2015, 45（5）: 606 – 608.

［95］Knudsen M. P. , Mortensen B. Some immediate-but negative-effects of openness on product development performance［J］. Technovation, 2011, 31

（1）：51 - 64.

［96］Huizingh E. K. R. E. Open innovation：state of the art and future perspectives ［J］. Technovation, 2011, 31（1）：2 - 9.

［97］Felin T. , Zenger T. R. Closed or open innovation? Problem solving and the governance choice ［J］. Research Policy, 2014, 43（5）：914 - 925.

［98］于开乐, 王铁民. 基于并购的开放式创新对企业自主创新的影响——南汽并购罗孚经验及一般启示 ［J］. 管理世界, 2008（4）：150 - 159 + 166.

［99］何郁冰. 国内外开放式创新研究动态与展望 ［J］. 科学学与科学技术管理, 2015（3）：3 - 12.

［100］Cammarano A. , Caputo M. , Lamberti E. et al. Open innovation and intellectual property：a knowledge-based approach ［J］. Management Decision, 2017, 55（6）：1182 - 1208.

［101］Caputo M. , Lamberti E. , Cammarano A. et al. Exploring the impact of open innovation on firm performances ［J］. Management Decision, 2016, 54（7）：1788 - 1812.

［102］Chang Y. Benefits of co-operation on innovative performance：evidence from integrated circuits and biotechnology firms in the UK and Taiwan ［J］. R & D Management, 2003, 33（4）：425 - 437.

［103］Cheng C. C. J. , Huizingh E. K. R. E. When is open innovation beneficial? The role of strategic orientation ［J］. Journal of Product Innovation Management, 2014, 31（6）：1235 - 1253.

［104］Faems D. , Visser M. D. , Andries P. et al. Technology alliance portfolios and financial performance：value-enhancing and cost-increasing effects of open innovation ［J］. Journal of Product Innovation Management, 2010, 27（6）：785 - 796.

［105］Hsieh C. T. , Huang H. C. , Lee W. L. Using transaction cost economics to explain open innovation in start-ups ［J］. Management Decision,

2016, 54 (9): 2133 – 2156.

[106] Hung K. P. , Chiang Y. H. Open innovation proclivity, entrepreneurial orientation, and perceived firm performance [J]. International Journal of Technology Management, 2010, 52 (4): 257 – 274.

[107] Zhu X. , Dong M. C. , Gu J. et al. How do informal ties drive open innovation? The contingency role of market dynamism [J]. Engineering Management, 2017, 64 (2): 208 – 219.

[108] Gassmann O. , Enkel E. , Chesbrough H. W. The future of open innovation [J]. R & D Management, 2010, 40 (3): 213 – 221.

[109] 高俊光, 孙雪薇, 赵诗雨, 等. 企业开放式创新合作策略: 文献综述 [J]. 技术经济 2017, 36 (3): 34 – 45.

[110] Zuppo L. A. , Rosa P. L. , Bermejo P. H. et al. Outbound open innovation: a systematic review [C]. Hawaii International Conference on System Sciences, 2016.

[111] Ahn J. M. , Minshall T. , Mortara L. Understanding the human side of openness: the fit between open innovation modes and CEO characteristics [J]. R & D Management, 2017, 47 (5): 727 – 740.

[112] Brunswicker S. , Vanhaverbeke W. Open innovation in small and medium-sized enterprises (SMEs): external knowledge sourcing strategies and internal organizational facilitators [J]. Journal Small Business Management, 2015 (53): 1241 – 1263.

[113] Knudsen L. Determinants of openness in R&D collaboration-the roles of absorptive capacity and appropriability [C]. Aalborg: The Druid-dime Academy PhD – conference on the Evolution of Capabilities and Industrial Dynamics, 2006.

[114] Torkkeli M. , Kock C. , Salmi P. The open innovation paradigm: a contingency perspective [J]. Journal of Industrial Engineering and Management, 2009, 2 (1): 176 – 207.

［115］ Lichtenthaler U. , Ernst H. Technology licensing strategies：the interaction of process and content characteristics ［J］. Strategic Organization, 2009, 7 (2)：183 – 221.

［116］ Henkel J. Selective revealing in open innovation processes：the case of embedded Linux ［J］. Research Policy, 2006, 35 (7)：953 – 969.

［117］ Gambardella A. , Giuri P. , Luzzi A. The market for patents in Europe ［J］. Research Policy, 2007, 36 (8)：1163 – 1183.

［118］ Huang F. , Rice J. , Martin N. Does open innovation apply to China? Exploring the contingent role of external knowledge sources and internal absorptive capacity in Chinese large firms and SMEs ［J］. Journal of Management & Organizations, 2015 (21)：594 – 613.

［119］ Kim B. , Kim E. , Foss N. J. Balancing absorptive capacity and inbound open innovation for sustained innovative performance：an attention-based view ［J］. European Management Journal, 2016, 34 (1)：80 – 90.

［120］ Patterson W. , Ambrosini V. Configuring absorptive capacity as a key process for research intensive firms ［J］. Technovation, 2015 (36)：77 – 89.

［121］ Rass M. , Dumbach M. , Danzinger F. et al. Open innovation and firm performance：the mediating role of social capital ［J］. Creativity and Innovation Management, 2013, 22 (2)：177 – 194.

［122］ Lee S. M. , Hwang T. , Choi D. Open innovation in the public sector of leading countries ［J］. Management Decision, 2012, 50 (1)：147 – 162.

［123］ 闫春. 近十年国外开放式创新的理论与实践研究述评 ［J］. 研究与发展管理, 2014, 26 (4)：92 – 105.

［124］ Cheng L. , Lyu Y. , Su J. et al. Inbound openness and its impact on innovation performance：An agent-based and simulation approach ［J］. R & D Management, 2020, 50 (2)：212 – 226.

［125］ Chen J. , Chen Y. , Vanhaverbeke W. The influence of scope, depth, and orientation of external technology sources on the innovative perform-ance of Chinese firms ［J］. Technovation, 2011, 31 (8): 362 - 373.

［126］ Leiponen A. , Helfat C. E. Innovation objectives, knowledge sources, and the benefits of breadth ［J］. Strategic Management Journal, 2010, 31 (2): 224 - 236.

［127］ Kafouros M. I. , Forsans N. The role of open innovation in emerging economies: do companies profit from the scientific knowledge of others? ［J］. Journal of World Business, 2012, 47 (3): 362 - 370.

［128］ Mina A. , Bascavusoglu M. E. , Hughes A. Open service innova-tion and the firm's search for external knowledge ［J］. Research Policy, 2014, 43 (5): 853 - 866.

［129］ Nakagaki P. , Aber J. , Fetterhoff T. The challenges in implemen-ting open innovation in a global innovation-driven corporation ［J］. Research Technology Management, 2012, 55 (4): 32 - 38.

［130］ Spithoven A. , Clarysse B. , Knockaert M. Building absorptive ca-pacity to organise inbound open innovation in traditional industries ［J］. Techno-vation, 2010, 30 (2): 130 - 141.

［131］ Dodgson M. , Gann D. , Salter A. The role of technology in the shift towards open innovation: the case of Procter & Gamble ［J］. R & D Man-agement, 2006, 36 (3): 333 - 346.

［132］ 张永成, 郝冬冬, 王希. 国外开放式创新理论研究 11 年: 回顾、评述与展望 ［J］. 科学学与科学技术管理, 2015 (3): 13 - 22.

［133］ Sapienza H. , Parhankangas A. , Autio E. Knowledge relatedness and postspin-off growth ［J］. Journal of Business Venturing, 2004, 19 (6): 809 - 829.

［134］ Dittrich K. , Duysters G. , Man A. P. Strategic repositioning by means of alliance networks: The case of IBM ［J］. Research Policy, 2007, 36

(10): 1496 – 1511.

[135] Ethiraj S. K. , Zhu D. H. Performance effects of imitative entry [J]. Strategic Management Journal, 2008, 29 (8): 797 – 817.

[136] 徐茜, 吴彬, 姜道奎. 当代创新挑战与范式转换——对开放式创新的理论评述 [J]. 科技进步与对策, 2015, 32 (3): 1 – 6.

[137] Bogers M. , Afuah A. , Bastian B. Users as innovators: a review, critique, and future research directions [J]. Journal of Management, 2010, 36 (4): 857 – 875.

[138] Cooke P. Regionally asymmetric knowledge capabilities and open innovation exploring Globalisation-a new model of industry organisation [J]. Research Policy, 2005, 34 (8): 1128 – 1149.

[139] 黄鲁成, 米兰, 吴菲菲. 国外产业创新生态系统研究现状与趋势分析 [J]. 科研管理, 2019, 40 (5): 1 – 12.

[140] PCAST. Sustaining the nation's innovation ecosystems: Information technology manufacturing and competitiveness [R]. Executive Office of the President's Council of Advisors on Science and Technology, 2004.

[141] 张运生. 高科技企业创新生态系统风险产生机理探究 [J]. 科学学研究, 2009, 27 (6): 925 – 931.

[142] Cross S. E. Strategic considerations in leading an innovation ecosystem [J]. GSTF Business Review (GBR), 2013, 2 (3): 104 – 109.

[143] 曾国屏, 苟尤钊, 刘磊. 从"创新系统"到"创新生态系统" [J]. 科学学研究, 2013, 31 (1): 4 – 12.

[144] Oh D. S. , Phillips F. , Park S. et al. Innovation ecosystems: a critical examination [J]. Technovation, 2016 (54): 1 – 6.

[145] 宋之杰, 于华, 徐晓华, 等. 国内外创新生态系统研究进展 [J]. 燕山大学学报 (哲学社会科学版), 2015, 16 (3): 118 – 127.

[146] 贺团涛, 曾德明, 张运生. 高科技企业创新生态系统研究述评 [J]. 科学学与科学技术管理, 2008, 29 (10): 83 – 87.

［147］黄钢，徐玖平，李颖．科技价值链及创新主体链接模式［J］．中国软科学，2006（6）：67-75.

［148］吴绍波，顾新．战略性新兴产业创新生态系统协同创新的治理模式选择研究［J］．研究与发展管理，2014，26（1）：13-21.

［149］林婷婷．产业技术创新生态系统研究［D］．哈尔滨：哈尔滨工程大学，2012.

［150］Iansiti M. Levien R. Strategy as ecology［J］. Harvard Business Review，2004，82（3）：68-81.

［151］李万，常静，王敏杰，等．创新3.0与创新生态系统［J］．科学学研究，2014，32（12）：1761-1770.

［152］Groth O. J.，Mark E.，Terence T. What Europe needs is an innovation-driven entrepreneurship ecosystem：introducing EDIE［J］. Thunderbird International Business Review，2015，57（4）：263-269.

［153］傅羿芳，朱斌．高科技产业集群持续创新生态体系研究［J］．科学学研究，2004，22（12）：128-135.

［154］张震宇，陈劲．基于开放式创新模式的企业创新资源构成，特征及其管理［J］．科学学与科学技术管理，2008，29（11）：61-65.

［155］崔百胜，朱麟．政府资助能有效激励创新吗？——基于创新系统视角下DSGE模型的分析［J］．管理评论，2019，31（11）：80-93.

［156］Komninos N.，Pallot M.，Schaffers H. Special issue on smart cities and the future internet in Europe［J］. Journal of the Knowledge Economy，2013，4（2）：119-134.

［157］Del R. P.，Carrillo H. J.，Könnölä T. Policy strategies to promote eco-innovation［J］. Journal of Industrial Ecology，2010，14（4）：541-557.

［158］Horbach J.，Rammer C.，Rennings K. Determinants of eco-innovations by type of environmental impact-the role of regulatory push/pull, technology push and market pull［J］. Ecological Economics，2012，78（6）：112-122.

［159］ Kapoor R. , Lee J. M. Coordinating and competing in ecosystems: how organizational forms shape new technology investments ［J］. Strategic Management Journal, 2013, 34 (3): 274 – 296.

［160］陈衍泰，夏敏，李欠强，等. 创新生态系统研究：定性评价、中国情境与理论方向 ［J］. 研究与发展管理，2018, 30 (4): 37 – 53.

［161］ Dobbins M. , Robeson P. , Ciliska D. et al. A description of a knowledge broker role implemented as part of a randomized controlled trial evaluating three knowledge translation strategies ［J］. Implementation Science, 2009, 4 (1): 1 – 9.

［162］ Boari C. , Riboldazzi F. How knowledge brokers emerge and evolve: the role of actors' behaviour ［J］. Research Policy, 2014, 43 (4): 683 – 695.

［163］ Padmore T. , Gibson H. Modelling systems of innovation: a framework for industrial cluster analysis in regions ［J］. Research Policy, 1998, 26 (6): 625 – 641.

［164］张海涛，张丽，张学帅，等. 高校知识生态系统的环境分析和系统构建 ［J］. 情报科学，2012, 30 (8): 1167 – 1172.

［165］ Walenza – Slabe E. Emerging Chinese innovation ecosystems: implications of China's improving innovation competitiveness for companies and professionals ［R］. Applied Value Group, 2012.

［166］ Baldwin C. Y. , Clark K. B. Design rules: the power of modularity ［M］. MIT Press, 2000.

［167］ Allen R. H. , Sriram R. D. The role of standards in innovation ［J］. Technological Forecasting and Social Change, 2000, 64 (2): 171 – 181.

［168］ Feller J. , Finnegan P. , Hayes J. et al. Institutionalising information asymmetry: governance structures for open innovation ［J］. Information Technology & People, 2009, 22 (4): 297 – 316.

［169］ West J. , Wood D. Creating and evolving an open innovation ecosystem: lessons from Symbian Ltd [J]. SSRN, 2008, https://papers.ssrn.com/sol3/papers.cfm?abstract_id=1532926.

[170] Werth D., Emrich A., Chapko A. An ecosystem for user-generated mobile services [J]. Journal of Convergence, 2012, 3 (4): 43 – 48.

[171] Zhang X. P., Zhang C., Liu Z. Q. The open innovation model of basic academic organization in university [C]. 2011 2nd International Conference on Management Science and Engineering Advances in Artificial Intelligence, 2011, 1 (6): 328 – 333.

[172] Carayannis E. G., Campbell D. F. J. Open innovation diplomacy and a 21st century fractal research, education and innovation (FREIE) ecosystem: building on the quadruple and quintuple helix innovation concepts and the "Mode 3" knowledge production system [J]. Journal of the Knowledge Economy, 2011, 2 (3): 327 – 372.

[173] Zucker L. G., Darby M. R. Capturing technological opportunity via Japan's star scientists: evidence from Japanese firms' biotech patents and products [J]. The Journal of Technology Transfer, 2001, 26 (2): 37 – 58.

[174] Carlile P. R. Transferring, translating, and transforming: an integrative framework for managing knowledge across boundaries [J]. Organization Science, 2004, 15 (5): 555 – 568.

[175] Selander L., Henfridsson O., Svahn F. Transforming ecosystem relationships in digital innovation [C]. International Conference on Information Systems, 2010.

[176] 刘洋, 魏江, 江诗松. 后发企业如何进行创新追赶? ——研发网络边界拓展的视角 [J]. 管理世界, 2013 (3): 96 – 110.

[177] Singh J. Distributed R&D, cross-regional knowledge integration and quality of innovative output [J]. Research Policy, 2008, 37 (1): 77 – 96.

[178] Morrison A. Gatekeepers of knowledge within industrial districts: who they are, how they interact [C]. The 4th Proximity, Networks and Coordi-

nation Conference，2004.

［179］Boari C. ，Lipparini A. Networks within industrial districts：organising knowledge creation and transfer by means of moderate hierarchies ［J］. Journal of Management & Governance，1999，3（4）：339 – 360.

［180］贾卫峰，楼旭明，党兴华，等. 基于知识匹配视角的技术创新网络中核心企业成长研究［J］. 管理学报，2018，15（3）：375 – 381.

［181］李春发，王雪红，杨琪琪. 生态产业共生网络核心企业领导力与网络绩效关系研究［J］. 软科学，2014，28（9）：69 – 73.

［182］郑胜华，池仁勇. 核心企业合作能力、创新网络与产业协同演化机理研究［J］. 科研管理，2017，38（6）：28 – 42.

［183］刘友金，罗发友. 基于焦点企业成长的集群演进机理研究——以长沙工程机械集群为例［J］. 管理世界，2015（10）：159 – 161.

［184］Adner R. ，Kapoor R. Innovation ecosystems and the pace of substitution：re-examining technology s-curves ［J］. Strategic Management Journal，2015，37（4）：625 – 648.

［185］Freeman C. Technology policy and economic performance：Lessons from Japan ［J］. Research Policy，1988，17（5）：309 – 310.

［186］王凯，邹晓东. 大学与区域协同创新的组织模式：以德国"研究园计划"为例［J］. 科技管理研究，2016（17）：93 – 96 + 116.

［187］Freeman C. Technology，policy，and economic performance：lessons from Japan ［M］. Pinter Pub Ltd，1987.

［188］Lundvall B. Why study national systems and national styles of innovation? ［J］. Technology Analysis & Strategic Management，1998，10（4）：403 – 422.

［189］Negro S. O. ，Hekkert M. P. Explaining the success of emerging technologies by innovation system functioning：the case of biomass digestion in Germany ［J］. Technology Analysis & Strategic Management，2006，20（4）：465 – 482.

［190］Rychen F. , Zimmermann J. B. Clusters in the global knowledge-based economy: knowledge gatekeepers and temporary proximity ［J］. Regional Studies, 2008, 42 （6）: 767 – 776.

［191］Asheim B. T. , Boschma R. , Cooke P. Constructing regional advantage: platform policies based on related variety and differentiated knowledge bases ［J］. Regional Studies, 2011, 45 （7）: 893 – 904.

［192］Martin R. , Moodysson J. Comparing knowledge bases: on the geography and organization of knowledge sourcing in the regional innovation system of Scania, Sweden ［J］. European Urban and Regional Studies, 2013, 20 （2）: 170 – 187.

［193］Cooke P. , Uranga M. G. , Etxebarria G. Regional innovation systems: institutional and organisational dimensions ［J］. Research Policy, 1997, 26 （5）: 475 – 491.

［194］黄鲁成. 区域技术创新生态系统的稳定机制 ［J］. 研究与发展管理, 2003, 15 （4）: 48 – 52 + 58.

［195］刘友金, 易秋平. 技术创新生态系统结构的生态重组 ［J］. 湖南科技大学学报: 社会科学版, 2005 （5）: 68 – 71.

［196］Saxenian A. Lessons from Silicon Valley ［J］. Technology Review, 1994, 97 （5）: 42 – 51.

［197］Boschma R. , Fornahl D. Cluster evolution and a roadmap for future research ［J］. Regional Studies, 2011, 45 （10）: 1295 – 1298.

［198］Fransman M. Innovation in the new ICT ecosystem ［J］. Communications & Strategies, 2008, 68 （4）: 89 – 109.

［199］陈衍泰, 孟媛媛, 张露嘉, 等. 产业创新生态系统的价值创造和获取机制分析——基于中国电动汽车的跨案例分析 ［J］. 科研管理, 2015 （1）: 68 – 75.

［200］吕荣胜, 叶鲁俊. 中国节能产业创新生态系统耦合机理研究 ［J］. 科技进步与对策, 2015 （19）: 56 – 61.

[201] 沈蕾，张悦，赵袁军. 创意产业创新生态系统：知识演进与发展趋势 [J]. 外国经济与管理，2018，40（7）：45-59.

[202] 傅春，王宫水，李雅蓉. 节能环保产业创新生态系统构建及多中心治理机制研究 [J]. 科技管理研究，2019，39（3）：129-135.

[203] Lambooy J. Innovation and knowledge: theory and regional policy [J]. European Planning Studies, 2005, 13（8）: 1137-1152.

[204] 张运生，邹思明. 高科技企业创新生态系统治理机制研究 [J]. 科学学研究，2010，28（5）：785-792.

[205] 李强，揭筱纹. 基于商业生态系统的企业战略新模型研究 [J]. 管理学报，2012，9（2）：233-237.

[206] 胡京波，欧阳桃花，谭振亚，等. 以 SF 民机转包生产商为核心企业的复杂产品创新生态系统演化研究 [J]. 管理学报，2014，11（8）：1116-1125.

[207] 赵广凤，马志强，朱永跃. 高校创新生态系统构建及运行机制 [J]. 中国科技论坛，2017（1）：40-46.

[208] Boudreau K. J. Let a thousand flowers bloom? An early look at large numbers of software app developers and patterns of innovation [J]. Organization Science, 2012, 23（5）: 1409-1427.

[209] Saguy I. S., Sirotinskaya V. Challenges in exploiting open innovation's full potential in the food industry with a focus on small and medium enterprises（SMEs）[J]. Trends in Food Science & Technology, 2014, 38（2）: 136-148.

[210] Salmelin B. The horizon 2020 framework and open innovation ecosystems [J]. Journal of Innovation Management, 2013, 1（2）: 4-9.

[211] 杨俊，张玉利，刘依冉. 创业认知研究综述与开展中国情境化研究的建议 [J]. 管理世界，2015（9）：158-169.

[212] Mitchell R. K., Busenitz L. W., Bird B. et al. The central question in entrepreneurial cognition research [J]. Entrepreneurship Theory & Prac-

tice, 2007 (31): 1 - 27.

[213] 吕一博, 韩少杰, 苏敬勤. 企业孵化器战略模式与资源获取方式的适配演化研究 [J]. 管理评论, 2018 (1): 256 - 272.

[214] Prahalad C. K. , Bettis R. A. The dominant logic: a new linkage between diversity and performance [J]. Strategic Management Journal, 1986, 7 (6): 485 - 501.

[215] Prahalad C. K. The blinders of dominant logic [J]. Long Range Planning, 2004, 37 (2): 171 - 179.

[216] 武亚军. "战略框架式思考"、"悖论整合" 与企业竞争优势——任正非的认知模式分析及管理启示 [J]. 管理世界, 2013 (4): 150 - 163.

[217] 吕一博, 韩少杰, 苏敬勤. 企业组织惯性的表现架构: 来源、维度与显现路径 [J]. 中国工业经济, 2016 (10): 144 - 160.

[218] 姚铮, 王笑雨, 程越楷. 风险投资契约条款设置动因及其作用机理研究 [J]. 管理世界, 2011 (2): 127 - 141.

[219] Brenner B. , Ambos B. A question of legitimacy? A dynamic perspective on multinational firm control [J]. Organization Science, 2013, 24 (3): 773 - 795.

[220] 王丽, 夏保华. 从技术知识视角论技术情境 [J]. 科学技术哲学研究, 2011, 28 (5): 68 - 72.

[221] 林海芬, 苏敬勤. 中国企业管理情境的形成根源、构成及内化机理 [J]. 管理学报, 2017, 14 (2): 159 - 167.

[222] Taebi B. , Correlje A. , Cuppen E. et al. Responsible innovation as an endorsement of public values: the need for interdisciplinary research [J]. Journal of Responsible Innovation, 2014, 1 (1): 118 - 124.

[223] 姚明明, 吴晓波, 石涌江, 等. 技术追赶视角下商业模式设计与技术创新战略的匹配——一个多案例研究 [J]. 管理世界, 2014 (10): 149 - 188.

［224］李雪灵，张惺，刘钊，等.制度环境与寻租活动：源于世界银行数据的实证研究［J］.中国工业经济，2012（11）：84-96.

［225］Li H. Y. , Atuahene G. K. Product innovation strategy and the performance of new technology ventures in China［J］. Academy of Management Journal, 2001, 44（6）: 1123-1134.

［226］罗瑾琏，管建世，钟竞，等.迷雾中的抉择：创新背景下企业管理者悖论应对策略与路径研究［J］.管理世界，2018（11）：150-167.

［227］苏敬勤，张彩悦，单国栋.中国企业家圈子生成机理研究——基于情境视角［J］.科研管理，2017，38（12）：106-115.

［228］Miller D. , Friesen P. H. Innovation in conservative and entrepreneurial firms: two models of strategic momentum［J］. Strategic Management Journal, 1982, 3（1）: 1-25.

［229］Yadav M. S. , Prabhu J. C. , Chandy R. K. Managing the future: CEO attention and innovation outcomes［J］. Journal of Marketing, 2007, 71（4）: 84-101.

［230］中国企业家调查系统.企业经营者对企业家精神的认识与评价——2009年中国企业经营者成长与发展专题调查报告［J］.管理世界，2009（6）：91-101.

［231］黄菁菁，原毅军.产学研合作研发中企业家精神的价值［J］.科学学研究，2014，32（6）：902-908.

［232］Dutton J. E. , Jackson S. E. Categorizing strategic issues: links to organizational action［J］. Academy of Management Review, 1987, 12（1）: 76-90.

［233］粟进，宋正刚.科技型中小企业技术创新的关键驱动因素研究——基于京津4家企业的一项探索性分析［J］.科学学与科学技术管理，2014，35（5）：156-163.

［234］Grant R. M. On dominant logic, relatedness and the link between diversity and performance［J］. Strategic Management Journal, 1988, 9（6）:

639 - 642.

[235] Von Krogh G. , Erat, P. , Macus M. Exploring the link between dominant logic and company performance [J]. Creativity and Innovation Management, 2000, 9 (2): 82 - 93.

[236] Amit R. , Schoemaker P. J. H. Strategic assets and organizational rent [J]. Strategic Management Journal, 1993, 14 (1): 33 - 46.

[237] 苏敬勤, 单国栋. 复杂产品系统企业的主导逻辑——以大连机车为例 [J]. 科研管理, 2016, 37 (6): 92 - 102.

[238] 倪旭东, 张钢. 作为思想挖掘工具的认知地图及其应用 [J]. 科研管理, 2008, 29 (4): 19 - 27.

[239] 章凯, 李朋波, 罗文豪, 等. 组织 - 员工目标融合的策略——基于海尔自主经营体管理的案例研究 [J]. 管理世界, 2014 (4): 124 - 145.

[240] 陈海涛, 蔡莉. 创业机会特征维度划分的实证研究 [J]. 工业技术经济, 2008, 27 (2): 82 - 86.

[241] 吴航, 陈劲. 新兴经济国家企业国际化模式影响创新绩效机制——动态能力理论视角 [J]. 科学学研究, 2014, 32 (8): 1262 - 1270.

[242] 夏清华. 从资源到能力: 竞争优势战略的一个理论综述 [J]. 管理世界, 2002 (4): 109 - 114.

[243] 董保宝, 葛宝山, 王侃. 资源整合过程、动态能力与竞争优势: 机理与路径 [J]. 管理世界, 2011 (3): 92 - 101.

[244] 王皓. 新产品定位决策对市场结构的影响——基于中国轿车行业产品层面数据的实证分析 [J]. 中国工业经济, 2016 (5): 57 - 74.

[245] 曲创, 刘重阳. 平台竞争一定能提高信息匹配效率吗？——基于中国搜索引擎市场的分析 [J]. 经济研究, 2019 (8): 120 - 135.

[246] Barney J. Firm resources and sustained competitive advantage [J]. Journal of Management, 1991, 17 (1): 99 - 120.

［247］ Langley A. N. N. , Smallman C. , Tsoukas H. et al. Process studies of change in organization and management: unveiling temporality, activity, and flow ［J］. Academy of Management Journal, 2013, 56 (1): 1 – 13.

［248］ Isckia T. , Lescop D. Strategizing in platform-based ecosystems: leveraging core processes for continuous innovation ［J］. Digiworld Economic Journal, 2015 (99): 91 – 111.

［249］ 彭新敏, 吴晓波, 吴东. 基于二次创新动态过程的企业网络与组织学习平衡模式演化——海天1971～2010年纵向案例研究 ［J］. 管理世界, 2011 (4): 138 – 149.

［250］ Tashakkori A. , Teddlie C. Mixed methodology: combining qualitative and quantitative approaches ［M］. Sage, 1998.

［251］ Lengnick – Hall C. A. , Wolff J. A. Similarities and contradictions in the core logic of three strategy research streams ［J］. Strategic Management Journal, 1999, 20 (12): 1109 – 1132.

［252］ Eisenhardt K. M. , Martin J. A. Dynamic capabilities: what are they? ［J］. Strategic Management Journal, 2000, 21 (10): 1105 – 1121.

［253］ Collis D. J. , Montgomery C. A. Competing on resources ［J］. Harvard Business Review, 1995, 73 (4): 118 – 128.

［254］ Collis D. J. , Montgomery C. A. Corporate strategy: a resource-based approach ［M］. McGraw – Hill: Boston, 2005.

［255］ Christopher B. , Kathleen M. Position, leverage and opportunity: a typology of strategic logics linking resources with competitive advantage ［J］. Managerial and Decision Economics, 2007, (29): 241 – 256.

［256］ 贺团涛, 曾德明. 知识创新生态系统的理论框架与运行机制研究 ［J］. 情报杂志, 2008, 27 (6): 23 – 25.

［257］ Crossan M. M. , Lane H. W. , White R. E. An organizational learning framework: from intuition to institution ［J］. Academy of Management Review, 1999, 24 (3): 522 – 537.

［258］ Davis J. P. , Eisenhardt K. M. Rotating leadership and collaborative innovation recombination processes in symbiotic relationships ［J］. Administrative Science Quarterly, 2011, 56 (2): 159 – 201.

［259］ 江诗松, 龚丽敏, 魏江. 转型经济中后发企业的创新能力追赶路径: 国有企业和民营企业的双城故事 ［J］. 管理世界, 2011 (12): 96 – 115.

［260］ 湛泳, 唐世一. 自主创新生态圈要素构架及运行机制研究 ［J］. 科技进步与对策, 2018, 35 (2): 32 – 37.

［261］ Deephouse D. L. Does isomorphism legitimate? ［J］. Academy of Management Journal, 1996, 39 (4): 1024 – 1039.

［262］ Pfeffer J. , Salancik G. R. The external control of organizations: a resource dependence perspective ［J］. Social Science Electronic Publishing, 2003, 23 (2): 123 – 133.

［263］ Suchman M. C. Managing legitimacy: strategic and institutional approaches ［J］. Academy of Management Review, 1995, 20 (3): 571 – 610.

［264］ Tornikoski E. T. , Newbert S. L. Exploring the determinants of organizational emergence: A legitimacy perspective ［J］. Journal of Business Venturing, 2007, 22 (2): 311 – 335.

［265］ Shepherd D. A. , Zacharakis A. A new venture's cognitive legitimacy: an assessment by customers ［J］. Journal of Small Business Management, 2003 (41): 148 – 167.

［266］ 杜运周, 张玉利, 任兵. 展现还是隐藏竞争优势: 新企业竞争者导向与绩效 U 型关系及组织合法性的中介作用 ［J］. 管理世界, 2012 (7): 104 – 115.

［267］ Dhanaraj C. , Parkhe A. Orchestrating innovation network ［J］. Academy of Management Review, 2006, 31 (3): 659 – 669.

［268］ Marques J. F. , McCall C. The application of interrater reliability as a solidification instrument in a phenomenological study ［J］. The Qualitative Report, 2005, 10 (3): 439-462.

[269] 周青, 陈畴镛. 专利联盟提升企业自主创新能力的作用方式与政策建议 [J]. 科研管理, 2012, 33 (1): 41-46+55.

[270] Blackford J. C., Allen J. I., Gilbert F. J. Ecosystem dynamics at six contrasting sites: a generic modelling study [J]. Journal of Marine Systems, 2004, 52 (1): 191-215.

[271] Dutrénit G. Building technological capabilities in latecomer firms: a review essay [J]. Science, Technology and Society, 2004, 9 (2): 209-241.

[272] 孙聪, 魏江. 企业层创新生态系统结构与协同机制研究 [J]. 科学学研究, 2019, 37 (7): 1316-1325.